本书为国家社会科学基金项目《近代中国公共图书馆法规研究（1910—1949）》（批准号：19BZS083）最终成果

近代中国公共图书馆法规研究

1910—1949年

刘劲松 著

知识产权出版社

全国百佳图书出版单位

—北京—

图书在版编目（CIP）数据

近代中国公共图书馆法规研究：1910-1949年 / 刘劲松著 . —北京：知识产权出版社，2023.9
ISBN 978-7-5130-8911-1

Ⅰ.①近… Ⅱ.①刘… Ⅲ.①公共图书馆—图书馆法—研究—中国—1910-1949 Ⅳ.①D922.164

中国国家版本馆 CIP 数据核字（2023）第 174670 号

内容提要

本书以近代中国公共图书馆法规（1910—1949年）为研究对象，系统阐述公立图书馆法规、国立图书馆法规、公共图书馆关联法规及私立图书馆法规的内在结构和发展演变，探讨近代中国公共图书馆法规的立法得失及其历史成效。

本书可作为高等院校、科研院所以及相关爱好者参考用书。

责任编辑：许 波　　　　　　　　　责任印制：孙婷婷

近代中国公共图书馆法规研究（1910—1949 年）
JINDAI ZHONGGUO GONGGONG TUSHUGUAN FAGUI YANJIU（1910—1949NIAN）

刘劲松　著

出版发行：知识产权出版社 有限责任公司		网　址：http：//www.ipph.cn	
电　话：010-82004826		http：//www.laichushu.com	
社　址：北京市海淀区气象路 50 号院		邮　编：100081	
责编电话：010-82000860 转 8380		责编邮箱：xubo@cnipr.com	
发行电话：010-82000860 转 8101		发行传真：010-82000893	
印　刷：北京中献拓方科技发展有限公司		经　销：新华书店、各大网上书店及相关专业书店	
开　本：720mm×1000mm　1/16		印　张：18.25	
版　次：2023 年 9 月第 1 版		印　次：2023 年 9 月第 1 次印刷	
字　数：280 千字		定　价：88.00 元	

ISBN 978-7-5130-8911-1

CONTENTS
目录

第一章 绪 论

一、公共图书馆法规的定义

没有规矩，不成方圆。图书馆事业的发展，离不开图书馆法规的作用。而要了解图书馆法规，首先必须明确图书馆的定义。图书馆的定义，随着时代变化而变化。本书的研究对象为近代中国公共图书馆法规，因此应该了解近代中国的图书馆定义。近代中国关于图书馆的定义，见仁见智，归纳起来，主要有两种观点：

一是从教育角度定义图书馆。1923 年，杨昭悊在比较中外图书馆定义的基础上指出，图书馆应包含两种含义："要把有益的图书搜集起来，保存在那里"；"要把所搜集的图书随大家的需要，自由活用"❶，两个条件，缺一不可。这一定义受到德国学者的影响，反映了时人对现代图书馆的基本认识，是当时图书馆学研究的基础。

杜定友对图书馆定义的看法与此颇有相似之处。1925 年，杜定友的著作《图书馆通论》出版。杜定友从图书馆教育入手，追溯我国周代以后图书馆的发展历史，结合 19 世纪以来欧美学者的研究成果，提出图书馆的要义有两个：一是"能保全图籍，用一定之科学方法处理之"；二是"能运用图籍，使之流通，任何人士，皆有享阅之利益"❷，强调科学方法处理和任何人士皆可享阅。此后，该书不断再版，但图书馆的定义没有修改。

从教育角度定义图书馆，这一做法较为普遍，马宗荣也是如此。1925年，他在辨析我国古代图书馆与西洋古代图书馆定义的基础上，提出"图书馆，是搜集可为人群文明的传达者，仲介者，有益的图书，并保管之；

---

❶ 杨昭悊 . 图书馆学 [M]. 上海：商务印书馆，1923：3.

❷ 杜定友 . 图书馆通论 [M]. 上海：商务印书馆，1925：39.

使公众由最简单的方法，得自由阅览的教育机关"❶。他注意到图书馆也有文化价值。

刘国钧的看法和杜定友、马宗荣类似。他列举了对图书馆的几种不当认识，提出："图书馆乃是以搜罗人类一切思想与活动之记载为目的，用最科学最经济的方法保存它们，整理它们，以便利社会上一切人使用的机关"❷。他归纳了现代图书馆的八大特征，包括用地方或国家的经费设立、自由阅览不限任何资格、不纳任何费用等。

教育部❸理所当然地从教育角度，特别是教育管理方面，定义图书馆。1940年，教育部社会教育司主编的社会教育丛书之二《图书馆》一书印发，由蒋复璁编写。蒋复璁认为，图书馆是"以文字图画等工具，化育人民，虽不用强迫方法，而人皆乐于自动受教"的一种社会教育部门。❹该书后来由正中书局出版，并不断再版，影响广泛。这一定义代表教育主管部门对图书馆的认识，具有一定的指导意义。

二是从文化角度定义图书馆。20世纪30年代，杜定友的图书馆定义发生了巨变。他在1931年出版的《图书馆学概论》一书中提出："图书馆是一个文化机关，利用书籍以发扬文化，是现代新进事业之一"；图书馆的要素有："要能够积极的保存""要有科学的方法，以处理之""要能够活用图书馆，以增进人民的智识和修养"❺。从文化角度定义图书馆标志着杜定友的图书馆思想发生了巨大改变。1928年5月"济南惨案"发生后，民族危机不断出现。从民族生存角度定义图书馆，自有其积极意义。1942年，教育部部长陈立夫表示："一民族有一民族之独立文化、固有精神，倘欲保存而发扬之，舍图书馆之外，其道莫由"❻，高度重视图书馆在文化传承方面的积极作用。图书馆的文化属性在战争年代得到彰显。

---

❶ 马宗荣.现代图书馆序说[M].上海：中华学艺社，1928：3.

❷ 刘国钧.图书馆学要旨[M].上海：中华书局，1934：5.

❸ 此处的教育部为中华民国教育部。如果没有特别说明，本书中"教育部"一词，均指中华民国教育部，此后不再说明。

❹ 蒋复璁.图书馆[M].重庆：教育部社会教育司，1940：8.

❺ 杜定友.图书馆学概论[M].上海：商务印书馆，1931：1.

❻ 陈立夫.抗建与图书馆[J].图书月刊，1942（3）：1.

以上各种定义，或认为图书馆是教育机关，或认为图书馆是文化机关，或兼而有之。撇开图书馆的性质，本书认为近代中国图书馆是庋藏图书、供众阅览的文教机构，具有公益特征。图书馆发展初期，法规规定可以酌收阅览费用，但这种费用不是图书馆经费的主要来源，并不影响其公益特征。图书馆的类型很多，从服务对象看，可分为公共图书馆、学校图书馆等。公共图书馆，顾名思义，是为公众提供阅读服务的机构，与机关附设图书馆为机关工作人员、学校图书馆为师生提供阅览服务完全不同。

从经费来源角度，公共图书馆大体分为公立图书馆、私立图书馆和国立图书馆三种类型：国立图书馆是以国家名义依法设立。从程序上看，国立图书馆一般由教育部提出建议，国务会议讨论认可，立法机关表决通过，国家元首依法公布。中央政府各部会单独设立的图书馆不是国立图书馆，称为公立图书馆更为合适。公立图书馆由省、市、县等各级政府或公法人依法设立❶，不同主体设立的公立图书馆，程序并不相同。本书讨论的公立图书馆，特指各级政府设立的图书馆，不包括公法人等其他机构设立的公立图书馆。私立图书馆由私人或私法人依法设立。

本书中公共图书馆法规是指国家或中央政府通过的关于公共图书馆的法规，特别是组织法规，不包括公共图书馆内部运行的各种规章。本书的公共图书馆法规由 4 个部分组成，分别为公立图书馆法规、国立图书馆组织法规、私立图书馆法规和图书馆关联法规。这 4 类法规是本书的讨论对象。

二、公立图书馆法规的演变

20 世纪初，我国兴起了以各级政府为主导的公共图书馆建设热潮，湖南、云南等省份先后设立了图书馆，并相应地公布了图书馆章程等规章制度。在各省，尤其两江总督的推动下，1910 年，学部公布了《图书馆通行

---

❶ 1915 年《图书馆规程》第 3 条规定："各省及各特别区域及各县所设之图书馆，称公立图书馆。"这一说法为此后各图书馆法规所沿用，一直到 1939 年《修正图书馆规程》公布，才退出图书馆法规。本书公立图书馆概念，取自于这些法规。公立图书馆一词源于日本。

章程》（20 条）❶。这是我国第一部由中央政府公布的公共图书馆单行法规，拉开了公共图书馆立法建设的大幕。1912 年 2 月，溥仪宣布逊位，大清帝国结束，《图书馆通行章程》因此而失效，运行 2 年左右。

中华民国成立后，教育部设立了社会教育司，负责包括图书馆在内的各种社会教育事宜。1915 年 10 月 23 日，教育部公布了《图书馆规程》（11 条）❷ 和《通俗图书馆规程》（11 条）❸。这两部规程奠定了民国公共图书馆立法之基，反映了民国初期（1915—1927 年）我国公共图书馆的立法水平，推动了民国初期公共图书馆事业的发展。1928 年 6 月，张作霖撤往东北，北京政权崩溃，这两部规程随之成为历史尘埃。

1927 年，南京国民政府成立，随后确立了党国体制。同年 12 月，国民政府的教育管理机构——大学院——公布了《图书馆条例》（15 条）❹，规范公共图书馆的运作。1929 年，大学院制废除，教育部制复活。1930 年 5 月，《图书馆条例》修改为《图书馆规程》（14 条）❺，重新公布。1937 年，全面抗战爆发，国民政府迁都重庆。1939 年 7 月，《修正图书馆规程》（33 条）公布❻，公共图书馆立法进入了新的历史阶段。1947 年 4 月，《图书馆规程》（34 条）❼ 取代《修正图书馆规程》，再次公布。不过，两者大同小异，一脉相承。1927—1937 年，我国公共图书馆数量增长迅速，进入黄金发展时期，与《图书馆条例》和《图书馆规程》不无关系。

---

❶ 图书馆通行章程 [J]. 政治官报，1910（813）：6-8. 本书引用该《章程》时，不再注明出处。

❷ 图书馆规程 [J]. 教育公报，1915（8）：1-2. 本书引用该《规程》时，不再注明出处。

❸ 通俗图书馆规程 [J]. 教育公报，1915（8）：2-3. 本书引用该《规程》时，不再注明出处。

❹ 图书馆条例 [J]. 大学院公报，1928（1）：32-35. 本书引用该《条例》时，不再注明出处。

❺ 图书馆规程 [J]. 教育公报，1930（20）：25-28. 本书引用该《规程》时，不再注明出处。

❻ 修正图书馆规程 [J]. 浙江省政府公报，1939（3179）：4-9. 本书引用该《规程》时，不再注明出处。

❼ 图书馆规程 [J]. 教育通讯，1948（4）：49-50. 本书引用该《规程》时，不再注明出处。

从 1910 年到 1947 年，时代三迁，法治数异，这 7 部公共图书馆法规历经演变，不断完善，推动了近代中国公共图书馆法治化建设。这些法规，从结构上看，有共同特征：①立法宗旨，每部图书馆法规的第 1 条都是立法宗旨，规定了图书馆的职责定位；②设立主体，无一例外，每部法规规定图书馆的应设主体都是各级政府，主要是省、市、县行政区域的各级政府（中央政府除外）；③命名规则，在《修正图书馆规程》公布前，各部图书馆法规都有命名规则条款，尽管这些命名规则有这样或那样的问题；④备案制度，大多数图书馆法规都有备案条款，开始针对公立图书馆，后来扩展到私立图书馆。私立图书馆条款方面，则较为重视立案规则；⑤年度工作报告制度，这是公立图书馆法规的构成部分，年度工作报告从年度工作总结拓展到下一年度工作计划，提交年度工作的时间也越来越合理；⑥职员任职资格条款，这一条款从《图书馆条例》开始，先是馆长任职资格，后来发展到馆员。实际上，人事、会计也都有任职资格要求。不过，这种资格体现在各种关联法规中，图书馆法规里没有专门条款。这些特征，从大的方面看，大致分为两大部分：一是公共图书馆的设立条款，包括图书馆立法宗旨、设立主体、命名规则等；二是公共图书馆的运行条款，包括备案、年度工作报告、馆员资格等。

在这 7 部图书馆法规中，1947 年《图书馆规程》条款数量最多，达 34 条。除了上述通用诸条款外，它还有很多条款，如第 8 条规定省市立图书馆设置总务部、采编部、阅览部、特藏部、研究辅导部等部；第 9 条规定县市立图书馆设置总务组、采编组、阅览组、推广组等组，同时规定这些部组，"得视地方情形，全体设立或合并设置，其工作大纲另订之"。这种条款是否应列入《图书馆规程》，值得讨论。毕竟这种规定过于整齐划一，不利于各图书馆发挥自身优势，差异化发展难免受到影响。这些条款还包括：图书馆应举行馆务会议、辅导或推广会议（第 21 条）；图书馆应设置小组讨论会、经费稽核委员会（第 22 条）；"图书馆休假，得采用例假之次日补行办法，或按事业之性质，分职员为两组，于例假日及次日更番休假，寒暑假期，应比照当地学校假期，分职员为两组，更番休假，事业照常进行"（第 31 条）；"图书馆每日工作时间，以八小时为原则，并须酌量地方情形，于晚间开放"（第 32 条）等。不是说这些条款不重要，而是说，这些条款是否应该列入规程或由各图书馆自行决定，都值得研究。鉴于这些条款仅存于《修正图书馆规程》（1939 年）和《图书馆规程》（1947 年）这两部图书馆法规中，影响有限，本书没有对这些条款展开讨论。

在公共图书馆法规中，私立图书馆条款也是基本构成部分，从 1910 年《图书馆通行章程》到 1947 年《图书馆规程》，一向都是如此。不过，这些法规关于私立图书馆的条款并不丰富，不是主要规范对象。在实践中，私立图书馆与公立图书馆并非竞争关系，而是在各自领域发挥影响。私立图书馆的数量远低于公立图书馆，影响也相对有限，只是在一定程度上弥补了公立图书馆的不足。鉴于此种情形，本书在阐释私立图书馆法规时，没有将其单独列为一章，而是在公立图书馆法规后展开讨论。在逻辑上看，这是一种缺陷。

三、国立图书馆法规的构成

近代中国先后出现的国立图书馆有京师图书馆（后演变为国立北平图书馆）、国立中央图书馆、国立西北图书馆（后改为兰州图书馆）、国立罗斯福图书馆、国立西安图书馆、国立沈阳博物院图书馆 6 所图书馆。前 4 所国立图书馆均公布了相应的图书馆法规。比较而言，我国国立图书馆法规的数量和类型都较为丰富。

国立北平图书馆是近代中国第一个国立图书馆。该馆源于清末开始筹备的京师图书馆，但长期处于筹备中，迟迟未能成立。1924 年，美国政府退还庚子赔款中的多余部分，指定用于发展中国的教育及文化事业，包括永久性文化事业（如图书馆）。美国政府与中国政府随即设立中华教育文化基金董事会（以下简称"中基会"），负责管理此项退款。1925 年，中基会与北京政府教育部签订《合办国立京师图书馆契约》，合作建设国立京师图书馆。然而，教育部经费拮据，无力履行契约，国立京师图书馆无法成立。1928 年，南京国民政府统一全国。1929 年 9 月，国民政府与中基会签订《合组国立北平图书馆办法》。1929 年 11 月，《国立北平图书馆组织大纲》公布，国立北平图书馆正式成立。1946 年 6 月，该大纲废止，为《国立北平图书馆组织条例》所取代。在此之前，国立北平图书馆法规形成了法规体系，包括《合组国立北平图书馆办法》《国立北平图书馆组织大纲》等，异于其他国立图书馆法规，别具特色。

国立中央图书馆是近代中国第二个国立图书馆，是国民政府奠都南京后重建文化中心的举措之一。国立中央图书馆的创设也是一波三折。1928年即已有提议，1933年，在朱家骅的强力支持下，筹备工作正式启动。同时，该馆得到了朱家骅任董事长的管理中英基金董事会的资助。不过，全面抗战爆发后，筹备工作一度中断。1940年，国立中央图书馆在重庆正式成立，并公布了《国立中央图书馆组织条例》。1945年，《国立中央图书馆组织条例》经修改后由国民政府重新公布。《国立中央图书馆组织条例》的公布，标志着我国国立图书馆的法规建设进入了标准化时代。

国立西北图书馆是近代中国第三个国立图书馆，也是我国第一个区域性国立图书馆。该馆创议于1928年，经过多年呼吁，在全面抗战爆发后，于1943年开始筹备，1944年成立。1945年3月，《国立西北图书馆组织条例》公布。然而，1945年4月，教育部却指令停办，撤销国立西北图书馆。经多方争取，国立西北图书馆恢复运作，不久改名为国立兰州图书馆，相应地公布了《国立兰州图书馆组织条例》。国立西北图书馆及改名后的国立兰州图书馆是近代中国西北地区存在的唯一的国立图书馆，筹备处主任及馆长均为刘国钧。

国立罗斯福图书馆是近代中国第四个国立图书馆，也是我国第一个纪念性的国立图书馆。该馆为纪念美国总统富兰克林·罗斯福而设立，表达了国民政府对罗斯福总统的纪念之情。围绕馆址，当时西安、南京、上海等地展开了激烈竞争，最后确定设立在重庆。该馆历尽波折，虽然展开各项工作，但始终没有能够正式成立。作为史料，1948年10月公布的《国立罗斯福图书馆组织条例》有一定的研读意义。

国立西安图书馆。抗战结束后，因西北地区文化亟待推进，教育部拟设立国立西安图书馆，于1946年10月聘请国立西北大学校长刘季洪为筹备委员会主任委员，陕西教育厅厅长王友直、西安市市长张丹柏等为委员。国立中央图书馆阅览部主任陆华深为委员兼秘书。1947年2月，筹备会在国立西北大学召开第一次会议，议决电请教育部拨给初期建筑费30亿元，设备费20亿元，馆址在中正堂前西侧。1949年年初，国立西安图

x

x

书馆停止筹备，所有藏书点交国立西北大学。国立西安图书馆筹备时间较短，影响有限，没有看到其组织条例。

国立沈阳博物院图书馆是近代中国又一国立图书馆。该馆起源于1932年，初名"国立奉天图书馆"。1939年，改名为"国立图书馆筹备处奉天分馆"。1945年，日本宣布无条件投降，该馆因为僻处城内，没有遭受损失。1946年，该馆由东北敌伪资产统一接收委员会接收，继由教育部东北区教育复员辅导委员会接收，1947年1月1日改隶国立沈阳博物院筹备委员会。该馆在伪满时期共藏书18.4万余册。不久，国立沈阳博物院图书馆接收长春伪皇宫所藏善本共1450册，加上新购及受赠图书，共计39万余册，另有明清两朝档案200余万件，文溯阁四库全书7万册，其他珍本与善本20余万册。不过，该馆一直到1948年辽宁解放都没有能够正式成立。国立沈阳博物院图书馆类似大英博物馆图书馆，是我国又一类型的国立图书馆。因为没有正式成立，所以没有公布组织条例。

近代中国国立图书馆众多，因此国立图书馆法规也较多。不过，这些国立图书馆法规，以1940年《国立中央图书馆组织条例》为起点，有一定的共性，即都有组织条例。而这些组织条例，结构相似，大致可分为共性条款和个性条款。共性条款主要有：①隶属关系及宗旨，每部国立图书馆组织条例，其第1条都是表明隶属关系和宗旨；②组织机构，所有国立图书馆组织条例第2条均为组织机关条款，如总务组、采访组、编目组等；③人事条款，主要有人事关系、数量、权限等（第3、4两条）；④会计、人事管理员条款，多在第5条、第6条；⑤外聘顾问与专家条款；⑥年度工作报告条款。个性条款，均不相同，如《中央图书馆组织条例》有出版品国际交换等条款，其他国立图书馆则没有。这些个性条款是彰显国立图书馆特色的条款。

四、公共图书馆的关联法规

作为文教事业的组成部分，图书馆与其他各种文教机构关系密切，因此，图书馆法规也与其他文教法规关系密切，与《国际交换出版品公约》、新书呈缴制、捐资兴学褒奖条例这些法规尤其如此。

《国际交换出版品公约》，也称《布鲁塞尔公约》，是近代国际间文化交流的内容之一，1886年3月在布鲁塞尔通过。公约发起国为美国、比利时等国。第一次世界大战后，国际联盟智育互助委员会向国际联盟行政院提出希望各国参加出版品国际交换公约组织。1922年，国际联盟行政院通告各成员国，邀请没有参加的国家加入出版品国际交换公约组织。此项通告效用明显。各国陆续加入该公约组织，公约的影响进一步扩大。出版品的国际交换，属签约国家间的文化交流行为，对加强文化了解、消除文化隔阂、形成文化共识具有重要意义。1926年，我国正式签约，成为国际交换出版品公约国成员。出版品国际交换在近代中国融入国际社会过程中发挥了积极作用。

出版物呈缴制度是现代国家常见法规之一，我国也不例外。出版物一般包括报纸、杂志、书籍及其他出版品。出版物的类型不同，呈缴的性质和方式也有很大差异。新书呈缴图书馆是出版物呈缴的构成部分，对接受呈缴的图书馆来说，具有重要意义。1916年，京师图书馆通过单行法获得接收新书呈缴的权利，但呈缴比率并不如意。另外，我国图书馆界不断呼吁，力图通过修改《出版法》，实现新书呈缴图书馆的目标。这一尝试于1937年终于成功。然而，此时中日战争全面爆发，新书呈缴图书馆受到严重冲击，成效有限。

捐资兴学褒奖条例是近代中国政府鼓励私人或私法人资助教育的法规之一，其中包括对捐资图书馆者进行褒奖。这一做法源于清末。中华民国成立后，教育部于1913年7月公布了《捐资兴学褒奖条例》。此后，捐资兴学褒奖条例历经演变，但褒奖捐资兴学初衷没变。褒奖条例属激励性立法，意在引导民众从事公益活动，在一定程度上也可以减轻政府的财政压力，对推行文化政策是一种有力的支持，对我国图书馆事业的发展，影响深远。

此外，各公立图书馆法规、各国立图书馆法规中的人事、会计等条款，涉及其他法规，也属于图书馆关联法规。不过，这些法规不是图书馆的核心业务范围，本书没有进行单独讨论，但在相关部分，进行了简要介绍。

第二章 公立图书馆法规（一）：设立条款

公立图书馆法规的设立条款包括概念、宗旨、设立主体和命名规则四个方面。图书馆是供众阅览的文教机关，这是其性质所在。图书馆的立法宗旨，不同时代并不相同，具有明显的时代特征。近代中国，各级政府是图书馆的法定设立主体，同时法规鼓励私人或私法人设立图书馆。图书馆的命名遵循一定的规则。公立图书馆法规的设立条款，确保图书馆在文教范围内运作，实现其立法宗旨。

第一节 图书馆定义

一、清末藏书机构名称

清朝末年，藏书机构名称众多，各有特色，没有形成相对一致的认识。归纳起来，这些名称主要有：

一是图书院。1897 年，盛宣怀创办南洋公学。这是我国较早的现代大学。次年，他在奏报南洋公学筹办情形时，附上《南洋公学章程》。该章程规定："第六章 藏书译书，共两节。第一节，公学设一图书院，调取各省官刻图籍，其私家所刻及东西各国图籍，皆分别择要购置，庋藏学堂。诸生阅看各书，照另定收发章程办理。第二节，师范院及中上两院学生，本有翻译课程，另设译书院一所，选诸生之有学识而能文者，将图书院购藏东西各国新出之书，课令择要翻译，陆续刊行。"❶ 第八章第一节提出："南洋公学总理一员，华总教习一员，洋总教习一员，管图书院兼备

---

❶ 大理寺少卿盛宣怀奏陈开办南洋公学情形 [J]. 昌言报，1898（6）：11.

教习二名。"❶按照盛宣怀的奏折，南洋公学设有藏书机构，名称为图书院，并规定了管理人员职数。

盛宣怀奏报前，已经试行《南洋公学章程》。内中有规定："一、各学应用之书，以及应行浏览参考之书，除中国官私载籍，均宜搜采外，凡东西两洋，各国关系书籍，各种图册，亦须广为购置。二、购置各国著名报馆，日报月报，新闻纸，一体购备，分度图书院，以供师生观览。其收掌取阅之法，别具章程。"不仅如此，《南洋公学章程》还有图书院的人事条款："稽查教习一名，稽查副教习二名，管图书院，备充教习二名，司事四名。"❷该藏书机构也叫图书院。

按照这两个文件，南洋公学的藏书机构名称应为"图书院"。然而，根据《思源籍府　书香致远——上海交通大学图书馆馆史（1896—2012）》记载，1900年南洋公学上院建成后，临时藏书机构搬入底楼大礼堂西侧，正式定名为"藏书楼"❸，而不是"图书院"。不过，该说法没有说明其出处，不知所据。

二是藏书楼。1898年，京师大学堂创立。同年公布的《京师大学堂章程》规定藏书机构名为藏书楼。《京师大学堂章程》第一章第六节规定："学者应读之书甚多，一人之力必不能尽购。乾隆间高宗纯皇帝于江浙等省设三阁，尽藏四库所有之书，俾士子借读，嘉惠士林，法良意美。泰西各国于都城省会皆设有藏书楼，即是此意。近年张之洞在广东设广雅书院、陈宝箴在湖南设时务学堂，亦皆有藏书。京师大学堂为各省表率，体制尤当崇宏。今拟设一大藏书楼，广集中西要籍，以供士林浏览而广天下风气。"❹1902年，京师大学堂中经义和团运动停办后，恢复办理，《京师大学堂章程》同时重新公布。《京师大学堂章程》规定有藏书机构，名称为藏书楼。其第八章"建制"第一节为："京师大学堂建设地面现遵旨于空旷处所择地建造。所应备者，曰礼堂，曰学生聚会所，曰藏书楼，曰讲

---

❶　大理寺少卿盛宣怀奏陈开办南洋公学情形 [J]. 昌言报，1898（6）：11.

❷　南洋公学章程 [J]. 集成报，1897（12）：6-7.

❸　陈进.思源籍府　书香致远——上海交通大学图书馆馆史（1896—2012）[M].
上海：上海交通大学出版社，2013：7.

❹　京师大学堂章程 [J]. 万国公报，1898（116）：124.

堂。"❶ 同年，《京师大学堂藏书楼章程》公布，其第一章"总纲"第一节即明确设立宗旨："藏书楼之设，所以研究学问、增长智慧，一切规模，亟应宏广"，同时表示："惟现在开办伊始，诸事尚未来扩充。现定各章，乃就目前情形，暂行设立。日后随时推广，所有应增应减各节，临时再行禀请管学大臣核定办理。"❷ 显然，这一时期京师大学堂的藏书机构名称一直为藏书楼，没有变化。

1902年，《高等学堂章程》公布，其第三章"各种规则"第五节规定各高等学堂："设藏书楼博物院收掌官一员或二员，专司收发检查书籍仪器标本模型等事。"❸ 其第四章"一切建制"第五节规定："高等学堂之图书器械标本诸室，宜分建，不得并于一处。此外，一切应用诸室均宜备之。"❹ 藏书楼由此正式成为全国高等学堂藏书机构的法定名称。私人或政府创设藏书机构的名称，也有不少使用藏书楼名称。

三是图书馆。图书馆一词在19世纪末已经出现。1899年，《清议报》译载了日本学者论图书馆的文章，标题为《论图书馆为开进文化一大机关》。该文表示："世人知学校有益，而未知别有开进文化之大机关也。盖非不知有之，或轻视不顾也。然则何谓学校之外开进文化一大机关乎？曰无他，唯广设公共图书馆可耳"，提出"图书馆使现在学校受教育之青年学子，得补助其智识之利也""图书馆使凡青年志士，有不受学校教育者，得知识之利也""图书馆储藏宏富，学者欲查故事，得备参考之利也"❺ 等8个方面。该文关于图书馆价值的认识，引起了我国维新人士的关注。此后，图书馆一词频繁出现。如1900年《清议报》第57期刊载了《古图书馆》一文，介绍了一名美国大学生在土耳其发现了古图书馆的情况。❻ 图书馆一词逐渐为人们所接受。

高等学堂法规也接受了图书馆一词。1904年1月，《奏定高等学堂章

---

❶ 京师大学堂章程[J].政艺通报，1902（16）：17.

❷ 京师大学堂藏书楼章程[J].北洋官报，1902（6）：5.

❸ 高等学堂章程[J].政艺通报，1902（16）22.

❹ 高等学堂章程[J].政艺通报，1902（16）：24.

❺ 论图书馆为开进文化一大机关[J].清议报，1899（17）：14–17.

❻ 古图书馆[J].清议报，1900（57）：8.

程》取代 1902 年的《高等学堂章程》，通行全国。其第四章"屋场图书器具"第四节规定："大学堂当置附属图书馆一所，广罗中外古今各种图书，以资考证。"❶第五章"教员管理员"第一节大学堂应设各项人员规定大学堂设"图书馆经理官"❷。第五章第二十节规定："图书馆经理官以各分科大学中正教员或副教员兼任，掌大学堂附属图书馆事务，秉承于总监督。"❸即图书馆经理官直接对校长负责。图书馆取代藏书楼，成为高等学堂藏书机构的法定名称。图书馆一词从此得到广泛传播。不过，此前高等学堂已有的藏书楼名称，政府没有提出解决方案。当时仅有京师大学堂等数所大学堂。

图书馆一词从众多名词中脱颖而出，成为藏书机构的法定名称，其原因已经不可考。如果说，它的出现是我国变法维新运动的产物，应该没有大的问题。1895 年以后，我国变法维新思潮勃兴。1901 年，清末新政大幕徐徐拉开。变法维新鼓吹者，以欧美日本为仿效对象，设计变法蓝图，大量外来名词涌现。图书馆一词在这一历史背景下输入我国，并被广泛接受。而国内新政推行者，也意识到外来名词的潜在价值，推陈出新，加以提倡。图书馆一词，来自日本，清末新政又以日本为主要模仿对象。在多重因素作用下，图书馆一词因其新颖别致，在各种藏书机构名称中脱颖而出，形势发展使然。

二、图书馆定义的分歧

图书馆是庋藏图书、供众阅览的场所，无论是南洋公学的图书院，还是京师大学堂的藏书楼，都是如此。然而，20 世纪初，图书馆定义在我国公共领域出现时，并非都是如此含义。图书馆定义在实践中经历了复杂的演变过程，最终艰难确立。

---

❶ 璩鑫圭，唐良炎，中国近代教育史资料汇编·学制演变 [M]. 上海：上海教育出版社，1991：386.

❷ 璩鑫圭，唐良炎，中国近代教育史资料汇编·学制演变 [M]. 上海：上海教育出版社，1991：387.

❸ 璩鑫圭，唐良炎，中国近代教育史资料汇编·学制演变 [M]. 上海：上海教育出版社，1991：388.

现代意义上的图书馆一词，较早在湖南得到实践。1903 年，湖南浏阳人雷光宇，鉴于"新出译印书籍，寒畯之士，购阅较难"❶，在常德府联合志同道合者，捐集资财，开设公共图书馆，这就是常德图书馆。该馆是我国在实践中较早使用图书馆一词的藏书机构。常德图书馆庋藏"新出译印书籍"，比较正常，与现代图书馆的含义一致。

不过，图书馆还有其他内涵。1904 年年初，湖南人梁焕奎、龙绂瑞等发起募捐，拟设一文教机构，声称："夫国家之成立在民力，民力之膨胀由民智，民智之发达因教育，教育不能普及则智识无由普通，以无智识之民处生存竞争之世，危乎悲哉，不可说也。故教育不一途而范围莫广于社会教育，改良社会不一术，而效果莫捷于图书馆，此世界所同认而吾国无闻焉"❷。他们大张旗鼓地宣传图书馆的教育价值。然而，这篇文字的标题却是《创设湖南图书馆兼教育博物馆募捐启》。原来，他们拟创设的是"湖南图书馆兼教育博物馆"，而不只是图书馆。《东方杂志》介绍了该文教机构："其中设馆三所，曰图书，曰教育，曰博物"❸，没有以图书馆名之。《北洋官报》认为这一机构是图书馆："湘潭梁绅焕奎筹集款项，在长沙城东设立图书馆，前已禀奉府院暨学务处批示嘉奖，准予立案……馆中庋藏图画、书籍、标本、模形、理化器具，以及各种教育品各种报章"❹，并用很多文字介绍该文教机构的收费情况。图书馆经营周边产品，未尝不可，但必须依法控制，以不影响图书馆宗旨和运作为原则，否则图书馆的性质就会发生改变。梁焕奎等发起的这种文教机构，是否如《北洋官报》所称图书馆呢？可能更多的是展览馆，或博览馆，只是有图书而已。不能说有图书的地方都叫图书馆。

无独有偶。1904 年，湖北也出现了类似机构。湖广总督张之洞创办了学堂应用图书馆："省城学堂林立，各属中小学堂亦渐多。开办各该学堂需用图书、仪器、表尺、纸笔、石板、标本、模型、桌凳，以及工艺需用

---

❶ 纪常德图书馆 [J]. 北洋官报，1903（116）：12.

❷ 常书智，等. 湖南图书馆百年志略·附录一 [M]. 北京：北京图书馆出版社，2004：189.

❸ 各国教育汇志 [J]. 东方杂志，1904（4）：102.

❹ 长沙图书馆简章 [J]. 北洋官报，1904（486）：8.

之刀板、衣物等项，种类繁多，或须购自上海，或须购自外洋，必经旬累月始能运到。且各学生有须自备之参考图书，道远购迟，费亦加重，于劝学之道，尚形不便，亟应设立学堂应用图书馆，以资取给。查省城长街三佛阁口，原建有益智厂，屋宇堪充此用。凡学堂一切需用之品，有关于学术者，均即分往上海及外洋择宜采购，广为储备，听各学堂随时购用。凡学生自行备用之参考图书测绘仪器表尺纸笔标本模型等件，持有各学堂证据来购者，酌减原价十成之二；各学堂教员来购，酌减原价十成之一；省外各学堂管理官绅来购者，亦减原价十成之一，以广教育而便。取求均须持有确切执照凭据，以免市侩映射。此馆即归学务处统辖，所需经费即在原拨学务处经费项下动支具报。"❶ 这个机构是什么性质呢？现代学者称之为图书馆❷。经营"图书、仪器、表尺、纸笔、石板、标本、模型、桌凳，以及工艺需用之刀板衣物等项"，确实"种类繁多"。既然是经营性机构，那还是庋藏图书、供众阅览的图书馆吗？值得商榷。

学堂应用图书馆还有所发展。1905 年，《北洋官报》以《武昌图书馆之扩充》为题，称："兹闻（学堂应用图书馆）开办以来，凡非学界中人，皆未得窥其内容。今年拟大加扩充，准人游览，并价购附近民房十余间，改修洋式楼房，专陈儿童教育品物，以启智慧，名曰豁蒙室"❸。以前不对外开放，只买教育用品，现在拟"准人游览"，是一大进步。如果不开放，是否叫图书馆呢？不仅如此，1906 年，该图书馆业务拓展到销售军用物品："鄂省图书馆向只售学堂所需各物。闻鄂督张宫保现拟宽为筹款，大加扩充，改名营学图书器械馆，添售军营所需一切零用物件"。❹ 学堂应用图书馆进而拟经营军用物品，经营范围进一步拓宽，距离庋藏图书、供众阅览的含义也越来越远。

学堂应用图书馆发挥了榜样作用。1907 年，湖北郧阳太守鉴于各学堂逐渐设立，"惟于购买图书及学堂用品颇苦，交通不便，特筹款在郡城

❶ 鄂督张设立学堂应用图书馆委员管理札 [J]. 北洋官报，1904（454）：20-21.
❷ 汤旭岩，等. 湖北省图书馆早期历史（1904—1908）[J]. 国家图书馆学刊，2013（1）：85-92.
❸ 武昌图书馆之扩充 [J]. 北洋官报，1905（572）：8.
❹ 图书馆添售军用品 [J]. 北洋官报，1906（1014）：10.

设立图书馆，一切办法均仿省垣图书馆定章。刻已将办理情形通禀省宪立案"❶。学堂应用图书馆的经营活动引起了注意。图书馆概念正在被异化，性质朝着经营文教用品方向发展。

张之洞是不是不知道什么叫图书馆呢？不是很清楚。但湖北学界应该知道。1903年，即张之洞回任湖广总督前，《湖北学报》刊发了一篇名为《学制私议》的文章，其中有关于图书馆的建设构想："图书馆，京师大学校及各省省会各立大图书馆一所，各府厅州县亦每处立一所（其规模可小于省立者），以载中东欧美新旧图籍，任人观看。凡欧美所出新书及民间新译新著，随时购入，以期完备"❷。《学制私议》中的"图书馆"，符合一般意义上图书馆的概念，即庋藏图书、任人观看。从1903年到1904年，数月间，图书馆怎么变成经营性质？其中原因不得而知。

那时，图书馆从事文教用品等经营活动不是个别现象。1907年，安徽提学使就前学务处民房进行改造，"设立图书仪器馆，拟定章程，禀请示遵开办在案。刻下所需书籍仪器及各项标本模型均已购置"❸。该图书仪器馆与湖北的学堂应用图书馆极为相似，然而却被《北洋官报》名之曰图书馆。冠名图书馆的其他机构还有很多，有的机构只从事经营活动，而无供众阅览之实，南京军用图书馆即为一例。据媒体载："宁垣军用图书馆，本系测绘学堂所建设，专售该堂制印军用各种地图，以便军界随时购买。近以军队衙署应用之图，均由该堂按期直接认购，而该馆仍复设立，亦费开支，特将该馆并入制图室经理其事，以杜流弊而节靡费"❹。军用图书馆纯粹是经营性质机构，与庋藏图书、供众阅览无关。图书馆的含义完全异化，图书馆一词出现滥用苗头。

清末，图书馆兼办教育品展览的现象极为普遍。1907年，江苏提学使周少朴，"以省城应设图书馆及教育列品馆以资研究。而苏省尚以经费支绌，未经设立。然当此振兴教育之时，亟宜搜罗中国及外国之学堂建筑模型图式、学校教授用具、学生成绩品、学事统计规则、教育图书等类，陈

---

❶ 禀请仿办图书馆 [J]. 吉林官报，1907（29）：12.

❷ 学制私议 [J]. 湖北学报，1903（16）：6.

❸ 图书馆添派委员 [J]. 北洋官报，1907（1367）：11.

❹ 撤销军用图书馆 [J]. 南洋兵事杂志，1911（57）：4–5.

列馆中，供学堂学生考校，并任外来人观览，以期教育之普及，已详请苏抚拨款奏设"。❶1909 年，吉林省提学使提出："近仿直鄂各行省之成规，远采东西洋列邦之制度，拟于省城创设图书馆一所，首储四库之书，兼收五洲之本，编列以序，管理有条……并附设教育品陈列所，如校具、器械、标本、模型各物，或自行仿制，或略加采购，分类罗列，俾学者于钞诵之余，藉收博览之益"。❷ 同年，陕西巡抚恩寿奏设图书馆并附设教育品陈列所："仿照东南各省，建置图书馆，收藏板籍，并采购教育品及各国图书，藉资考证"。❸ 诸如此类。与纯粹经营活动相比，图书馆兼办教育品展览，不能说偏离太远，尚属文教性质。

　　图书馆兼办教育品展览，不能说没有依据。1906 年，学部拟定《教育会章程》15 条，奏请批准。其第五节"会务"第 11 条第 8 项为"筹设图书馆教育品陈列馆及教育品制造所，并搜集教育标本，刊行有关教育之书报等，以益学界"。❹ 学部拟定《教育会章程》，目标非常明确："教育之道，普及为先。中国疆域广辽，人民繁庶，仅恃地方官吏董率督催，以谋教育普及，忧忧乎其难之也。势必上下相维，官绅相通。藉绅之力，以辅官之不足，地方学务乃能发达。"❺ 也就是说，教育会辅助教育行政部门，普及教育。这一条是图书馆兼办教育品展览的法源。不过，地方政府曲解了该项规定。图书馆、教育品陈列馆及教育品制造所是 3 种性质不同的机构，而不是说图书馆兼容教育品陈列馆和教育品制造所。地方政府曲解该项规定，或许因为经费拮据等原因，不得已而为之，也未可知。

　　此外，图书馆还具有综合性文教机构的性质。1910 年，云南图书馆设班招生："本馆附设博物陈列所，以为开办博物馆之基础。现拟招生一班，专习标本模型图画，即以标本模型图画为术科，以国文生理动物植物矿物

---

❶ 苏省奏设图书列品馆 [J]. 北洋官报，1907（1339）：9.

❷ 东三省总督锡良署吉林巡抚陈昭常奏仿办图书馆附设教育品陈列所折 [J]. 政治官报，1909（612）：8.

❸ 陕西巡抚恩寿奏陕西建置图书馆并附设教育品陈列所折 [J]. 学部官报，1909（98）：4.

❹ 学部奏酌拟教育会章程折 [J]. 南洋官报，1906（54）：7.

❺ 学部奏酌拟教育会章程折 [J]. 南洋官报，1906（54）：5.

算学为学科，俾适于生计及各项实业之用，定限二年"❶，篇末附有招生简章。云南图书馆从事博物馆专业的教学工作。1909 年，云南提学使面谕云南图书馆馆长："现届南洋劝业博览会赛会之期，滇省天产殷富，亟应采集动植矿诸天产物及工艺制造各物，派员前往赛会"。❷ 该馆随即发布广告，收买动植矿物及工艺制造品，广告甚至发布在《云南政治官报》上。云南图书馆兼有展览馆部分职能。图书馆作为固定场所，承担了很多职责。

20 世纪初，图书馆被赋予多种含义，如庋藏图书、供众阅览，如经营文教用品，如文教用品展览，如教育培训，等等。相反，图书购买、分类、编目等专业业务，却鲜有提及。图书馆一词以一种异乎寻常的方式吸引社会各界的广泛关注。

三、图书馆定义的确立

随着图书馆一词的流行，图书馆被赋予更多内涵。这一乱象直到《图书馆通行章程》颁布时，才有所收敛。1910 年，《图书馆通行章程》由学部颁布，其第 1 条规定："图书馆之设，所以保存国粹，造就通才，以备硕学专家研究学艺，学生士人检阅考证之用。以广征博采，供人浏览为宗旨"。根据这一规定，图书馆属于文教机构，公益性质，庋藏图书，供众阅览。不仅如此，《图书馆通行章程》还规定了图书馆命名办法："京师所设图书馆定名为京师图书馆。各省治所设者，名曰某省图书馆。各府、厅、州、县治所设者，曰某府、厅、州、县图书馆"。❸ 图书馆的定义由此确定，成为法律用语。

《图书馆通行章程》颁布后，成为各地主管部门核准图书馆立案或备案的依据。1910 年，浙江天台县教育会拨西园基址设立图书馆并植物园，呈报立案。浙江提学使司表示，图书馆原备学子检阅参考之用，有裨学艺匪浅。该图书馆随时扩充，自应照准，"惟与植物园合并办理，定名天台县图书馆植物园，未甚妥洽，应即分为两事。仰该县饬知该会，除图书馆遵照部颁通行章程外，并将该馆办事细则暨植物园章程送司核定再予立

---

❶ 云南图书馆附设博物陈列所招生广告 [J]. 云南政治官报，1910（703）：4.

❷ 云南图书馆收买动植矿物及工艺制造品广告 [J]. 云南政治官报，1909（595）：4.

❸ 图书馆通行章程 [J]. 政治官报，1910（813）：6.

案"❶，明确要求图书馆与植物园分开办理，不能混搭。在各级政府的努力下，图书馆一词在教育领域内滥用现象逐渐减少。

继《图书馆通行章程》后，我国教育主管部门均明确图书馆为庋藏图书、供众阅览的文教机构。1915 年《图书馆规程》第 1 条规定图书馆"储集各种图书，供公众之阅览"❷；1927 年《图书馆条例》第 1 条规定图书馆"储集各种图书，供公众之阅览"❸；1939 年《修正图书馆规程》第 1 条规定图书馆"储集各种图书及地方文献，供众阅览"❹。以上这些法规均明确图书馆为教育性质，具有公益特征。虽然《修正图书馆规程》第 1 条也有"并得举办各种社会教育事业，以提高文化水准"的规定，但"举办各种社会教育事业"只是兼办业务，并不影响图书馆"供众阅览"的基本宗旨，主次分明。同时，这些图书馆法规大多有关于图书馆命名的条款，以免图书馆名称被滥用。

不仅如此，学者也要求图书馆运作时，必须遵守法规，不能违反图书馆定义。1937 年淞沪会战爆发后，上海著名的量才流通图书馆转让给丁香烟草公司，改名为丁香图书馆。丁香烟草公司即用图书馆为其出品的香烟作广告。不久，丁香图书馆转让给新亚药厂接办，改名为新亚图书馆。新亚药厂利用图书馆为该厂所出药品做广告，如粘贴九一四、六〇六❺等。东吴大学法学院图书馆法专家喻友信对这种广告极为忧虑，他认为无论香烟或性药广告，出现在文化机关图书馆中，其戕害个人身体事小，影响社会事大。他认为，利用图书馆进行广告宣传未尝不可，但所有广告，"举凡有关个人人格与心身，或妨碍国家社会教育，以及违反图书馆之本来宗旨，均应在取缔之列。"❻图书馆不能偏离文教机构的基本宗旨。

---

❶ 本署司郭批天台县详教育会议决合办图书馆植物园由 [J]. 浙江教育官报，1910（41）：155-156.

❷ 图书馆规程 [J]. 教育公报，1915（8）1.

❸ 图书馆条例 [J]. 大学院公报，1928（1）：32.

❹ 修正图书馆规程 [J]. 浙江省政府公报，1939（3179）：4.

❺ 这两种药物均为治疗性病药物，前者国内使用较少，后者运用广泛。——作者注。

❻ 喻友信 . 利用图书馆作广告在法律上之检讨 [J]. 中华图书馆协会会报，1939（2/3）：7.

当然，也有应该叫图书馆却没有称为图书馆的藏书机构，江南图书馆就是一例。清末，两江总督端方创办江南图书馆。民国改元，该馆更名为江南图书局，采取局长制，局长下设副局长；图书局分设庶务、文牍、编辑、保管、掌书、会计、书记、修书工等职。❶ 江南图书局就是现代意义上的图书馆。不过，江南图书局名称使用时间不长，次年，复改为江苏省立图书馆，以符规章，这种现象并不多见。

第二节　立法宗旨

一、清朝末期：保存国粹

立法宗旨是公立图书馆法规的构件之一，决定图书馆的发展方向。近代中国公立图书馆法规的立法宗旨随着国体变更、政权更迭而不断变化，大体经历了清朝末期、民国前期（1912—1938年）和抗战及战后（1939—1949年）三个阶段。

1901年，清政府宣布实行新政，各项改革措施陆续颁布。这些改革措施，仿效日本、欧美等国家及地区，西方文化大量涌入。1905年，袁世凯等督抚上奏，建议停止科举考试，仿行西学，推广新式学堂。上谕随即宣布从1906年起停止科举考试，鼓励建设新式学堂："学堂本古学校之制，其奖励出身亦与科举无异。历次定章，原以修身读经为本。各门科学，又皆切于实用。是在官绅申明宗旨，闻风兴起，多建学堂，普及教育，国家既获树人之益，即地方亦与有光荣"。❷ 在中央政府的推动下，新式教育蓬蓬勃勃地展开。

中央政府普及新式教育的决策，并没有得到各省督抚的一致拥护。有人对新式教育过于重视西学心存异议，或多或少、或明或暗地进行抵制或曲解，湖南巡抚庞鸿书即为其中之一。中央政府停止科举上谕颁布不久，

---

❶ 江苏省立国学图书馆概况 [J]. 浙江省立图书馆月刊, 1932（1）: 1.

❷ 诏令 [J]. 学务杂志, 1906（1）: 1.

庞鸿书上奏，提出："今日环球各国学堂皆重国文。凡礼教风尚及精美擅长之学术技能，宝爱护持，名曰国粹，以保全为主。中国圣经贤传，阐明道德，维系人伦，忠孝至行，平治大猷，皆由此出。即列朝子史事理，兼赅各种词章、军国资用，亦皆经术之绪余，文化之辅翼，未可听其废弛。"❶他提出湖南将仿效湖北把经心书院改为存古学堂、河南设尊经学堂的做法，拟将湖南成德校士馆改为成德学堂、景贤堂改为景贤学堂、船山书院改为船山学堂。庞鸿书的建议，究其实质，是以新式学堂之名，行保存国粹之实。

学部对庞鸿书的奏议极为不满，指出高等学堂章程，"专门分科四十有六，经史理文为目十四，于周知四国之中仍寓保存国粹之意"，湖南省将成德校士馆等改为学堂的做法，是"外标学堂之名，仍沿书院之实。揆之奏章，不免歧义"❷，奏请湖南改正。同时表示，湖北存古学堂的情况了解后，另案解决；河南省的尊经学堂与湖南的做法大同小异，应该由学部咨令其改办为师范学堂，以收统一之效。上谕批复"依议，钦此"。光绪帝的批复通过《东方杂志》等新兴媒体广泛传播，表明学部推行新式教育的决心。

以新式学堂之名行保存国粹之实的努力受挫后，庞鸿书另辟蹊径，力图保存国粹。1906年，庞鸿书奏设图书馆："东西各国都会，莫不设有图书馆，所以庋藏群籍，输入文明，于劝学育才，大有裨益。湘省各属学堂虽已次第建设，然科学未备，教员所编讲义，又皆各以意取，亟应详加校订，参酌通行教科书及东西洋已译未译各科学善本，荟萃成帙，颁行通行，以收一道同风之效。其各省新编新译，与夫从前官私著述，苟可裨益教育，皆宜旁搜博引，以备调查编辑之需，建设图书馆万不可缓。"❸光绪帝对庞鸿书利用新式学堂保存国粹之举不满，但对其设立图书馆的奏请却没有异议，"硃批学部知道"。

庞鸿书奏设图书馆时，只字未提保存国粹，只是说"庋藏群籍""裨

❶ 护理湖南巡抚庞学政支会奏改设学堂以保国粹而励真才折 [J]. 东方杂志，1906（3）：44.

❷ 湘省学堂与定章歧异奏请改正折 [J]. 东方杂志，1906（6）：129-130.

❸ 湘抚庞奏建设图书馆折 [J]. 学部官报，1906（9）：10-11.

益教育"。然而，他没有放弃保存国粹的主张，而是明修栈道，暗渡陈仓。1906 年年底（光绪三十二年），庞鸿书奏呈《湖南图书馆暂定章程》。《湖南图书馆暂定章程》首条即强调："本馆以保存国粹、输入文明、开通智识，使藏书不多及旅居未曾携带书籍者，得资博览，学校教员学生得所考证为主义。"❶ 保存国粹成为创设湖南省图书馆的首要职责。同时，他也并不完全排斥西学，重视"输入文明"。图书馆成为保存国粹、输入文明的平衡点。

庞鸿书的设计极具创意，完美地解决了保存国粹与输入文明之间的关系，或者说，以新式图书馆之名，行保存国粹之实。他的做法被各省督抚看在眼里，记在心上，成为仿效对象。此后，保存国粹成为各省创设图书馆的基本宗旨。1907 年，安徽巡抚冯煦奏称："方今泰东西各国相竞以智，相胜以学。不独技艺颛门确有心得，即心理算术舆地历史法律兵略，亦多深造，标新领异，骎骎与吾国先民代相雄长。图书之馆，凡大都会所在有之。吾国士大夫几瞠乎其后矣。臣窃忧之。夫泰东西之举，不过窃吾余绪，犹足以颉颃一世。而吾国乃弁弃其典章文物，曾不爱重，何其儓也。"他提出："采访皖省遗书，以存国粹，兼备异日图书馆之用"。❷ 冯煦的奏请，与庞鸿书的做法相近，强调拟创设安徽图书馆，以存国粹。不仅如此，他还提出"采访皖省遗书"，以充实图书馆。这一设想深化了保存国粹的内容，为省级图书馆的文献资源建设提供了新路径。

1909 年，山东巡抚袁树勋奏设图书馆，其思路与冯煦较为一致，图书馆的宗旨在于保存国粹，开启民智，尤其收集地方传统文献。他提出，图书馆的职能为："首储四库之善本，兼收列国之宝书，将以通新旧之机缄，非仅侈观瞻于耳目"。同时就中附设山东金石保存所："凡本省新出土之品与旧拓精本博访兼收，以表山东古文明之特色，免乡氓无识者之摧残"，强调图书馆"以开民智而保国粹"。❸ 同年，陕西巡抚恩寿奏设图书馆经过时声称："陕省山河重隔，兵燹屡经，文献凋零，士风固塞，将欲交换智识，自宜广备搜罗"，藏书宗旨为"一曰收藏旧籍，如经史子集之类；二

---

❶ 湖南图书馆暂定章程 [J]. 学部官报, 1907（11）：70.

❷ 安徽巡抚冯煦奏采访皖省遗书以存国粹折 [J]. 政治官报, 1907（32）：7.

❸ 山东巡抚袁树勋奏创设图书馆等折 [J]. 政治官报, 1909（79）：5.

曰广征群籍，如近时名人著述之类；三曰列邦新籍，如东西译本之类；四曰吉金乐石，如鼎彝碑版之类。另附设教育器械标本……洵足保存国粹，启迪新知"❶。保存国粹成为文献资源建设的第一选择。1909 年，山西巡抚宝棻奏设图书馆，措辞为"以保国粹而惠士林"❷；护理云贵总督沈秉堃奏筹办云南图书馆，说法是："以保国粹而进文明"❸。湖北等省图书馆，也无不突出保存国粹的基本构想。图书馆成为各省收集旧籍，尤其本省旧籍，保存国粹的理想机关。同时象征性地表示要兼采列邦新籍。

重视收藏传统典籍，也是京师图书馆的创设初衷。1908 年，学部奏设京师图书馆，缘由有二：其一，保存传统典籍。乾隆时刊刻的《四库全书》，因战火频仍，损毁严重；其二，防止我国传统典籍流失。20 世纪以后，中国典籍外流严重，以浙江陆氏皕宋楼书外流日本最为震撼。尤其重要的是，"士子近时风尚，率趋捷径，罕重国文"。这些情况表明中国文化危机日益严重。因此，学部指出："若不设法汇罗保存（传统典籍），数年之后，中国将求一刊本经史子集而不可得，驯至道丧文敝，患气潜滋"❹，对传统文化的没落趋势甚为忧虑。图书馆成为保存传统典籍的首要方式。

在通过图书馆保存国粹的这股潮流中，1910 年 1 月，学部颁布了《图书馆通行章程》。《图书馆通行章程》是近代中国首部由中央政府制定的公共图书馆法规。《图书馆通行章程》第 1 条规定："图书馆之设，所以保存国粹，造就通才，以备硕学专家研究学艺、学生士人检阅考证之用，以广征博采、供人浏览为宗旨。"其核心是保存国粹，"输入文明"只字未提。图书馆由此而成为保存国粹的法定机构。

《图书馆通行章程》十分重视收藏传统典籍。《图书馆通行章程》把收藏书籍分门别类：一是"凡内府秘笈、海内孤本、宋元旧椠、精抄之本，都在保存之类"（第 8 条）。保存性质的图书，另辟专室收藏。二是"中国图书，凡四库已经著录及四库未经采入者，及乾隆以后所有官私图籍，

---

❶ 陕西巡抚恩寿奏陕西建置图书馆并附设教育品陈列所折 [J]. 学部官报，1909（98）：5.

❷ 山西巡抚宝棻奏创设图书馆折 [J]. 政治官报，1909（589）：10.

❸ 护理云贵总督沈秉堃奏筹办图书馆折 [J]. 政治官报，1909（658）：10.

❹ 学部奏筹建京师图书馆折 [J]. 政治官报，1909（676）：4.

均应随时采集收藏。其有私家收藏旧椠精抄，亦应随时假抄，以期完备"（第10条）。三是海外各国图书，凡关系政治学艺者，均应随时搜求（第11条）。这三类图书，前两类都是一般意义上的国粹，或者说中学书籍，第三类是海外书籍，也就是当时所谓西学书籍，强调的是"政治学艺"即实用。其收藏重点，是中学书籍。

在阅览方面，《图书馆通行章程》也较为重视传统典籍。《图书馆通行章程》把书籍分为保存之类和观览之类两类："凡中国官私通行图书、海外各国图书，皆为观览之类。观览图书，任人领取翻阅，惟不得污损剪裁及携出馆外"（第9条）。《图书馆通行章程》规定保存类的图书："由馆每月择定时期，另备券据，以便学人展示。如有发明学术堪资考订者，由图书馆影写、刊印、抄（以上第6页）录，编入观览之类，供人随意浏览。"（第8条）不难发现，在阅览书籍方面，也是以传统典籍为主。

《图书馆通行章程》还有两条规定值得注意：一是"京师暨各省图书馆得附设排印所、刊印所。如有收藏秘笈孤本，应随时仿刊发行，或排印发行，以广流传"。（第12条）；二是"私家世守不愿出售者，亦应妥为借出，分贝刷印、影抄、过录，以广流传。原书必须发还，不得损污勒索"。（第15条）。这两条关于书籍流通的规定，是《图书馆通行章程》的一大特色。不过，这些书籍无论在图书馆流通，或向社会推出，都是传统典籍，与西学书籍没有多大关系，海外书籍或者说西学居于次要地位。

《图书馆通行章程》鼓励社会赞助图书馆，其褒奖方向也在传统典籍。《图书馆通行章程》第16条规定："海内藏书之家，愿将所藏秘笈暂附馆中扩人闻见者，由馆发给印照，将卷册书目、抄刻款式、收藏印记，一一备载。领回之日，凭照发书。管理各员尤当加意保护，以免损失。其借私家书籍版片抄印者，亦应照此办理"。第17条规定："私家藏书繁富，欲自行筹款随在设立图书馆以惠士林者，听其设立。惟书籍目录、办理章程，应详细开载，呈由地方官报明学部立案。善本较多者，由学部查核，酌量奏请颁给御书匾额，或颁赏书籍，以示奖励"。透过以上两条规定，不难发现，它们奖励的对象，是对保存国粹有贡献者。

《图书馆通行章程》重视保存传统典籍或者说国粹，达到极致。《图书馆通行章程》第2、3条规定，全国图书馆分为京师、省、府、厅、州、县 6 类，而保存国粹又是《图书馆通行章程》的基本要求。据此，府、厅、州、县图书馆均应依法保存国粹。全国各类各级公立图书馆都用来保存国粹，不免过于夸张。综上所述，《图书馆通行章程》的核心是"保存国粹"。1934 年，教育部编撰的《第一次中国教育年鉴》出版，对《图书馆通行章程》的评价也是"保存""贵族""深奥"❶。

当然，不是所有关于图书馆的创议都奉行保存国粹的宗旨。1906 年，出国考察政治大臣端方和戴鸿慈会奏建筑图书馆，他们的理由为："世界日进文明，典籍乃益臻繁富，收藏庋置，非国家有此全力，不能求其赅备……盖教育已行，不识字之人必少。取求既便，应研考之学方多。此其足以导民者一也。"❷两位出国考察政治大臣把图书馆作为导民善法之首，建议次第举办。这一见解，异于时人。

尽管没有奉行保存国粹的宗旨，但不是说端方等建筑图书馆的创议不保存国粹。1908 年，在任两江总督端方奏江宁省城创建图书馆，内云："强国利民，莫先于教育，而图书实为教育之母。近百年来，欧美大邦兴学称盛，凡名都巨埠，皆有官建图书馆，宏博辉丽，观书者日千百人，所以开益神智增进文明意至善也"。不过，他强调："江宁为省会重地，自经粤匪之乱，官府以逮，缙绅之家，藏书荡然。承学之士，欲将研求国粹，扬扢古今，辄苦无所藉所。爰建议于城内创立图书馆"❸，搜集我国旧籍，征求各国图书。保存国粹依然是图书馆的职能之一。

综观以上关于图书馆的创议，固然不乏导民等设想，然而，保存国粹是清末公立图书馆创设的主因，无论京师或各省图书馆，莫不如此。各省创设图书馆时，也多提及"输入文明"。不过，"文明"为何，不见解释。"文明"只是装饰性文字，没有实质内容。保存国粹理念的盛行，是西方文化冲击下各省督抚的文化因应，或者说是传统文化拥护者对来势汹汹的西方文化的积极应对。在传统文化拥护者（尤其各省督抚）的倡导下，图

---

❶ 教育部教育年鉴编纂委员会 . 第一次中国教育年鉴 [M]. 上海：开明书局，1934：788.

❷ 出使各国考察政治大臣端戴会奏各国导民善法请次第举办折 [J]. 直隶教育杂志，1906（19）：1-2.

❸ 两江总督端方奏江宁省城创建图书馆折 [J]. 政治官报，1908（353）：13.

书馆因此而为传承文化、保存国粹的重要机构。这大概是清末新政推行者没有想到的结果。

二、民国前期：供众阅览

1912 年，中华民国成立，我国由君主专制变为民主共和。国体的变更，意味着此前公立图书馆法规的相关内容也要修改，以适应共和制度的现实需要。1915 年，教育部同时公布了《图书馆规程》和《通俗图书馆规程》。这是中华民国成立后教育部公布的第一批公立图书馆法规，标志着我国公立图书馆建设进入了新的历史发展阶段。

《图书馆规程》较为重视搜集图书。其第 1 条规定："各省各特别区域应设图书馆，储集各种图书，供公众之阅览。各县得视地方情形设置之"。按照该条规定，图书馆的基本宗旨是储集图书，供众阅览。图书馆主要由"各省各特别区域"设立，县等行政区根据地方情形决定，没有硬性要求。当时我国省、特别区域一级的行政单位不到 30 个。换而言之，全国法定图书馆数量不到 30 个。只有在设立图书馆的地方，人们才能实现阅读机会平等。这意味着图书馆的宗旨并非为多数读者服务，而是为集中在省、特别区域的有限读者提供阅览服务。该条虽然有"供众阅览"的规定，但并不重要，因为《图书馆规程》对阅览进行了限制。《图书馆规程》第 9 条明文规定："图书馆得酌收阅览费"。阅览费的规定，无疑影响了供众阅览条款的实现，与现代图书馆免费阅读的观念背道而驰。从这个意义上说，图书馆更为重视搜集图书，虽然没有强调保存国粹，但供众阅览的理念也没有得到阐扬。《图书馆规程》在储集图书方面与《图书馆通行章程》高度神似。

《通俗图书馆规程》则大异其趣。其第 1 条为："各省治、县治应设通俗图书馆，储集各种通俗图书，供公众之阅览。各自治区得视地方情形设置之。"这一规定，至少有三点值得注意：一是通俗图书馆储集通俗图书，而非学艺图书，突出图书的通俗性质；二是通俗图书馆由省、县设立，自治区不包括在内。民国初年，根据《中华民国临时约法》第 3 条规定："中华民国领土为二十二行省、内外蒙古、西藏、青海"❶，与行省并列

---

❶ 中华民国临时约法 [J]. 临时公报，1912（27）：3.

的行政单位自治区只有 4 个，而当时县却有 2000 个左右。这意味着通俗图书馆将为更多的读者提供阅览服务；三是供众阅览不再是表面文章，而是设有激励条款。《通俗图书馆规程》第 7 条规定："通俗图书馆不征收阅览费"。不征收阅览费的规定与《图书馆规程》的收费阅览截然相反，鼓励阅读。所以，《通俗图书馆规程》以提供阅览为基本宗旨，与现代图书馆的发展趋势完全吻合，在我国图书馆立法史上具有重要地位。

《通俗图书馆规程》的公布，是我国图书馆建设事业的重大革新。通俗图书馆的概念出现于清末。1907 年，有人介绍欧美各国的图书馆事业状况，尤其在意于通俗图书馆及其阅读推广活动❶。1910 年，谢荫昌提出，图书馆分为培养学者和教育国民两种类型。前者以各国参考图书馆为模仿对象，包括帝国图书馆和省高等图书馆；后者以各国通俗图书馆为参照，包括府厅州县中等图书馆、城镇乡图书馆。他强调，"其最要关键，在使全国人士知图书馆之性能不属于学者教育，而属于国民教育""图书馆之性质，不在培养一、二学者，而在教育千万国民"。❷ 他呼吁学部于 1911 年春"速颁府厅州县城镇乡中初等图书馆章程，并声明前颁馆章（即《图书馆通行章程》)，属于参考图书馆之范围，为京师及各省市立高等图书馆所适用。属于中初等教育地点之图书馆，皆当遵另颁之新章办理。如是则图书馆教育之著手易，普及亦易"。❸ 谢荫昌一反保存国粹之主流观点，提出积极发展通俗图书馆的建议，以普及教育。他是我国较早提出图书馆与通俗图书馆分治的学者。

中华民国成立后，图书馆、通俗图书馆分治观念付诸施行。1912 年 4 月 4 日，《教育部官制案》公布，共 12 条，第 7 条为社会教育司职能条款，其第 2 项为"关于博物馆、图书馆事项"，第 6 项"关于通俗图书馆、巡回文库事项"❹。图书馆与通俗图书馆分治由此开始。8 月，教育部修正官制公布，第 9 条为社会教育司职能条款，其第 2 项为"关于博物馆、图书

---

❶ 梦雏译. 欧美现行通俗教育之状况 [J]. 直隶教育杂志，1907（18）：19–20.

❷ 谢荫昌. 图书馆教育绪言 [J]. 奉天教育官报，1910（50）：51–52.

❸ 谢荫昌. 图书馆教育绪言 [J]. 奉天教育官报，1910（50）：53.

❹ 教育部官制案 [M]. 参议院议决案汇编，1912：85–86.

馆事项"、第 8 项为"关于通俗图书馆、巡行文库事项"❶，与 4 月份公布的《教育部官制案》比较，没有任何变化。1912 年，北京设立通俗图书馆 1 处❷，通俗图书馆落地生根。1915 年，《教育公报》刊载了一篇名为《通俗图书馆》的文章，内称："通俗图书馆与社会有密切之关系。通俗图书馆之发达与否，与人民智识之有无、国家势力之强弱，有绝大之影响。"❸ 这篇文章表达了教育部倡导设立通俗图书馆的主要目的。《通俗图书馆规程》借鉴其他国家通俗图书馆发展的经验，肯定此前通俗图书馆的成效，并通过立法加以推广。

教育部在社会教育视域下推进图书馆与通俗图书馆的建设。教育部呈请批准这两部图书馆法规时表示："国基甫定，民智待开，学校教育尚未普及，非实施社会教育无以谋启渝而资兴感。特是项教育范围极广，设备不易兼筹，……然其中最切要者，如图书馆为表章文化、发扬国光、广求知识、振兴学艺所必须；通俗图书馆为灌输常识、启迪国民之关键"❹，不得不设。这是教育部对图书馆与通俗图书馆分治的最好解释。

社会教育思潮出现于晚清。1895 年 3 月，严复提出，中国自强，须标本兼治。标是收大权、练军实；本是民智、民力、民德。他说："果使民智日开，民力日奋，民德日和，则上虽不治其标，而标将自立。"而在这三者之中，又以开通民智为最急❺。如何开通民智呢？教育是关键方式。换言之，国家欲自强，必须普及教育。然而，因客观条件的限制，我国能够接受学校教育的人数有限。在这种情形下，社会教育思潮油然而生。

社会教育的概念，见仁见智。清末四川咨议局的解释为："国民教育之普及与否，为国家文野强弱之所由分。而陶铸国民，其训练在学堂，其熏染则全在社会。国不能人人入学堂，人不能终日终身不出学堂。社会不良，虽有智识学问，一入其中，非习与俱化，即龃龉多端，荒糜卑劣之风

❶ 教育部官制案 [J]. 政府公报，1912（95）：5.

❷ 各地通俗教育进行情形 [J]. 通俗教育研究录，1912（3）：23.

❸ 陆规亮. 通俗图书馆 [J]. 教育公报，1915（4）：8.

❹ 呈拟订社会教育各项规程缮单呈核文并批令 [J]. 教育公报，1915（8）：2-3.

❺ 王栻. 严复集（第一册）[M]. 北京：中华书局，1986：14.

俗，其势力常足以赞学堂脯导之功"❶。该解释把社会教育与学堂教育并列，成为国民教育的两种方式，体现了社会教育的基本内涵。需要注意的是，该解释从国家文野强弱角度提倡普及教育，与严复的观点一脉相承。

1906 年，留日学生蓝公武较早注意到图书馆在推进社会教育中的积极作用，提出社会教育内容广泛，图书馆与公学校、公众演剧、日报馆一起，成为社会教育的当务之急。他表示："图书馆与公学校相辅而行者也，否则一切人民，仍无自行研究之地，欲学术之进步，不亦难哉？故东西各国，咸视此为要政，林立国中，我国急宜效之。"❷1907 年，署名"梦雏"者译介欧美教育现状，其第 6 点为"图书馆之发达"，花费了大量笔墨介绍欧美图书馆、通俗图书馆现状，强调"振兴教育、开通民智，为立国第一要素……美之推广图书馆，美之所以蒸蒸日上也"。❸

在严复等人看来，普及教育是我国实现自强的关键因素，社会教育与学校教育一样，是普及教育的重要方式，而社会教育的平台，即包括图书馆、通俗图书馆。图书馆事业与国家强盛与否直接联系起来。尽管社会教育已经引起越来越多的注意，不过，中央政府对其却没有足够的重视。1906 年，《学部官制职守章程》公布，图书馆被列入专门司的职掌范围❹，没有单列。

中华民国成立后，首任教育总长蔡元培提倡社会教育，一改前清学部官制，设立了社会教育司，掌理包括图书馆、通俗图书馆等社会教育事项。吴敬恒支持教育部的这一决策，认为："社会教育之重，与学校教育相等，不可粗率蔑视"。❺教育部社会教育司职员伍达表示："学校教育既无专长，而社会教育实为当今亟务"。❻在蔡元培的支持下，伍达积极规划社会教育事宜。在图书馆方面，他的设想是："应由国家设立中央图书馆，

---

❶ 军督部堂札据咨议局呈请发起通俗教育社文 [J]. 四川教育官报，1910（2）：1-2.

❷ 蓝公武 . 社会教育论 [J]. 教育，1906（2）：7.

❸ 梦雏 . 欧美现行通俗教育之状况 [J]. 直隶教育杂志，1907（18）：19.

❹ 学部官制职守章程 [J]. 南洋官报，1906（46）：2.

❺ 吴敬恒 . 中国之社会教育应兼两大责任 [J]. 通俗教育研究录，1912（1）：1.

❻ 本会北京社会教育讨论会纪事 [J]. 通俗教育研究录，1912（3）：11.

订定各地图书馆并简易图书馆、巡回文库等办法，督促各地实行并倡导私立图书馆。"❶此后，社会教育司一直是教育部的常设机构，贯穿民国始终，是推动图书馆事业进步的主要行政部门。社会教育的地位得到了极大提高。

民国初期，中央政府重视社会教育，其出发点与清末兴起的社会教育思潮大体一致，即实现国家强盛。在《图书馆规程》《通俗图书馆规程》公布前，教育总长汤化龙已经阐述了社会教育程度与国家强弱之间的内在关联。他说："国家之演进，胥恃人民智德之健全，而人民智德之健全，端赖教育之普及，而考求教育普及之方法，学校而外，尤藉有社会教育以补其所不逮。盖社会教育范围至广，效用至宏，举凡一国普通士庶之性情、道德、智能，皆受熏育陶熔于此，而国家所以谋社会程度之增进，庶民智力之扩张，本固邦宁之上理者，亦即以此为之机括。……其于国家前途关系甚巨。"❷社会教育包括图书馆事业，也就是说，图书馆、通俗图书馆是普及教育的重要方式，是实现国家强盛的重要因素。

普及教育，提高国民程度，是中央政府的基本认识。1915年8月，袁世凯表示："试观世界竞争大势，有教育之人民可以消灭无教育之人民。倘一国之人民苟无教育，甚者必至亡种灭族，万劫不复。即不然，亦必将为有教育之人民所驱使，待之如牛马，如奴隶。"❸袁世凯的看法是，教育不独与立国关系甚大，与国人立身也紧密相连。

作为政府领导人，袁世凯的这种认知并非心血来潮。1915年元旦，袁世凯发布申令："凡一国之盛衰强弱，视民德民智民力之进退为衡，而欲此三者程度日增，则必注重于国民教育。……若以蒙昧柔靡之民，当生存竞争之世，其亦殆矣。"❹国民教育即包括社会教育。袁世凯向来重视教育事业，创办了武备学堂、直隶师范学堂、北洋师范学堂、北洋女子学堂等学堂，主张废除科举，积极推动新式教育的发展。所有这些教育举措，与

❶ 伍达.社会教育之性质及提倡设施意见[J].通俗教育研究录，1912（1）：7.

❷ 呈拟设通俗教育研究会缮具章程预算表恳予拨款开办请鉴文并批令[J].教育公报，1915（4）：6-7.

❸ 大总统训词[J].教育公报，1915（5）：1.

❹ 大总统申令[J].政府公报，1915（956）：11.

他对教育重要性的认识，关系密切。作为教育方式之一，图书馆自然受到重视。

从国家盛衰强弱角度认识教育的价值，是近代中国有识之士的共识。清末如此，民国成立后，亦如此。尽管袁世凯等也注意到教育对于个人的意义，然而，国家本位的教育理念优于个人本位的教育理念。这不是个人认知问题，而是客观形势使然。民国成立后，形势不容乐观：西藏分裂势力蠢蠢欲动；1912 年 11 月，《俄蒙密约》泄露，俄国公然染指外蒙古（即《中华民国临时约法》第 3 条提到的内外蒙古中的外蒙古）；1915 年 1 月，日本向中国政府提出"二十一条"，暴露其侵略野心。我国外部形势不容乐观。解决国家危机的根本途径是实现富国强兵，而富国强兵又离不开普及教育。所以普及教育，提高国民素质，形势使然。这也是中央政府重视教育（包括社会教育）原因所在。因此，《图书馆规程》《通俗图书馆规程》的公布，尤其供众阅览宗旨的确立，实在情理之中。需要注意的是，国家本位的教育理念优于个人本位的教育理念，并不表示牺牲个人权利，以成全国家本位的教育宗旨，而是立于不同位置的解读。站在国家立场，放眼世界，这是国家本位观；站在个人立场，促进个人发展，这是个人本位观。两者并行不悖，相互促进。

"供众阅览"取代"保存国粹"，是我国图书馆建设观念的突破，体现了公立图书馆立法的时代特征。这不是说两者之间有根本的冲突。恰恰相反，从精神内核看，两者一脉相承，具有高度的一致性。保存国粹的观念，立于国家立场，在中外文化交流与碰撞中衍生而成。供众阅览也隐含了国家本位观念。两者的差异在于表述形式不同。保存国粹以国家本位形式出现，附于君主专制国体。在君主专制饱受攻击时，保存国粹的措辞难免影响观瞻，疑为君主制所用。供众阅览则以个人本位形式出现，且没有牺牲个人权利成全国家本位，在民主共和观念盛行时代，当然不会出现异议。

供众阅览的基本宗旨确立后，为后来各届政府所继承，南京国民政府成立后，同样如此。1927 年 12 月，大学院公布了《图书馆条例》，其第 1 条为"各省区应设图书馆，储集各种图书，供公众之阅览。各市县得视地方情形设置之。"1930 年 5 月，教育部废除了《图书馆条例》，公布了《图书馆规程》，其第 1 条为"各省及各特别市应设图书馆，储集各种图书，

供公众之阅览。各市县得视地方情形设置之。"这两部图书馆法规的基本宗旨与 1915 年《图书馆规程》的规定如出一辙。供众阅览作为图书馆宗旨，一直到 1939 年《修正图书馆规程》公布，才被取代，影响久远。

三、国民政府时期：三民主义

近代中国公立图书馆法规立法宗旨的第三次大变革发生在抗日战争期间。1939 年 7 月，教育部公布了《修正图书馆规程》。《修正图书馆规程》第 1 条为："图书馆应遵照中华民国教育宗旨及其实施方针与社会教育目标，储集各种图书及地方文献，供众阅览，并得举办各种社会教育事业，以提高文化水准。"1947 年 4 月，教育部再次公布了《图书馆规程》，《修正图书馆规程》作废。《图书馆规程》第 1 条与《修正图书馆规程》第 1 条只字未变。《图书馆规程》确立的公立图书馆立法宗旨延续到 1949 年国民政府垮台。

《修正图书馆规程》第一个特点是确立了三民主义为指导的基本原则。按照该《修正图书馆规程》第 1 条规定，图书馆的创设必须契合中华民国教育宗旨及其实施方针与社会教育目标。那么，该条中的"中华民国教育宗旨及其实施方针"是什么呢？ 1929 年 4 月，南京国民政府经过两年的酝酿与讨论，正式公布了《中华民国教育宗旨及其实施方针》。中华民国的教育宗旨为："中华民国之教育，根据三民主义，以充实人民生活、扶植社会生存、发展国民生计、延续民族生命为目的，务期民族独立、民权普遍、民生发展，以促进世界大同。"其实施方针有关社会教育方面第 3 条为："社会教育必须使人民具备近代都市及农村生活之常识，家庭经济改善之技能，公民自治必备之资格，保护公共事业及森林园地之习惯，养老恤贫防灾互助之美德。"第 7 条规定："各级学校及社会教育，应一体注重发展国民之体育，中等学校及大学专门须受相当之军事训练。发展体育之目的，固在增进民族之体力，尤须以锻炼强健之精神、养成规律之习惯为主要任务。"❶

根据《中华民国教育宗旨及其实施方针》，1930 年 4 月召开的第二次

---

❶ 中华民国教育宗旨及其实施方针 [J]. 国民政府公报，1929（151）：2-3.

全国教育会议确定了社会教育目标，主要为"教育部应调查各省图书馆实况，设法督促改善，未设者督促逐渐筹设""各省教育厅应调查各市县图书馆实况，设法督促改善，并推广设立分馆、巡回书车、书报流通处及代办所等，未设者督促逐渐筹设""各级学校内图书馆，应令逐渐公开""教育部应订定各种图书馆设备购书标准。各省教育厅应根据标准，订定设备细则及购书目录几种，备市县选用""国立省立各大学或已立案的私立大学，在可能范围内，开班或设专修科，养成各种图书馆人员""各种图书馆应利用所藏图书，编辑民众读物及通俗刊物材料""各种图书馆应调查搜集民众读物，转由主管教育行政机关呈送教育部审查"❶ 等。

中华民国教育宗旨的确立，过程颇为曲折。1928 年 5 月，教育部在南京召开了国民政府第一次全国教育会议。尽管会议宣言称："我们全部的教育，应当遵照着三民主义的宗旨，贯彻三民主义的精神"，但同时强调"增高教育经费，并保障其独立，载在本党的政纲"❷，教育独立成为全国教育会议的一大旋律，贯穿会议始终，众多议决案都体现了教育独立的特性。

然而，这次全国教育会议通过的教育宗旨不为国民党党务部门所接受。1928 年 7 月，国民党中央执行委员会训练部撰写的《全国教育会议宣言及三民主义教育宗旨说明书之批评》一文发表，对全国教育会议通过的会议宣言及教育宗旨进行了全面批评，如"完全舍却党的立场以谈教育，实有背于本党以党治国之主旨"；"不能确定三民主义教育之真义"；"忘却三民主义之最终目的"；"对于三民主义尚无正确之认识"等，进而拟订了训练部版的中华民国教育宗旨："中华民国之教育，以根据三民主义，发扬民族精神，实现民主政治，完成社会革命，而臻于世界大同为宗旨"❸。国民党中央委员会也拟订了教育宗旨。1928 年 9 月，大学院综合各方面意见，拟订了教育宗旨，提交国民政府。其内容为"恢复民族精神，发扬固有文化"等 4 条❹。大学院提交的教育宗旨依然不能为国民党中央所

---

❶ 改进社会教育计划 [J]. 河南教育，1930（19/20）：106–107.

❷ 中华民国大学院. 全国教育会议报告 [M]. 上海：商务印书馆，1928：2.

❸ 教育宗旨 [J]. 中央训练部部务汇刊，1928（1）：12.

❹ 朱经农. 中华民国教育的宗旨 [J]. 南京特别市教育月刊，1928（12）：1–6.

接受。1929 年 3 月，中国国民党第三次全国代表大会召开，其第 11 次会议最终确定了前述教育宗旨，并特别强调此项决议案关系以党建国、以党治国之根本大计，至为重要。三民主义教育宗旨由此确立。

1928 年，国民党凭借统一全国之功，指点江山，三民主义一时甚嚣尘上。然而，蒋梦麟担任部长的教育部不为所动，依然秉持教育独立观念。1930 年 5 月，《图书馆规程》公布，其第 1 条内容与 1927 年公布的《图书馆条例》第 1 条大体相同，没有三民主义的文字，图书馆在法理上维持了相对独立的地位，一直到 1937 年全面抗战爆发时为止。

《修正图书馆规程》的公布，是国民党三民主义强势介入公共图书馆事业的结果。抗日战争全面展开后，长期执掌国民党党务工作的陈立夫于 1938 年担任教育部长，试图在教育方面有所作为。抗战建国的基本国策成为影响战时教育的主要因素。在种种因素作用下，公共图书馆纳入三民主义教育范畴已经势在必行。

1939 年 3 月，第三次全国教育会议在重庆召开。这次会议是公立图书馆立法宗旨更替的关键时期。国民党总裁、国防委员会委员长蒋介石对教育会议发表训词，强调要以革命救国的三民主义，为教育的最高基准，实施抗战建国纲领。他说："我们再不能附和过去误解了许久的教育独立的口号，使教育者谨守国家法令，和国家所赋予的责任以外，而成为孤立的一群。……应该使教育和军事、政治、社会、经济一切事业相贯通"❶，要打破教育独立的错误心理，推进三民主义的教育。蒋介石要打破的，是蔡元培、蒋梦麟等倡导的教育独立理念。在陈立夫主导下，这次教育会议宣言表示："我们一致热忱地接受，并经一致通过以全篇训词为此后教育的指导原则"。❷ 1939 年 7 月，教育部公布了《修正图书馆规程》，把三民主义列入公共图书馆法规，实现了对公立图书馆立法宗旨的法理修改。

在全面抗战独特的历史背景下，我国图书馆界对三民主义与图书馆建设的关系有所探讨。1942 年 11 月，杜定友编《三民主义化图书分类法》在广东省干部训练团中山图书馆使用❸。次年，该书由广东省立图书馆

---

❶ 蒋介石. 第三次全国教育会议训词 [J]. 教育杂志，1939（4）：90.

❷ 第三次全国教育会议宣言 [J]. 闽政月刊，1939（3）：52.

❸ 王子舟. 杜定友和中国图书馆学 [M]. 北京：北京图书馆出版社，2002：262.

出版。三民主义化图书分类法将原有杜威分类法十大类中的哲理科学、社会科学、自然科学等改为三民主义、民族主义、民权主义、民生主义等十类，将整个学术系统包括于三民主义之内。同年，钱亚新撰写的论文《三民主义化图书分类法的探讨》发表，高度评价杜定友的三民主义化图书分类法，并预言："将来不论在公立图书馆也好，私立图书馆也好，民众图书馆也好，学校图书馆也好，（三民主义化图书分类法）能获得相当的地位，那是无疑的。"❶ 钱亚新的评价稍显乐观。1946 年，沈宝环编著的《三民主义化的图书分类标准》由重庆文华图书馆学专科学校三青团分部出版，丰富了三民主义与图书馆学理论的研究。尽管杜定友等图书馆学专家进行了各种尝试，不过，客观地说，这些研究成果反应平平，没有激起更大反响，各类图书馆普遍持观望态度。意识形态介入图书馆专业运作，不受待见，讨论者甚少。

教育部将公立图书馆纳入三民主义教育范畴，为实现中华民国的教育宗旨服务。然而，图书馆有较强的专业性，不像普通教育，只要设置国民党党义课程，通过适当教学和考核方法，即可向学生灌输政治观念。图书馆的基本功能为储集图书，供众阅览，能否达到教育宗旨的政治目标不在图书馆，而在于是否有合适的图书。图书馆的价值在于为读者提供优异的服务，激发或维持读者阅读的兴趣，其作为政治工具的价值有限。也因为如此，教育部并没有在通过图书馆实现三民主义方面做多大努力，图书馆工作还是回归图书馆本位。1942 年，陈立夫表示：战时图书馆应努力者有二，"一则保护已有之书籍，使之毋再遗失；一则搜罗未有之书籍，使之日趋完备，更以良好之管理方法，便于读者，而使满足其要求，增进其智力。"❷ 这两点内容，第一点为储集图书，第二点为供众阅览，与三民主义关系不大。陈立夫作为教育部长对战时图书馆价值的认识，是图书馆的真谛。回归储集书籍、供众阅览的图书馆本位，这才是对图书馆价值的应有认识。

《修正图书馆规程》的第二个特点是将"储集地方文献"列入第 1 条。

---

❶ 钱亚新. 三民主义化图书分类法的探讨 [J]. 行仁，1943（1）：33.

❷ 陈立夫. 抗建与图书馆 [J]. 图书月刊，1942（3）：1.

公立图书馆储集地方文献，创议于清末。1907 年，安徽巡抚冯煦奏拟设图书馆时，强调："采访皖省遗书，以存国粹，兼备异日图书馆之用"。❶这一设想为省级图书馆的文献资源建设提供了新思路。1909 年，山东巡抚袁树勋、陕西巡抚恩寿等奏设图书馆时，均有此意，并付诸实施。

1915 年《图书馆规程》《通俗图书馆规程》公布时，教育部并没有注意到储集地方文献问题，两部规程中均没有储集地方文献的条文。1916 年，山东图书馆编辑了山东金石书画清册，交省政府存案，并转咨教育部备案。该举措引起了教育部的高度重视。11 月 20 日，教育部通令："各省县设立图书馆，为社会教育之要务。收藏各书，除采集中外图籍外，尤宜注意于本地人士之著述。"❷这是各省县图书馆注意搜集保存乡土艺文的法规依据。

南京国民政府成立后，教育部对公立图书馆储集地方文献这一点尤为注意。1927 年 12 月公布的《图书馆条例》第 6 条规定："公立图书馆除汇集中外各书籍外，应有收集保存本地已刊未刊各种文献之责"。储集地方文献正式列入公共图书馆法规中。1930 年 5 月公布的《图书馆规程》，延续了这一规定，并加以完善。其第 6 条规定："公立图书馆除汇集中外各书籍外，应负责收集保存本地已刊未刊各种有价值之著作品。"❸《修正图书馆规程》则更进一步，简化了此前条文，把储集地方文献条文列入第 1 条。

公立图书馆立足本地，服务本地，这是其工作的主要方向，亦为其文献资源建设的优势所在，所以储集地方文献是公立图书馆的基本职能，也是历史发展趋势，抗日战争期间尤其如此。全面抗战爆发后，西部地区为我国图书馆事业的发展提供了广阔空间。国立图书馆也加入收集地方文献的行列之中，如国立北平图书馆收集西南地区的各种文献资料、国立西北图书馆收藏西北地区的特色文献资料等。所以，公立图书馆收集地方文献顺应了历史发展潮流，促进了我国图书馆事业的差异化发展，具有重要意义。

---

❶ 安徽巡抚冯煦奏采访皖省遗书以存国粹折 [J]. 政治官报，1907（32）：7.

❷ 咨各省区请通饬各省县图书馆注意搜集保存乡土艺文 [J]. 教育公报，1917（1）：59.

❸ 图书馆规程 [J]. 教育公报，1930（20）：27.

《修正图书馆规程》第1条的第三个特点是规定公立图书馆"得举办各种社会教育事业"。举办什么样形式的社会教育呢?《修正图书馆规程》没有具体的规定。与之关联的条款有省市立图书馆负责图书馆工作人员之进修与训练(第8条)、县市立图书馆可以举办补习学校及普及图书教育事项(第9条)等。《修正图书馆规程》公布两天后,即1939年7月24日,《图书馆工作大纲》由教育部公布实施。《图书馆工作大纲》制定的依据为《修正图书馆规程》第8、第9两条之规定,对社会教育的内容有所涉及。

《图书馆工作大纲》关于图书馆举办社会教育事业的规定,主要有:施教准则方面,"图书馆之施教任务,除办理本馆一切事宜外,应负辅导或协助本区内各社会教育机关及各级学校有关图书馆事项之责"(第5条);工作要领方面,省市(行政院直辖市)立图书馆,"研究读者读书兴趣,辅导书局编印书籍""举办全省图书馆员研究会,交换专业知识""举办图书馆员暑期讲习会,促进图书馆事业之发展""举办民众问字处、民众学校或识字班"等(第7条)。县市(普通市)立图书馆,"举办民众问字处、民众学校或识字班""按期放映幻灯片或教育电影""举办读书顾问,指导民众进修"等❶。这些工作,主要是编写书籍、培训人员、扫除文盲等,均与教育有关。1944年3月,《图书馆工作大纲》废除,代之以《图书馆工作实施办法》。这一变化,依据是《修正图书馆规程》第8、第9、第23条之规定。《图书馆工作实施办法》关于图书馆举办社会教育事业的规定,与《图书馆工作大纲》大同小异。

我国公立图书馆法规关于举办社会教育事业的规定,开始于《通俗图书馆规程》。《通俗图书馆规程》第9条规定:"通俗图书馆得附设公众体操场"。这一规定较为新颖,其他规程都没有此条。通俗图书馆设立公众体操场的原因,已经不可考。1927年的《图书馆条例》、1930年的《图书馆规程》,都没有类似条文。

《修正图书馆规程》关于图书馆举办社会教育事业的规定,主要涉及两方面内容:一是进行馆员培训,二是提高识字率,普及教育。这两个问

---

❶ 图书馆工作大纲 [J]. 广东省政府公报,1939(448):11–14.

题，由来已久。我国图书馆学专业教育资源有限，唯一的图书馆学专科学校——文华图书馆学专科学校每年招生仅十数人，一些大学（如金陵大学、国立社会教育学院）偶尔开设过图书馆学课程，图书馆学留学归国人员更是少之又少，而扩张迅速的图书馆事业又需要大量的图书馆学专业人才。在这一背景下，馆员培训观念应运而生。早在 1910 年，谢荫昌即已提出教育国民的图书馆馆员应在高等图书馆研习图书馆学 2 个月的主张。❶1939 年 3 月，在第三次全国教育会议上，国立中央图书馆筹备处和国立北平图书馆联合提出"请确定图书馆员教育制度以宏造就案"，试图解决图书馆员教育培训问题。❷1939 年 11 月，《图书馆辅导各地社会教育机关图书教育办法大纲》由教育部公布施行❸，细化教育培训问题。普及教育是我国现代图书馆兴起的动力之一。1927 年，南京国民政府成立，1929年，国民党宣布进入训政时期，党国体制完全确立。国民党把普及教育内化为三民主义的主要内容，大力提倡，提高识字率、扫除文盲是其目标之一。"九一八"事变发生后，民族危机日益严重，普及教育更加迫切。陈训慈表示："今日中国民族地位之艰危，稍有知识者都共喻。今后欲提高民族的力量，以谋民族自救，自当以增进民众智识为首要之图。……今后我国欲谋普及教育以提高民力，固当肃清文盲，力促义务教育的实现。而于已识字及受初步教育者，尤当谋读书运动之普及，延长他们受教育的时间，增进其自动求智进业的能力"。❹这是对提高识字率、普及教育的恰当解释。

当然，《修正图书馆规程》也没有忘记规定图书馆的基本功能，那就是"供众阅览"。不过，在其他内容挤压下，"供众阅览"只是点缀词汇，显得微不足道。整个《修正图书馆规程》似乎偏离了"供众阅览"。这是第 1 条的最大特色。

《修正图书馆规程》第 1 条内容极为广泛，为我国历来公立图书馆法

---

❶ 谢荫昌.图书馆教育绪言[J].奉天教育官报，1910（50）：51.

❷ 第三次全教会通过有关图书馆之议案[J].中华图书馆协会会报，1939（6）：14.

❸ 教部制定圖辅导各地社会教育机关图书教育办法大纲[J].中华图书馆协会会报，1940（4）：22-23.

❹ 陈训慈.民众图书馆改进之管见[J].浙江省图书馆协会会刊，1936（1）：7-8.

规第 1 条之最。因为内容过于庞杂，反而模糊了公立图书馆法规的基本职能。有些条款，如举办社会教育事业、储集地方文献等是否能够作为基本宗旨，值得讨论。或者说，公立图书馆法规，从立法角度看，应该规定哪些内容，需要斟酌。然而，《修正图书馆规程》公布于抗日战争期间，服务于抗战大局，其积极意义还是比较明显的。

立法宗旨是图书馆的灵魂，展现了法规制定者的立法倾向，规定了图书馆的发展方向。纵观近代中国公立图书馆基本宗旨的演变，无论清末大张旗鼓宣称的"保存国粹"，或民国初期国家强盛政治愿景下的"供众阅览"，抑或三民主义一统教育中的"供众阅览"，都是把图书馆作为一种工具，为达到或实现政治理想而设，体现的是国家优先、政治本位的价值观念。这种价值观念折射出时代特征：第二次世界大战前，国与国之间虽有合作，但弱肉强食现象较为普遍。在这种国际关系中，只有强国才能生存。所以国家优先、政治本位观念盛行，成为立国的基本原则。这种观念也体现在公立图书馆的立法宗旨上。国家优先、政治本位与权利优先、个人本位之间的关系可以探讨。不过，在公民社会尚未成熟、资源集中于政府的时代，国家优先、政治本位的价值观念对公立图书馆事业发展所起的作用，还是比较明显的。这也是近代中国公立图书馆法规的价值所在。

第三节　设立主体

一、清朝末年

近代中国公共图书馆的法定设立主体是各级政府。不过，近代中国行政区划调整剧烈，政府名称变动频繁，这对公共图书馆法规来说，需要随着行政区划调整而不断变更。公立图书馆法规就是这样一类法规，随着各级政府名称的变化而不断重新公布。以国体变革、政体变更、政权更替为依据，近代中国公立图书馆的设立主体，大致经历了清朝末年、民国初期和南京国民政府时期 3 个阶段。

第一个阶段是清朝末年。为了规范图书馆建设，1910 年清政府颁布了

《图书馆通行章程》。《图书馆通行章程》第 2 条规定："京师及直省省治，应先设图书馆一所。各府、厅、州、县治应各依筹备年限依次设立。"这一条款明确图书馆的建设步骤，更为重要的是，规定图书馆的应设单位，即京师、直省、府、厅、州、县各级政府。换言之，各级政府是图书馆的法定设立机构，具有不可推卸的责任。

京师、直省、府、厅、州、县是以地域为对象的行政区划单位。行政区划是政治权力的纵向划分，是中央实施统治的一种权力结构形式。学部以行政区划为中心推展图书馆建设，是政治权力运用的结果，也是对社会各界呼吁的回应。1903 年，有人通过《湖北学报》提出图书馆的建设构想："京师大学校及各省省会各立大图书馆一所，各府、厅、州、县亦每处立一所"❶，省、府、厅、州、县各级政府应设图书馆一所。1906 年，罗振玉倡议创设图书馆。他设想的推行步骤为："此事亟应由学部倡率，先规划京师之图书馆，而推之各省会""至京师图书馆以外，各省城亦应各立图书馆一所，以为府、厅、州、县之倡"❷。京师、省、府、厅、州、县各级政府为图书馆的理想设立者。1906 年，庞鸿书奏设湖南图书馆，拉开了清末省级政府创设图书馆的大幕。各省督抚随后纷纷创设图书馆，成为清末公立图书馆创设的主力军。在这种背景下，学部颁布《图书馆通行章程》，规定京师、省、府、厅、州、县渐次创设图书馆，实在情理之中。

但这不是说学部漠视私人在设立图书馆方面的价值。恰恰相反，学部鼓励私人设立图书馆。《图书馆通行章程》第 17 条规定："私家藏书繁富，欲自行筹款随在设立图书馆以惠士林者，听其设立。惟书籍目录、办理章程，应详细开载，呈由地方官报明学部立案。善本较多者，由学部查核，酌量奏请颁给御书匾额，或颁赏书籍，以示奖励"。学部支持私人设立图书馆，并对善本较多者，予以奖励。也就是说，除了各级政府是图书馆的法定设立者外，私人也可以设立图书馆。鼓励私人设立图书馆，可以理解为政府注意到私人在图书馆设立方面的价值，并通过法规鼓励私人设立图书馆。事实也是如此。凡是私人设立或捐赠图书馆者，一般都会得到褒

❶ 学制私议 [J]. 湖北学报，1903（16）：6.

❷ 罗振玉. 京师创设图书馆私议 [J]. 教育世界，1906（130）：1、3.

奖。当时舆论也支持鼓励私人设立图书馆。蔡文森表示："惟官家之资财有限，又宜尽力奖励私立图书馆，以为辅助。我国士风，自古乐于藏书，胡不利用之以为转移风气耶？"❶在鼓励私人创设图书馆方面，政府与舆论的看法较为接近。

政府应设，私人可设，这是清末公立图书馆的建设模式，是典型的政府主导型图书馆建设模式。这种模式，基于学部对图书馆价值的清晰认识。学部筹设京师图书馆时，即赋予其保存国粹的基本职能。《图书馆通行章程》第 1 条规定："图书馆之设，所以保存国粹，造就通才，以备硕学专家研究学艺，学生士人检阅考证之用。以广征博采，供人浏览为宗旨"。也就是说，图书馆的基本宗旨是保存国粹、造就通才。这些通才主要为政府提供服务。既然肩负培养人才的教育职责，图书馆当然应该由政府设立。专制政体，也易于采取政府主导型的建设模式，推动文教事业的发展。政府应设、私人可设这个图书馆建设模式，一直延续到 1949 年南京国民政府崩溃。

《图书馆通行章程》规定京师、省、府、厅、州、县是图书馆的法定设立者，支持和鼓励私人设立图书馆，这是明文规定。这不是说其他组织机构或团体就没有权利设立图书馆。在私法领域，法无禁止即许可。清末，很多图书馆设立者为法规以外的各种组织机构或团体。1909 年，东三省总督徐世昌提出创设陆海军图书馆："东三省西北环山，东南控海。陆军固待扩张，海防亦应筹议。将来海军人员日多一日，自非推广军学不足以增进军人之智识。而作养其精神考之，各国咸有陆海军图书馆之设，凡关于军事学术国内外之图籍，无不搜罗购置，藉供军人研究之需。意美法良，显收成效，东省亟应仿办"。❷中央政府随即同意。不仅如此，管理军咨大臣因为东三省奏请设立陆海军图书馆，搜集各项海陆军书籍，以备海陆军人员研究，认为此项办法甚好，"拟会商海军大臣陆军部，同咨各省大府一律仿照设立，以俾辅助军事教育"❸，准备推广军队图书馆。军方创办图书馆，这是一件好事，表明图书馆的价值已经为军方所注意。但这也

---

❶ 蔡文森.欧美图书馆之制度 [J].教育杂志，1910（5）：50.

❷ 又奏开办陆海军图书馆片 [J].吉林官报，1909（7）：9.

❸ 议设各省海陆军图书馆 [J].北洋官报，1909（2171）：12.

带来了权限问题：军方创办的图书馆，是否遵循《图书馆通行章程》？如果不遵循，教育部如何处理教育领域以外图书馆的设立问题？不管怎么样，图书馆概念得到了广泛传播，这是客观事实。

又如，1909 年，归化城副都统三多提出："文教之昌明，以图书为津导……海通而后，欧化东渐，非洞达中西，则才难应变；非博通今古，则用有所穷。归化城僻在西陲，暌隔文教。近虽推广小学，蒙智渐开，然年格所拘，向隅不免"❶，于是奏请创设归化图书馆。而归化城属蒙旗制，也就是说，蒙旗等机构也可以设立图书馆。蒙旗是一种行政区划单位，为特定人群设立。这也提出了另外一个问题。《图书馆通行章程》规定京师、省、府、厅、州、县为图书馆的法定设立者，现在蒙旗等机构也要设立图书馆，这表明《图书馆通行章程》关于图书馆法定设立主体的条款有缺陷，没有涵盖当时所有的行政区划。或者说，立法者根本没有注意到这些问题。

此外，1904 年公布的《奏定高等学堂章程》规定高等学堂应设图书馆。军方、蒙旗、高等学堂等机构设立图书馆，丰富了我国图书馆的设立主体，拓展了图书馆的建设思路。不可否认，这些机构设立图书馆，对图书馆立法者提出了更高的要求，如何把这些机构纳入图书馆法规，或者说如何处理好与这些机构的关系是一个问题。

二、民国初期

中华民国建立后，为规范图书馆事业的发展，1915 年 10 月，教育部公布了《图书馆规程》和《通俗图书馆规程》，我国图书馆的建设模式发生重大变化。

省、区是图书馆法定设立者。《图书馆规程》第 1 条规定："各省、各特别区域应设图书馆，储集各种图书，供公众之阅览。各县得视地方情形设置之。"即各省、各特别区是图书馆的法定设立者，各县为可设，不作要求。无论各省、各特别区，或各县，都是行政区划单位。简言之，省、特别区域是公立图书馆的法定设立者，县为鼓励设立范围行列。

---

❶ 署归化城副都统三多又奏创办归化图书馆片 [N]. 新闻报，1909–12–29（27）.

《图书馆规程》第 1 条标志我国图书馆建设观念发生了巨大变化。主要有：①京师单独设立图书馆，不在公立图书馆范围之内。《图书馆规程》第 3 条规定："各省及各特别区域及各县所设之图书馆，称公立图书馆"，结合第 1 条，可知《图书馆规程》的规范对象为公立图书馆，不包括在京师设立的图书馆。那么，京师有没有设立图书馆呢？答案是肯定的。1909 年，学部筹建京师图书馆。武昌首义后，京师图书馆的筹备工作停顿。1912 年 8 月，京师图书馆的筹备工作再度启动。1913 年 12 月，京师图书馆停办。1915 年 6 月，教育部设立京师图书馆筹备处，重新启动筹备工作。②行政区划类型减少。根据第 1 条规定，省、区政府为图书馆的应设者，而清末为京师、省、府、厅、州、县。民国建立后，府、厅、州建制撤销，所以行政区划类型有所减少。不过，出现了特别区域这一行政区划。那么，特别区域有哪些呢？根据 1914 年公布的《全国行政区划表》，全国京兆地方 1 个、省 22 个，特别区域 4 个，道 94，县 1843 个，阿尔泰办事长官区域 1 个。特别区域为热河、绥远、察哈尔、川边 4 个。❶ 怪异的是，道作为介于省与县之间的行政区划单位，没有被列入应设图书馆的名单，也没有列入可设名单，令人费解。③县被列入可设范围。县根据实际情况决定是否设立，不是强制要求。公立图书馆设立主体的变化，反映了清末民初政权鼎革之际行政区划的剧烈变化。各省依然是图书馆的应设者，特别区域位于应设之列，难度很大。

学校、公共团体、私人和县一样，都有设立图书馆的资格和权利。《图书馆规程》第 2 条规定："公立私立各学校、公共团体或私人，依本规程所规定得设立图书馆。"学校得设立图书馆这一规定，表明教育部对图书馆设立的重视。然而，学校设立图书馆是否列入公共图书馆法规，值得讨论。学校教育与社会教育是两种性质不同的教育形式，并行发展。学校教育属普通教育范畴。如果学校设立图书馆纳入公共图书馆法规之中，那么学校图书馆必须执行公立图书馆法规的相关条款，如图书馆职员报备、图书馆年报、阅览收费等。这对学校图书馆来说，有无必要，值得探讨。而且，该条规定与学校法规也有重复。民国建立后，中央政府公布了一系

---

❶ 内务部职方司第一科 . 全国行政区划表 [M].1914.

列关于学校的法规法令，大多有设立图书室的规定，如 1912 年 12 月公布的《中学校令施行规则》第 29 条规定中学校应备"图书室器械标本室"❶、1912 年 12 月公布的《师范学校规程》第 5 章"设备"第 74 条规定，师范学校应备"图书室器械标本室"❷、1913 年 1 月公布的《私立大学规程》第 6 条规定私立大学应备"图书室、实习室实验室器械标本室药品室制炼室等，以供实地研究"❸、1913 年 8 月公布的《实业学校规程》第 7 条规定实业学校应备"实验室、实习室、图书馆、器械标本室、药品室"❹ 等。既然关于学校的法规法令已经有应设图书室的规定，公共图书馆再加入"得设"这一款，直接与学校的法令重复。关于学校的法规法令，由立法机关通过，是法律，而《图书馆规程》是部门单行法，是法规，《图书馆规程》不能与学校法律产生冲突。这是《图书馆规程》的缺陷之一。公共团体获得图书馆的设立资格，是《图书馆规程》的创新点之一。何谓公共团体？《图书馆规程》没有定义。日本著名的公法学者美浓部达吉对公共团体（公法人）有深入研究，其研究成果被译述为汉文刊布。❺1913 年，我国农林总长兼任署理教育总长陈振先对公共团体的解释为"公共团体以谋公共利益，与集合资本创办公司以营业为目的者，截然不同"。❻公共团体获得图书馆设立资格，表明图书馆公益性质的色彩在增强。问题在于，如果公共团体取公法人之意，那么，私团体（私法人）的概念随之产生。如果这样，私团体（私法人）不能设立图书馆吗？或者说，私团体设立图书馆不受鼓励吗？需要注意的是，私人在《图书馆通行章程》中间接获得设立资格，现在正式直接获得设立资格，这也是图书馆立法技术进步的表现。

通俗图书馆的设立主体与图书馆差异较大。《通俗图书馆规程》第 1 条规定："各省治、县治应设通俗图书馆，……各自治区得视地方情形设置之。私人或公共团体、公私学校及工场，得设立通俗图书馆。"不难看

❶ 中学校令施行规则 [J]. 教育部编纂处月刊，1913（2）：15.

❷ 师范学校规程 [J]. 政府公报，1912（227）：15.

❸ 私立大学规程 [J]. 政府公报，1913（256）：5.

❹ 实业学校规程 [J]. 政府公报，1913（451）：6.

❺ 美浓部达吉. 公共团体（公法人）之观念 [J]. 程鹏年译. 新译界，1906（3）：1–8.

❻ 农林部批第二百零八号 [J]. 政府公报，1913（423）：8.

出，省、县应设通俗图书馆，而当时我国有 1843 个县，教育部推广通俗图书馆的立法意图非常明显。私人或公共团体可设通俗图书馆，也容易理解，毕竟它们已经获得设立图书馆的资格和权利，现在可设通俗图书馆，水到渠成。费解之处有二：一是各"自治区"得设立通俗图书馆。问题在于，按照 1914 年版《全国行政区划表》，当时没有"自治区"这一行政区划单位。"自治区"是"特别区域"吗？应该不是。《大总统申令》解释了热河等 3 个特别区域的设置理由："热河、绥远、察哈尔各属僻在边陲，毗连蒙境，诚恐直隶、山西巡按使驻扎之处相距辽远，难以控制，故特为划分，由各该都统、将军直接管辖。惟热河、绥远、察哈尔均系边圉重镇，军事、民政极为冲繁，绥远城将军著改为绥远都统，俾与热河都统、察哈尔都统名称划一，并于热河都统之下设置热河道尹一缺；绥远都统之下设置绥远道尹一缺；察哈尔都统之下设置兴和道尹一缺，各该道尹均治理民政，兼管蒙旗事务，以专现成"。❶ 不难看出，特别区域与自治区的概念，差异很大。自治区所指何物呢？特别是，1914 年 2 月，大总统明令："著各省民政长通令各属，将各地方现设之各级自治会立予停办。"❷ 既然大总统取消了自治会，那么，1915 年时，我国还有哪些法定自治区？教育部没有解释。自治区不是当时法定行政区划。这是《通俗图书馆规程》的一个缺陷；二是公私学校及工场得设立通俗图书馆。公私学校设通俗图书馆，那是什么性质的学校？大学吗？公私学校设图书馆，可以理解；公私学校设通俗图书馆，难以理解；公私学校同时设图书馆与通俗图书馆，不合适。工场得设图书馆，匪夷所思。教育部没有解释工场列入《图书馆规程》的理由。笔者检阅材料，也没有发现当时较为成功的工场图书馆，这才百思不得其解。

民国初年（1912—1927 年），图书馆由省、特别区域设立；通俗图书馆由省、县设立。鼓励私人、公共团体、学校、工场设立图书馆或通俗图书馆。公立图书馆的建设模式以省、区、县各类政府为主导，私人、公共团体、学校、工场的设立为补充，依然属于行政主导型的建设模式。不

---

❶ 大总统申令 [J]. 政府公报，1914（779）：9-10.

❷ 大总统令 [J]. 政府公报，1914（627）：1.

过，与清末府厅、州、县的设置主体比较，民国初期已经简化很多，图书馆以省为建设中心，通俗图书馆以县为建设中心。这一变化，显示政府结构趋于稳定，省县是基本行政单位，是文教事业的建设主体。小政府大社会的建设形态初步出现。

三、国府时期

南京国民政府成立后，分别于 1927 年公布了《图书馆条例》、1930 年公布了《图书馆规程》、1939 年公布了《修正图书馆规程》、1947 年公布了《图书馆规程》，其中后两者在图书馆的设立资格方面的规定完全一致，因此如非必要，本书不再引用 1947 年《图书馆规程》。

省、区是《图书馆条例》法定的图书馆设立机关。《图书馆条例》第 1 条规定："各省区应设图书馆，储集各种图书，供公众之阅览。各市县得视地方情形设置之"。省、区应设，市、县可设。省一级行政区划为传统上的行政单位，那么区是什么类型的区划呢？南京国民政府成立后，特别区域已经撤销，改为省。《图书馆条例》颁布时的区，主要有两种类型：一是天津汉口等特别区。1917 年我国与德国断交后，接收了德国在天津、汉口两地的租界，随即设立了天津汉口特别区市政管理局。[1] 后来这类特别区也有设立，但数量不多；二是《中华民国临时约定》中的内外蒙古、青海、西藏等传统意义上的区划。这里的"区"，不知道是否指的是上述两类区域，并不明确。市、县得设立图书馆。县为传统上的行政区划，市则为新的行政区划单位。1927 年 4 月 18 日，南京国民政府成立，到 12 月《图书馆条例》颁布，我国当时"市"有两种类型：一种是特别市和普通市。1921 年 7 月，北京政府公布了《市自治制》，其第 2 条规定市分两种类型：一种是特别市，由内务部认为必要时呈请批准；另一种是普通市，除认定为特别市外，都为普通市。[2] 这是北京政府认定的市；第二种是上海特别市和南京特别市。1927 年 5 月，国民党中央政治会议议决通过了《上海特别市暂行条例》，规定"本市为中华民国特别行政区域，定

---

❶ 内务总长汤化龙呈大总统设立天津汉口特别区市政管理局并请准派局长文 [J]. 政府公报，1917（567）：17–18.

❷ 市自治制 [J]. 政府公报，1921（1926）：1.

名为上海特别市"（第1条）"上海特别市直隶中央政府，不入省县行政范围"（第2条）。❶ 1927年6月，国民政府公布了《南京特别市暂行条例》。《南京特别市暂行条例》开宗明义："本市为中华民国国民政府所在地之特别行政区域，定名为南京特别市"（第1条）"南京特别市直隶中央政府，不入省县行政范围"（第2条）。❷ 这是南京国民政府认定的市。不知道《图书馆条例》第1条中的市，所指为何。市的出现，是我国行政区划的新现象，在近代中国社会转型过程中具有重要意义。根据1921年《市自治制》，"市为法人承监督官署之监督，于法令范围内办理自治各项事务"（第4条）"凡市过于其住民之权利义务及自治事务，得制定市公约，但不得与本制及其他法令抵触"（第5条）❸，即市是一种自治机构，由市民根据法规选举产生，与省府厅州县等中央政府派出机构的性质截然相反，是市民社会形成的标志之一。特别市也有类似性质。如果市是自治机构，那么该市图书馆设立与否，取决于市的民意机构。如果这样，《图书馆条例》的这一规定又有讨论空间。

团体或私人也有设立图书馆的资格和权利。《图书馆条例》第2条规定："团体或私人，得依本条例之规定，设立图书馆"。私人延续了以前措辞，没有变化。团体则取代了"公共团体"，取得了图书馆的设立权利。团体一词较之公共团体，显然是一大进步。团体或私人，主要区别在数量：私人是个人，团体是组织。它们不是严格意义的法律术语。尽管如此，团体一词依然不准确，因为它不是法律用语，在图书馆设立时，可能会产生其他问题。需要注意的是，通俗图书馆在南京国民政府成立后，不再出现在图书馆法规中，成为历史名词。公私学校及工场也退出图书馆的设立主体范围。

1930年《图书馆规程》颁布时，图书馆设立的法定主体也有变化。其第1条为："各省及各特别市应设图书馆，储集各种图书，供公众之阅览。各市县得视地方情形设置之"。省、特别市应设图书馆，市县可设图书馆。省县没有变化，仍然是图书馆的设置主体，新增加了特别市和市。这是行政区划调整的结果。1928年7月，南京国民政府公布了《特别市组织法》，

---

❶ 上海特别市暂行条例 [J]. 国民政府公报，1927（宁字第2号）：6.

❷ 上海特别市暂行条例 [J]. 国民政府公报，1927（宁字第5号）：9.

❸ 市自治制 [J]. 政府公报，1921（1926）：2.

明确规定："特别市直辖于国民政府，不入省县行政范围"（第1条），特别市的资质之一为"中华民国首都""人口百万以上之都市""其他有特殊情形之都市"（第3条）。❶ 当时特别市有南京、上海、北平、天津、青岛、汉口、广州7个。同时公布的《市组织法》规定："市直隶于省政府，不入县行政范围"（第1条）"凡人口满二十万之都市，得依所属省政府之呈请暨国民政府之特许建为市"（第3条）"中华民国人民无论男女在市区域内继续居住一年以上或有住所达二年以上年满二十岁经宣誓登记后为各该市之公民，有出席居民大会坊民大会及行使选举罢免创制复决之权。"❷ 也就是说，国民政府时期，市也有一定的自治权，属市民社会性质。如果市，尤其特别市，享受自治权，那么《图书馆规程》要求特别市设立图书馆，是否适当呢？可以商榷。立法者似乎没有注意到这些政府的性质。

私法人继私人之后取得设立图书馆的资格。其第2条规定"私法人或私人得依本规程之规定，设立图书馆"❸，团体一词取消，变为"私法人"。私法人或私人，主要区别在法律身份：私人是自然人，法人是具有人格的社会组织。法人可以分为私法人和公法人两种。依据公法而设立的法人，称为公法人；依据私法而设立的法人，成为私法人。私法人概念的引入，标志着我国公共图书馆立法观念的进步。不过，该款规定有一个明显的漏洞。既然私法人取得了设立图书馆的资格，那公法人能否设立图书馆呢？要知道，公共团体（公法人）是设立各种专业或特色图书馆的主力军。这个疏漏，有点意外。

1939年《修正图书馆规程》公布，图书馆设置主体再次发生变化。其第2条为："各省市（行政院直辖市，以下仿此）至少应各设置省市立图书馆一所，各县市（普通市以下，仿此）应于民众教育馆内附设图书室。其人口众多，经费充裕，地域辽阔者，得单独设置县市立图书馆。地方自治机关，私法人或私人，亦得设立图书馆"。

省、行政院直辖市应设图书馆，至少一所。县、普通市可设图书馆。新增了"行政院直辖市""普通市"两个行政区划。这是行政区划变动的

---

❶ 特别市组织法 [J]. 国民政府公报，1928（72）：5.

❷ 市组织法 [J]. 国民政府公报，1928（72）：13.

❸ 图书馆规程 [J]. 教育公报，1930（20）：25.

结果。1930 年 5 月 20 日，也就是 1930 年《图书馆规程》颁布 10 天后，新版《市组织法》由国民政府公布，取消了 1928 年特别市、市的概念，代之以"行政院直辖市""普通市"。1930 年《市组织法》第 2 条规定："凡人民聚居地方具有左列情形之一者设市，得直隶于行政院：1. 首都；2. 人口在百万以上者；3. 在政治上经济上有特殊情形者"；第 3 条："凡人民聚居地方具有左列情形之一者设市，隶属于省政府：1. 人口在三十万以上者；2. 人口在二十万以上，其所收营业税牌照费土地税每年合计占该地总收入二分之一以上者"。❶ 行政区划变化，法规随之修改。

《修正图书馆规程》第 2 条为："地方自治机关，私法人或私人，亦得设立图书馆"。"私法人""私人"没变，增加了"地方自治机关"。"地方自治机关"一词，特别显眼。按照民国时期学者胡长清的说法，"依据公法而设立之法人，为公法人，……例如国家及地方自治团体是"。❷ 根据这一说法，地方自治机关属公法人范畴。地方自治机关列入私立图书馆立案主体之中，拓宽了私立图书馆立案主体的范围。不过，公法人的范围很广，如中央各部首长等。《修正图书馆规程》仅列出地方自治机关，显然是不够的。

南京国民政府时期，我国公共图书馆的建设模式依然是行政主导型模式。然而，因为行政区划变动频繁，图书馆法规随之不断地修改。图书馆设立主体的演变，反映了南京国民政府时期行政区划变动频繁，是时代变化的缩影。

第四节　命名规则

一、《图书馆通行章程》的命名规则

近代中国公立图书馆的命名规则，从《图书馆通行章程》开始。《图书馆通行章程》第 3 条规定："京师所设图书馆定名为京师图书馆。各省治所设者，名曰某省图书馆。各府、厅、州、县治所设者，曰某府、厅、

❶ 市组织法 [J]. 国民政府公报，1930（474）：1.
❷ 胡长清. 中国民法总论 [M]. 上海：商务印书馆，1935：109.

州、县图书馆"。《图书馆通行章程》没有关于私立图书馆和机构图书馆的命名条款。

学部颁布《图书馆通行章程》，目的是"非有整齐划一之规，末由植初基而裨文治"❶。这一设想不无道理，包括图书馆命名，应该整齐划一，避免纷乱。19 世纪末 20 世纪初，我国兴起了图书馆建设热潮。然而，这些图书馆名称如图书院、藏书楼、图书局等，林林总总，还包括如学堂应用图书馆、图书仪器馆等名称，眼花缭乱。学堂应用图书馆等这些所谓的图书馆，名称极不规范，有的机构根本不属于教育领域供众阅览的图书馆。这种混乱状况直接影响现代图书馆的健康发展。因此，《图书馆通行章程》关于图书馆的命名规则，对规范图书馆发展，具有积极意义。

《图书馆通行章程》第 3 条是我国公立图书馆法规的特色条款。清朝末年，我国图书馆事业起步时，受到日本影响。湖南图书馆创设时，收集了大量的日本图书馆材料作为参考。1907 年，商务印书馆出版的《新译日本法规大全》收录了 1899 年日本的《图书馆令 明治三十二年敕令》。❷ 谢荫昌等学者也将日文图书馆著作译成汉文，供国人参考。不过，日本的图书馆法规，无论 1899 年公布的《图书馆令 明治三十二年敕令》，还是 1906 年公布的《文部省令第十号》，都没有关于图书馆命名规则的条款。所以，关于图书馆命名的规则，是我国图书馆法规的独创，切合当时我国图书馆各种名称的乱象。

这不是说《图书馆通行章程》第 3 条关于图书馆命名条款是完美的。相反，缺陷相当明显。以第 1 款"京师所设图书馆定名为京师图书馆"为例。这一规定，至少产生了两个问题：一是《图书馆通行章程》公布前，如果京师已经设立了京师图书馆，该怎么处理？二是如果京师出现第二个图书馆，该如何命名？

这不只是逻辑推理，而是实际情况。京师在《图书馆通行章程》颁布前已经设立了京师图书馆一所。学部应该知道此事。1907 年，法部主事江绍铨向学部呈称拟租领东安市场南隅空地一块，自行建造房屋，开设教育

---

❶ 学部奏拟定京师及各省图书馆通行章程折 [J]. 政治官报，1909（813）：6.

❷ 南洋公学译院初译，商务印书馆编译所补译校订. 新译日本法规大全（八卷）[M]. 上海：商务印书馆，2008：667.

博物图书馆，附设教育品制造场、图书馆，恳请咨民政部准予租领地基，随时保护。学部批复"可也"。❶ 不久，该馆转为民政部办理，定名为京师图书馆。同年，该馆公布了《京师图书馆拟定章程》，其第 1 条为"名称　呈请当道出奏定名　奏办京师图书馆"❷。也就是说，学部创办京师图书馆时，北京已经创设了一所公共图书馆，这所图书馆的名称恰好叫京师图书馆。即，学部在北京设立的公共图书馆为第二个中央机关在北京设立的图书馆。现在不知道民政部所办京师图书馆存续时间。如果该馆在《图书馆通行章程》公布后依然存在，而学部又筹备京师图书馆，那么，上述问题立刻出现。

此种现象不仅出现在京师图书馆命名上，其他地方也有类似情况。1904 年，叶于銮、朱宝椿等创设了福州图书馆，并公布了《福州图书馆章程》等文件❸，广泛征集图书。福州图书馆是一所私立图书馆，且在《图书馆通行章程》公布前已经存在。如福州地方政府根据《图书馆通行章程》创设图书馆，而福州图书馆尚在运作，在这种情况下，福州地方政府创办的图书馆该如何命名？1903 年，雷光宇等人创设常德图书馆，也率先使用了常德图书馆这一名称。常德府创设图书馆时，也会遇到此种命名难题。《图书馆通行章程》第 3 条关于图书馆的命名规则，以京师、省、府、厅、州、县没有图书馆为前提。因为前提有误，所以命名规则难免有疏漏。不过，大清帝国很快垮台，图书馆命名没有出现很大混乱。

二、1915 年《图书馆规程》的命名规则

1915 年公布的《图书馆规程》和《通俗图书馆规程》继承了《图书馆通行章程》的命名规则，并有所发展。图书馆的命名规则为"各省及各特别区域及各县所设之图书馆，称公立图书馆。公众团体及公私学校所设者，称某团体、某学校附设图书馆。私人所设者，称私立图书馆"（第 3 条）；通俗图书馆的命名规则是："通俗图书馆之名称，适用图书馆第三条之规定。各自治区设立之通俗图书馆，称为某自治区公立通俗图书馆。"

---

❶ 咨民政部准予江绍铨租领空地开设博物图书馆文 [J]. 学部官报, 1907（14）: 87.

❷ 京师图书馆拟定章程 [J]. 秦中官报, 1907（4）: 178.

❸ 福州图书馆章程 [J]. 鹭江报, 1904（80）: 17.

其中增加了两点内容：一是"公众团体及公私学校所设者，称某团体、某学校附设图书馆"；二是"私人所设者，称私立图书馆"。这两款内容为《图书馆通行章程》所忽视。

《图书馆规程》确定的命名规则虽然有所完善，但上述两个问题依然存在。不过，教育部通过部令或备案形式在实践中解决了这两个问题。1915年11月，教育部通令全国："《图书馆规程》业由本部于社会教育各项规程内并咨在案。近年各省设立之图书馆，所订各项暂行规则及书目种类，虽经先后报部，惟创置于伊始，办法各殊，皆由规制未能齐一。嗣后已设或新设各图书馆，均应遵照现行《图书馆规程》办理，以昭划一。"❶其中"已设或新设各图书馆"一句，解决了已设图书馆命名问题，即已设图书馆也要按照《图书馆规程》的要求办理。《图书馆规程》第3条规定公立图书馆设立时，须咨报教育部。如果同一地区两个图书馆名称完全相同，教育部可以通过备案制度，予以更改。不过，这种情况似乎没有出现过。

同一地区由同一机构设立两所以上图书馆的命名问题则通过图书馆备案制度予以解决。1916年3月，黑龙江巡按使呈文教育部，为黑龙江公立第一通俗图书馆申请备案。呈文称：1914年9月，黑龙江通俗教育社社长陶景明在省城设立通俗图书馆一处，并拟定了章程规则，"详请钧署核准。彼时未奉颁到规程，是以未请咨部立案。兹查教育部呈准《通俗图书馆规程》第3条及《图书馆规程》第4条载有开具事项咨部之规定，自应遵照补报，以符定章。再，该馆原仅名通俗图书馆，现拟再行添设一处；又照《图书馆规程》冠以公立二字，故意加以公立第一字样，以便分别。"教育部表示："该公立第一通俗图书馆具报事项，与《通俗图书馆规程》尚相符合，应准备案。"❷换言之，教育部认可这种命名方式。黑龙江公立第一通俗图书馆备案的批文，以司法实践形式解决了"京师所设图书馆定名为京师图书馆"而带来的两个命名问题。同年，福建图书馆改名为福建省立

---

❶ 咨京兆尹，三都统，各省巡按使，川边镇守使，甘边宁海镇守使饬属已设或新设各图书馆均应遵照教育部订现行规程办理 [J]. 教育公报，1915（10）：55.

❷ 咨黑龙江巡按使黑龙江公立第一通俗图书馆具报事项与教育部订《通俗图书馆规程》尚相符合应准备案 [J]. 教育公报，1916（4）：57-58.

第一图书馆，福建巡按使签署公布了《福建省立第一图书馆阅报室规则》❶等文件，并于 12 月启用新关防。❷ 福建省立第一图书馆的命名，为福建省立图书馆的继续设立预留了法律空间。需要注意的是，20 世纪 20 年代直隶省立第一图书馆与直隶省立第二图书馆不在一个地方，一个在天津，一个在保定，与黑龙江公立第一通俗图书馆的命名规则有所不同。另外，民国时期，江苏省先后设立了省立国学图书馆（位于南京）、省立苏州图书馆、省立镇江图书馆 3 所省立图书馆。按照地区名称而不是按照序号的做法为同一省份在不同地区设立省立图书馆的命名提供了借鉴，丰富了省立图书馆的命名规则。

《图书馆规程》虽然解决了图书馆命名的两个问题，但同时又出现了新问题。《图书馆规程》第 3 条命名规则第 2 款为"公众团体及公私学校所设者，称某团体、某学校附设图书馆"。1916 年，中国科学社正式设立了图书馆，名称为中国科学社图书馆。❸ 中国科学社是公共团体，该名称符合《图书馆规程》的命名规则。1929 年，中国科学社为了纪念已故创始人胡明复博士，将图书馆改名为明复图书馆。1931 年元旦，明复图书馆举行正式开幕典礼，蔡元培等名流出席。❹ 这样一来，问题出现了：明复图书馆，符合私立图书馆的命名规则。而中国科学社是公众团体，按照《图书馆规程》，公众团体附设图书馆应称某团体附设图书馆，则不能以人名命名。同时，众所周知，在私法领域内，法无禁止即许可。假设运用这一原理，那么中国科学社图书馆改为明复图书馆并不违法。如果这样，这一款的法律价值何在？

学校图书馆的命名规则也有问题。按照第 3 条第 2 款的要求，学校所设图书馆称某学校附设图书馆。这一条款排除了私人资助学校设立图书馆的可能，而实际上，私人或团体常常资助学校设立图书馆。1921 年，国立东南大学成立，但库空如洗，没有经费建设新的图书馆，"适蒙苏齐督毅然赞助，禀承太翁孟芳先生独力捐资十五万元，始克进行，故特定名为孟

---

❶ 福建省立第一图书馆阅报室规则 [J]. 福建公报，1914（866）：5-7.

❷ 批第一图书馆馆长详报启用钤记日期并缴关防由 [J]. 福建公报，1914（877）：7.

❸ 中国科学社图书馆章程 [J]. 科学，1916（8）：950.

❹ 明复图书馆开幕志盛 [J]. 社友，1931（5）：1-4.

芳图书馆，以诌盛德于不朽"。**❶** 该记载表明，国立东南大学图书馆，因江苏督军齐燮元捐建，以其父姓名命名为"孟芳图书馆"。这一改名，显然与《图书馆规程》不合。教育部该怎么办？如果责令改名，势必伤害社会捐赠热情，何况齐燮元当时声望正隆。当公益性捐赠与部规冲突时，教育部如何抉择？当然，学校图书馆列入公共图书馆法规，本身即欠妥当。也因为如此，此后公布的公共图书馆法规，再也没有出现过关于学校图书馆的命名规则条款。

孟芳图书馆这一现象，不止一例。私立南开大学也是如此。该校 1923 年迁至八里台新校区后，图书馆先在秀山堂，后迁至思源堂，但苦于馆地狭隘，不敷于用，"十六年（即 1927 年）冬，木斋卢先生有鉴于斯，独捐巨资，为建筑图书馆之用"**❷**。南开大学遂将图书馆改名为木斋图书馆，并报请天津特别市市政府备案。天津市政府表示："该木斋图书馆规模宏大，纯系个人热心捐设，嘉惠士林，足资矜式。据请以后无论何时任何团体、个人均不得借作别用，并任意处分等情，仰承亲志，昭示来兹，尤深嘉许，应准备案"。**❸** 当然，这一案例出现在 1915 年《图书馆规程》失效以后，没有太大的讨论价值。尽管如此，这类现象的出现，对图书馆命名规则的完善有一定的启示作用。

《图书馆规程》第 3 条命名规则问题，其产生根源为单一化的处理方式。立法者理所当然地认为公众团体设立的图书馆称为某团体图书馆、学校所设图书馆称为某学校附设图书馆，而没有注意到公众团体或学校并非始终单一性质，任何事物都有多面向特征。忽视了这一点，不免产生问题。

三、《图书馆条例》的命名规则

1927 年公布的《图书馆条例》关于图书馆的命名规则有了完善，其第 3 条规定："各省区及各市县所设之图书馆，称公立图书馆；团体或私人所

---

❶ 洪有丰，施廷镛. 东南大学图书馆述要 [J]. 新教育，1923（1）：26.

❷ 陆华深. 南开大学木斋图书馆概况 [J]. 图书馆学季刊，1929（1/2）：267.

❸ 批卢南生等据呈伊卢木斋在南开大学校内自建木斋图书馆请备案等情文 [J]. 天津特别市政府市政公报，1929（11）：175.

设者，称私立图书馆"。学校图书馆的命名规则被删除。1930年《图书馆规程》第3条规定："各省、市、县所设之图书馆，称公立图书馆；私法人或私人所设者，称私立图书馆。"这两部法规的命名规则几乎完全相同，故放在一起讨论。

这两部图书馆法规关于图书馆命名规则的完善，是枝枝节节的修补，大的问题，没有解决。1930年，六法体系雏形初具，法治进步神速。如果用法治眼光看待这两部图书馆法规的命名规则，问题很多，主要有：①公立图书馆的概念是否恰当。公立与私立相对，属同一概念序列。私立是私人或私法人出资设立，那么只要不是私人或私法人出资者，都可以称为公立，或者其他所有制形式。这两部图书馆法规规定省区市县各级政府设立的图书馆，称公立图书馆，那么，中央政府各部门、公团体设立的图书馆，该如何命名？ 1912年，农林部设立了图书馆，并公布了《图书馆规则》15条❶；1921年，交通部设立了图书馆，公布了《交通部图书馆章程》❷；1928年10月，行政院图书馆设立。❸教育部本身即设有图书馆。这些中央部委设立的图书馆，该如何命名？如果说这些部委之间存在权限问题，教育部不便规范，那么，地方自治机关设立图书馆时，又该如何命名？因为地方自治机关不是团体，也不是私法人，而是公法人。所以公立图书馆的概念有很大讨论空间。②团体或私法人设立图书馆的命名问题。团体有公团体和私团体之分，私团体设立的图书馆，称之为私立图书馆，可以理解。但如果公团体设立图书馆，如何命名呢？ 1928年，上海佛学人士，鉴于佛教图书馆为佛学上必要之组织，积极筹备环球佛教图书馆，按照部规，应该称私立环球佛教图书馆吗？显然不当。佛教组织不是私法人。又如上海邮务工会设立了图书馆，藏书万卷，1932年"一·二八"事变时被洗劫一空，随后准备重建。❹上海邮务工会是团体，但是公团体，按照部规，应该称为私立邮务工会图书馆吗？显然不妥当。

《图书馆条例》关于图书馆命名规则的问题，主要有二：一是不明白

---

❶　图书馆规则 [J].农林公报，1912（1）：11–13.

❷　交通部图书馆章程 [J].交通公报，1921（53）：1–2.

❸　行政院图书馆概况 [J].农村复兴委员会会报，1934（5）：97.

❹　上海邮工图书馆急谋恢复 [J].中华图书馆协会会报，1932（3）：16.

公立含义。《图书馆条例》仅把各级政府设立的图书馆称为公立图书馆，而忽略了公立还有其他含义；二是团体没有区分公私。这两个问题，暴露了立法者的见识有限，缺乏一些基本知识。我国学者对图书馆类型颇有研究。以杨昭悊为例。他根据设立机关的差异，把图书馆分为公立图书馆和私立图书馆两大类型，明确表示："公立图书馆，是公法人或公法人附属机关所设立的，又分三类（子）国家设立的（丑）各行政官厅或公立学校设立的（寅）自治团体或自治团体所附设的学校设立的""私立图书馆，是私法人或私人设立的，又分三类（子）社团法人设立的（丑）财团法人设立的（寅）私人设立的"。❶ 他还表示："公立私立是就法律上说的。若就事实上说，除个人以外，其他团体都不是一个人组织成的，都有公的性质，公私的分别就难说了"。❷ 杨昭悊这个观点，发表于1923年商务印书馆出版的著作《图书馆学》上。如果教育部立法时，征求图书馆界的意见，这个疏漏或可避免。

南京国民政府成立后，经济迅速发展，法治日益进步，文化日渐发达，各种类型的图书馆不断出现，公立图书馆法规关于图书馆的命名规则越来越不适应图书馆事业的发展。1939年，《修正图书馆规程》公布，取消了公立图书馆一词，取消了图书馆命名规则条款。这一做法又过犹不及。按照《修正图书馆规程》，图书馆由省市县设立者，其备案条款第1款即为"名称"，私立图书馆备案时，第1款也是"名称"。《修正图书馆规程》没有命名规则，而备案又要求有名称，这增加了图书馆设立的命名难度。教育部完全可以规定图书馆命名的基本原则，供设立者采择，减少图书馆备案的难度。教育部以及各级图书馆主管机关或许可以通过立案或备案形式，规范图书馆的命名，而不必要在公共图书馆法规中规定图书馆的命名规则。从这个角度来看，《修正图书馆规程》取消图书馆的命名规则，并非没有可取之处。

四、维护图书馆名称的努力

教育部确定的图书馆命名规则，尽管有很多问题，但可以通过部颁

❶ 杨昭悊.图书馆学[M].上海：商务印书馆，1923：22-23.
❷ 杨昭悊.图书馆学[M].上海：商务印书馆，1923：23.

单行法规或行政命令等手段，进行纠偏，维护图书馆运行在教育轨道中。实际上，近代中国，尤其民国时期，对图书馆命名规则真正产生冲击的，不是不断出现的各种类型的图书馆，而是教育以外的冠名图书馆的组织机构。

清末以来，尤其民国成立后，图书馆一词广泛流行，成为很多非教育机构的注册名称。1913年，上海亚东图书馆创设，其广告词有："聚海内耆宿、欧学巨子，综辑群艺百家之言，迻译欧美命世之作，接翼并轨，以趣修途"。❶ 亚东图书馆是一家出版机构。1914年，郭纪云租赁北京琉璃厂房屋，开设郭纪云图书馆，并由警察厅领有营业执照。❷ 郭纪云图书馆实为销售图书文具仪器等杂货的商业机构。此类冠名图书馆，却是出版经营等文化机构，至少有数十家之多。

为维护图书馆权益，在1929年中华图书馆协会第一次年会上南开大学图书馆提出"书店不应号称图书馆案"。该案认为，坊间书肆，不明图书馆三字的意义，因而袭用，以致难以区别，提出由中华图书馆协会呈请政府转饬各地社会局，"嗣后凡书肆立案时，禁用图书馆字样"❸。该案获得通过。中华图书馆协会随即致函内政部，称："敝会本年在京举行年会，有南开大学图书馆提出书店不应称图书馆案之提议，当经大会议决通过在案。查图书馆汇藏书籍供众考阅，乃教育或研究之机关，坊间书肆不明意义，妄行袭用，如北平之汉英图书馆、上海之军学图书馆、中华图书馆等书店，比比皆是，混淆难辨，殊不合宜。相应函请大部查照，即日转饬各地社会局，嗣后凡书肆立案时，一律禁用图书馆字样；其已开业者，并应婉嘱更正"。❹ 内政部通咨各省，要求照办。江苏、广东、河南等省纷纷通告照办。通告是有，照办者却不见报端。亚东图书馆、郭纪云图书馆等名称并没有更正，依然开展经营活动。根据职能划分，教育部负责教育事

---

❶ 汪原放. 回忆亚东图书馆 [M]. 上海：学林出版社，1983：24.

❷ 平政院呈审理内务部收用郭纪云图书馆之处分不服提起行政诉讼一案依法裁决文并批令 [J]. 政府公报，1915（1290）：9-13.

❸ 中华图书馆协会. 中华图书馆协会第一次年会报告 [R]. 北平：中华图书馆协会，1929：93.

❹ 河南教育厅布告 [J]. 河南教育，1929（9）：1.

务，教育以外，没有管辖权。而教育部公布的各种公立图书馆法规，属部门单行法规，不是法律。因此，教育界对于业务范围以外的违规行为，只能呼吁，或咨请协助，无权制止或纠正违规行为。这是公立图书馆法规的软肋所在。

图书馆的命名规则，从 1910 年进入《图书馆通行章程》，到 1939 年被《修正图书馆规程》取消，存续 30 年。教育部取消图书馆命名规则的原因不详。这 30 年，是近代中国法治化突飞猛进的 30 年，也是近代中国图书馆事业蓬勃发展的 30 年，命名规则不能适应形势发展的需要，退出历史舞台。尽管如此，图书馆命名规则见证了近代中国图书馆的 30 年发展，在图书馆法治化进程中留下了深深印迹。

第三章　公立图书馆法规（二）：运行条款

公立图书馆法规的运行条款，主要有备案、年度工作报告、任职资格和立案四个方面。备案起初适用于公立图书馆，是中央政府监管图书馆设立的一种方式，后拓展到私立图书馆。年度工作报告，包括经费预算决算、年度工作总结和下一年度工作计划，是推动图书馆法治化运行的重要手段。图书馆职员任职资格条款出现较晚，然而却是提升图书馆事业专业化水平的制度保障。立案主要针对私立图书馆，确保私立图书馆在法规范围内运作。

第一节　图书馆备案

一、清朝末期：备案与立案混用

我国公立图书馆的备案条款，萌芽于《图书馆通行章程》。其第 6 条规定："图书馆应设监督一员、提调一员。其余各员，量事之简繁，酌量设置。京师图书馆呈由学部核定。各省图书馆呈由提学使司转请督抚核定。各府、厅、州、县治呈由提学使司核定"。这是关于人员的核定；第 14 条规定："图书馆每年开馆闭馆时刻、收发图书、接待士人各项细则，应由馆随时详拟。京师图书馆呈请学部核定，各省图书馆暨各府、厅、州、县图书馆，呈请提学使司核定"。这是关于细则的核定；第 20 条规定："图书馆办事章程如有未尽事宜，应随时增订。在京呈由学部核定施行，在外呈有提学使司转详督抚核定施行"[1] 等。这是关于变更的核定。

---

[1]　学部奏拟定京师及各省图书馆通行章程折 [J]. 政治官报，1910（813）：8.

以上 3 条均含有"核定"一词。核定即批准。《图书馆通行章程》全文没有"备案"一说，也就是说，没有备案条款。不过，根据 1906 年颁布的《各省学务详细官制及办事权限章程》，提学使所办事务，应"随时禀报督抚，由督抚咨报学部"。❶ 咨是商议、咨询的意思。图书馆属学务范围，由各省提学使负责。而提学使在业务问题上，又要接受学部指导，因此各省创设图书馆时都会向学部咨报。咨报不是为了得到学部批准，而是接受学部的专业指导。同意与否的批准权在地方督抚。即学务接受双重领导：行政上接受地方督抚领导，业务上接受中央学部指导。在这双重领导中，以地方督抚领导为主。也因为如此，咨报与备案的行政含义没有区别，只是措辞不同。简言之，咨报即备案。《图书馆通行章程》颁布不久，黑龙江巡抚送交该省图书馆章程等材料，请学部备案。1910 年 3 月，学部郑重其事地将覆文刊载在《学部官报》上："查本部奏定《图书馆通行章程》，内开图书馆各项细则应由馆随时详拟，京师呈请学部核定，各省呈请提学使司核定。又开图书馆应设员司量事之简繁酌量设置各等语。此次黑龙江所拟图书馆章程规则暨员司薪工，尚系按照部章，参酌该省情形办理，自应准其备案"。❷ "备案"一词正式出现在学部的释法公文中，有以备核查之义。学部的覆文，重申核定程序，意味着各省设立图书馆，向其备案。

1909 年 4 月，学部公布了逐年筹备事宜清单。根据清单，学部在 1909 年要"颁布图书馆章程""京师开办图书馆"；在 1910 年要"行各省一律开办图书馆"。❸ 清单明确了先开办京师图书馆，再开办各省图书馆。其他类型的图书馆未作要求。《图书馆通行章程》即根据筹备清单，于宣统元年十二月十七日（公元 1910 年 1 月 29 日）颁布，时间点卡在宣统元年结束之前。按照逐年筹备清单，1910 年各省一律开办图书馆。那么，《图书馆通行章程》颁布后，各省创设图书馆时，有没有向学部备案呢？

---

❶ 谨拟各省学务详细官制及办事权限章程缮具清单恭呈御览 [J]. 学部官报，1906（2）：23.

❷ 覆度支部黑龙江所开图书馆员司等薪工与部章符准其备案文 [J]. 学部官报，1910（120）：11.

❸ 学部奏分年筹备事宜折 [J]. 政治官报，1909（536）：9–10.

1910 年，广西巡抚张鸣岐奏设图书馆，结尾文字是"除咨部查照外，谨恭折具陈伏乞皇上圣鉴训示"❶。其措辞为"咨部查照"，含有备案之意。1911年，四川提学使司呈文四川总督，提出开办图书馆建议，结尾处称："如蒙俯允，并恳援照各直省例，奏咨立案"❷。其措辞是"奏咨立案"。1911年，护理新疆提学使张铣呈文新疆巡抚，拟开办图书馆。文末为"除俟图书馆筹定地址，将建筑一切情形并另拟章程详请奏咨立案外，所有调取各省图书缘由，理合详请鉴核"❸。其措辞是"奏咨立案"。

黑龙江、广西、四川、新疆 4 省设立图书馆，都在《图书馆通行章程》颁布之后。前两者由地方督抚咨学部备案或"咨部查照"，后两者由提学使向地方督抚提出"奏咨立案"。地方督抚上奏时，如何措辞，不得而知。不过，不管怎么样，各省无论"咨部查照"或"奏咨立案"，都没有明确的法定规范或程式，各省自行其是。

值得注意的是，《图书馆通行章程》出现了"立案"一词："私家藏书繁富，欲自行筹款随在设立图书馆以惠士林者，听其设立。惟书籍目录、办理章程，应详细开载，呈由地方官报明学部立案"（第 17 条）。按照该条规定，私人可以设立图书馆；私人设立图书馆时，由地方官报明学部立案。即，立案是私立图书馆开设的法律凭证。立案和备案，法律性质不同。前者是开设的法律凭证，后者是开设后以备查核。

《图书馆通行章程》公布前，我国已经有不少省份设立了图书馆。这些省份设立图书馆时，都会向中央政府报告。这些报告中，"立案"是更为常见的说法。1906 年，湖南巡抚庞鸿书奏设湖南图书馆，内称："图书馆监督议定章程，详请奏咨前来。臣覆覈无异，除咨部查照外，所有湘省建设图书馆缘由，理合恭折具奏，伏乞皇太后皇上圣鉴，敕部立案施行。"❹ 庞的奏折，除了听候皇太后皇上指示外，是请学部立案。这里，庞鸿书用的是"立案"。不过，庞奏折中"敕部立案"，没有请求学部同意

---

❶ 广西巡抚张鸣岐奏建设图书馆恳赏图书集成等折 [J]. 政治官报，1910（859）：11.

❷ 本司详借贡院至公堂清白堂公地开办图书馆文 [J]. 四川教育官报，1911（28）：5.

❸ 新疆开办图书馆 [J]. 北洋官报，1911（2826）：9.

❹ 庞奏. 湘抚庞奏设图书馆折 [J]. 学部官报，1906（9）：11.

的意思，而有备案的含义。因为《图书馆通行章程》由他审查过，没有问题。庞鸿书的做法无形之中开创了省图书馆备案程序的先河：图书馆呈文主管长官，请求核定；地方督抚报告皇太后皇上，敕学部立案。皇太后是慈禧，1908 年 11 月去世。慈禧去世后，关于图书馆的奏折中没有再出现皇一词。

继庞鸿书之后，地方政府或组织机构设立图书馆的奏报不断出现。1908 年，两江总督端方等奏请在江宁省城创建图书馆："所有江宁省城创立图书馆缘由，除咨部外，谨会同江苏巡抚臣陈启泰恭折具陈，伏乞皇太后皇上圣鉴训示"。❶ 端方的做法是先"咨部"，再请皇太后皇上"训示"。1908 年，东三省都督徐世昌等奏拟建黑龙江图书馆折，文末为"除分咨外，所有江省拟建图书馆缘由，谨恭折具奏，伏乞皇太后皇上圣鉴"❷。徐世昌等的做法也是"分咨"，再请皇太后皇上"圣鉴"。同年，江西教育会设立图书馆，并"将办法章程呈请抚院咨部立案"。❸ 江西教育会的措辞是"咨部立案"。1909 年，浙江巡抚增韫奏创建图书馆，结尾部分为"所有浙省创建图书馆缘由，除咨部查照外，谨会同闽浙总督臣松寿恭折具奏，伏乞皇上圣鉴训示"。❹ 增韫的措辞为"咨部查照"，再请皇上"训示"。1909年，陕西巡抚恩寿奏设图书馆，结尾为"除咨部立案外，所有陕省建置图书馆并附设教育品陈列所缘由，理合恭折具陈，伏乞皇上圣鉴训示"❺，恩寿的措辞为"咨部立案"，然后请皇上"训示"。1909 年，护理云贵总督沈秉堃奏筹办云南图书馆折，结尾为"除将章程咨部查核外，所有筹办云南图书馆各缘由，理合恭折具陈，伏乞皇上圣鉴，饬部立案施行"。❻ 沈秉堃的措辞是"咨部查核"。1909 年，河南提学使拟订创设图书馆规划，呈文巡抚，内有："如蒙鉴允，拟即遴员照办，恳予咨送学部立案……所有创

❶ 两江总督端方奏江宁省城创建图书馆折 [J]. 政治官报，1908（353）：14.

❷ 东三省总督徐世昌署黑龙江巡抚周树模奏江省拟建图书馆折 [J]. 政治官报，1908（284）：10.

❸ 教育会附设图书馆 [J]. 北洋官报，1908（1804）：10.

❹ 浙江巡抚增韫奏创建图书馆折 [J]. 政治官报，1909（533）：12.

❺ 陕西巡抚恩寿奏陕西建置图书馆并附设教育品陈列所折 [J]. 学部官报，1909（98）：5.

❻ 护督宪沈奏筹办云南图书馆请敕部立案折 [J]. 云南政治官报，1909（458）：4.

建图书馆并拟定办法缘由，理合会同藩司具详陈请，伏候宪谕施行"。❶ 按照呈文内容，河南图书馆应由巡抚咨送学部立案。

以上 7 省图书馆的设立程序是：图书馆设立后，经地方督抚批准；地方督抚报部备案，再请皇太后皇上训示。尽管有的地方措辞是立案，但实际上是备案的含义。从行政权限和程序看，各省督抚与学部平级，有权批复图书馆的设立，无须取得学部首肯，学部只是业务方面进行指导。各省图书馆咨部，目的是以备查核。当时法治观念并不发达，混用立案与备案，亦属正常。

根据《图书馆通行章程》，向学部备案不是图书馆设立的刚性规定。那为什么各省要向学部申请备案呢？实际上，这是学部考察提学使制度导致的结果。根据《各省学务详细官制及办事权限章程》的规定，提学使一面"为督抚之属官，归其节制考核，一面由学部随时考查，不得力者，即行奏请撤换""提学使自到任之日起，每三年作为俸满。俸满之前，各督抚将其平日所办事项，详细咨部。本部证以三年内派出视学官所切实考察者，该司办理学务有无振兴实效，详晰胪列奏闻，或留任或升擢或调他省或调回本部，请旨遵行"。❷ 按照《图书馆通行章程》，提学使设立图书馆，随时禀报督抚，由督抚咨报学部。因为制度设计，各省设立图书馆时，都会咨报学部，给人印象是各省设立图书馆时，都要向学部备案。其实不然。

《图书馆通行章程》规定私人创设图书馆，必须立案。立案一词，是法律术语，有申请许可之意。不过，《图书馆通行章程》公布施行后，没有发现私立图书馆申请立案的案例，私立图书馆的立案申请，都是发生在《图书馆通行章程》公布前，所以不知道设立者与主管部门之间的互动情况。"备案"一词使用很少。根据 1911 年黑龙江图书馆备案的案例，备案有以备查核之意，与咨报有区别。咨报只是告知学部，没有请学部批复之意。咨报是各省督抚法定义务，备案是学部职责所在，两者区分明显。

---

❶ 河南藩学两司会详请府院创建图书馆并拟订章程文 [J]. 浙江教育官报，1909（11）：60.

❷ 谨拟各省学务详细官制及办事权限章程缮具清单恭呈御览 [J]. 学部官报，1906（2）：22.

清末，我国法治现代化刚刚启动，无论在立法或执法方面，或多或少地存在不足，需要逐步完善，图书馆法规也是一样，备案与立案措辞的混用，即为典型事例。不过，图书馆立法的含义，在于鼓励设立图书馆，促进教育发展。如果能达到这个目标，即使立法技术不完善，只要不影响图书馆的创设，那也无妨。法规可以在实践中逐步完善。纵观清末的图书馆建设，仅省级图书馆，即达十数所，在图书馆的设立上，没有出现大的问题，我国图书馆事业在法治轨道上，运行顺利。

二、民国初期：备案制度的确立

1912年中华民国成立后，我国公立图书馆的备案制度有了很大完善。1915年10月，《图书馆规程》公布，第4条第1项为："公立图书馆应于设置时开具左列事项，由主管长官咨报教育部：一、名称；二、位置；三、经费；四、书籍卷数；五、建筑图式；六、章程规则；七、开馆时日"。第4项为："关于图书馆之废撤及第一项各款之变更时，应照本条之规定，分别具报"。公立图书馆设置时，咨报不止上述几款内容。其第5条规定："图书馆得设馆长一人，馆员若干人。图书馆馆长及馆员均于任用时，开具履历及任职时间，具报于主管公署，并转报教育部"。按照本条规定，馆长馆员的情况同样是咨报内容，即备案。

《图书馆规程》的公布，标志公立图书馆的备案制度有了质的飞跃：一是明确了图书馆备案时应提供的基本信息，分别为名称、位置、经费、书籍、建筑、章程、馆员等；二是规定了图书馆的备案程序，"由主管长官咨报教育部"。较之《图书馆通行章程》，这是巨大的进步。图书馆备案制度有了很大完善。

《图书馆规程》第4条有两个关键点：一是公立图书馆的概念。《图书馆规程》第1条规定："各省、各特别区域应设图书馆，储集各种图书，供公众之阅览。各县得视地方情形设置之。"第3条规定："各省及各特别区域及各县所设之图书馆，称公立图书馆。"只有公立图书馆的设立才需要咨报。公立图书馆概念首次正式出现在图书馆法规中，理论上与私立图书馆相对，属同一概念序列。私立图书馆、附设图书馆没有规定需要咨报。二是具报对象。公立图书馆设置时，由主管长官咨报教育部。这一规定，沿袭了清末做法。主管长官为何？没有规定。但"咨"的含义有平级公文往来的意思。也就是说，主管长官应该是各省行政长官。

《通俗图书馆规程》对通俗图书馆的设立，也有明确的规定。《通俗图书馆规程》第3条规定："通俗图书馆之设立及变更或废撤时，依图书馆第四条之规定，分别具报。"第4条为："通俗图书馆得设主任一人，馆员若干人。通俗图书馆主任、馆员应依照图书馆第五条之规定，分别具报。"第3、第4两条中依"图书馆"，是指《图书馆规程》，即，设立通俗图书馆时，要按照《图书馆规程》第4、5条的规定进行具报。具报亦即咨报。咨报或具报不是公文程式的专有名词，也不是法律术语，沿袭清末公文的措辞。民国初年，教育部在图书馆法规制定方面，还有很多不严谨之处，措辞也没有做到统一，这表明当时的立法技术还不成熟。

此外，根据第4条最后一项规定："关于图书馆之废撤及第一项各款之变更时，应照本条之规定，分别具报"。即图书馆的撤废和备案条款变更时，也需要备案。这一条款是合理的：既然设立时，需要备案；撤废和备案条款变更，当然需要备案，否则会产生一系列的行政问题，如行政经费去向等。

《图书馆规程》《通俗图书馆规程》关于设置公立图书馆、公立通俗图书馆的咨报规定，有可能借鉴了日本图书馆法规。19世纪末，日本政府已经公布了公立图书馆的设置规范。明治三十九年，即1906年，日本文部省令第10号第1条完善了公立图书馆的设置规范："凡欲按《图书馆令》第五条❶之规定设置公立图书馆者，管理人员应具备左列事项呈报文部大臣之核准：（一）名称（二）地址（三）经费及维持之方法（四）馆址所占面积及其图样（五）开馆年月日（六）馆内细则等。"❷明治四十三年，即1910年，日本文部省公布了《图书馆令施行规则》。《图书馆令施行规则》第1条规定："依图书馆令第五条设置公立图书馆者，其管理人员应具左列事项。其属于道府县立图书馆，则应呈文部大臣。其他之公立图书

---

❶ 日本图书馆令第5条为："图书馆之设置或停办，如系公立者，则须经文部大臣之核准。如属私立者，亦须呈告文部大臣。"喻有信.日本图书馆法规 [J].法学杂志，1937（2）：276.

❷ 喻有信.日本图书馆法规 [J].法学杂志，1937（2）：276–277.

馆应呈报地方长官核准"。"左列事项"包括名称、地址、经费及其维持方法、馆址所占面积及其图样、开馆年月日、馆则。❶ 比较《图书馆规程》与《图书馆令施行规则》等文件，不难发现两者的共同之处：专门名词方面，都有公立图书馆概念；呈报内容高度相似，《图书馆规程》多了"书籍卷数"一项；呈报对象方面，《图书馆规程》与1906年文部省令第10号第1条相近，都向最高教育行政机构呈报。不过，在对呈报材料的处理上，日本图书馆法规的措辞是"核准"，我国《图书馆规程》用的是"咨报"。中外图书馆事业在相互交流与借鉴中向前发展。

《图书馆规程》《通俗图书馆规程》规定各级行政机关等设立公立图书馆、公立通俗图书馆时，必须向教育部咨报。问题在于，教育部如何处理咨报材料，两部规程都没有规定。如果审查咨报材料，并予答复，则为核准。那么，咨报和核准即构成了备案的要件。而在实际操作过程中，教育部对咨报材料确实进行了合规性审查，有则改之，无则加勉。咨报注重图书馆主管机关的职责，应该呈报，而不涉及教育部的处理。备案则涉及两个方面：一是图书馆主管机关，二是教育部。所以咨报一词并不准确，备案更为合适。

事实上，《图书馆规程》公布前，教育部使用的就是备案一词。1914年11月，山东省设立通俗图书馆，依惯例提交教育部查核。教育部表示："所订通俗图书馆章程尚属妥恰可行，应准备案。惟讲演会简章第十一条规定听讲人为学生父兄及学校附近之耆老子弟云云。细绎条文有限制听讲人之意。查通俗演讲在输入一般人民之常识。今若于听讲人示定制限，使听者向隅，转无以收化民之俗之效，应请饬科改订，俾利推行而求普及。"❷《图书馆通行章程》第1条规定图书馆"以备硕学专家研究学艺，学生士人检阅考证之用"，人为地区分读者。而此次批文要求通俗图书馆取消对读者的限制性规定，是我国公立图书馆立法的重大进步，实现了平等阅读的权利。从此以后，公立图书馆法规第1条无不规定"供众阅览"，取消了读者的身份限制，推行阅读平等观念。值得注意的是，教育部在覆

❶ 喻有信.日本图书馆法规 [J].法学杂志，1937（2）：278.

❷ 咨复山东巡按使该省垣《通俗图书馆章》程尚妥恰演讲会简章第十一条有应改订处各处通俗讲稿并请转饬迅速汇报文 [J].教育公报，1914（7）：60.

文中明确使用的是"备案"一词。

备案条款是公立图书馆法规的构件之一，意在促进图书馆的法治化。1914 年 10 月，直隶筹设通俗图书馆，依惯例拟订了通俗图书馆章程，呈教育部查核。教育部指出："章程第六章第七条每券收铜钱一枚办法，似欠妥惬。通俗图书馆应以不收费为原则，虽所取无多，究竟不无窒碍。应将此语删去。"❶ 通俗图书馆阅览免费由此开始。一年后颁布的《通俗图书馆规程》第 7 条规定："通俗图书馆不征收阅览费"，阅览免费由此正式确立。备案审查成为规范图书馆设立的重要方式。

《图书馆规程》颁布后，教育部要求各省设置图书馆时，以该《规程》为准。1915 年 11 月，即《图书馆规程》颁布次月，教育部通咨全国："《图书馆规程》业由本部于社会教育各项规程内并咨在案。近年各省设立之图书馆，所订各项暂行规则及书目种类，虽经先后报部，惟创置于伊始，办法各殊，皆由规制未能齐一。嗣后已设或新设各图书馆，均应遵照现行《图书馆规程》办理，以昭划一。"❷ 该咨文还解决了已设图书馆的规范问题，即也要咨报备案。

教育部的要求得到了贯彻执行。1916 年 3 月，黑龙江巡按使呈文教育部，为黑龙江公立第一通俗图书馆申请备案。教育部批复："该公立第一通俗图书馆具报事项，与《通俗图书馆规程》尚相符合，应准备案。"❸1916 年 4 月，教育部批复黑龙江公立第一通俗图书馆主任崔宝麟履历准予备案，其理由为："《通俗图书馆规程》第三条及第四条第二项之规定，凡通俗图书馆之变更暨主任员之任用，均应报部备案。该馆此次改组及改委主任各节，既经贵公署复核无异，自应准予备案"。❹1916 年 7 月，教育部咨覆奉天巡按使，答以所送图书馆馆长履历表均无不合，应准予备

---

❶ 咨复直隶巡按使《通俗图书馆章程》除第六章第七条每券收铜元一枚一语应删余无不合理照准立案文 [J]. 教育公报，1914（7）：32-33.

❷ 咨京兆尹，三都统，各省巡按使，川边镇守使，甘边宁海镇守使饬属已设或新设各图书馆均应遵照教育部订现行规程办理 [J]. 教育公报，1915（10）：55.

❸ 咨黑龙江巡按使黑龙江公立第一通俗图书馆具报事项与教育部订《通俗图书馆规程》尚相符合应准备案 [J]. 教育公报，1916（4）：57-58.

❹ 咨黑龙江巡按使黑龙江省城公立第一通俗图书馆主任崔宝麟履历准予备案 [J]. 教育公报，1916（5）：32.

案。❶ 依法备案的图书馆很多，无须一一备载。按照教育部的覆文，咨报是各省行政长官的法定义务，备案审查则是教育部的职责所在。

教育部审查咨报材料时，较为仔细。1911年8月8日，教育部咨奉天省长，称兴京县图书馆职员履历表呈请备案，内有不妥之处，要求改正："该县图书馆职员履历表职务栏内所称兼充通俗图书馆馆长馆员，名称殊为未合。该表所列职务系指该馆馆长馆员而言。如系兼充通俗图书馆职务，亦应列入履历栏内，称为通俗图书馆主任及职员，以免混淆""嗣后填表详报时遵照《通俗图书馆规程》改正"❷。1916年8月11日，教育部答复山东省长，称已经收到山东图书馆馆藏目录和图书馆章程，"惟部定图书馆规程第五条内开图书馆馆长及馆员均于任用时，开具履历及任职日期，具报于主管公署，并转报教育部"，"应令该馆补报，以符定章。"❸1919年1月，教育部回复湖北省长，该省《黄陂县通俗图书馆章程》《黄陂县通俗图书馆规则》、图表等应准备案，不过，名称应改为黄陂县公立通俗图书馆。❹ 如此等等，不再一一列举。

从上述情况看，教育部的审查包括图书馆名称、功能、经费、馆员、变更等。图书馆备案条款，没有流于形式，教育部切实审查各省提交的图书馆设立材料，以明确图书馆理念，规范图书馆建设，推动依法治"图"。

教育部审查咨报材料，不只是履行程序，而试图通过图书馆备案制度，推动图书馆事业的发展。1915年1月，无锡县立图书馆材料经由江苏巡按使转呈，请求备案。教育部覆文内称："该图书馆为无锡县公立，参照东西各国国民图书馆概要，组织汇集各种图籍，以备观览，启迪知识，

❶ 咨复奉天巡按使所送通俗教育演讲所职员履历表并图书馆馆长履历表均无不合应准备案[J].教育公报，1916（8）：18.

❷ 咨奉天省长兴京县图书馆职员履历表姑准备案嗣后填表详报时遵照规程改正[J].教育公报，1916（9）：24.

❸ 咨山东省长收到图书馆书目《山东图书馆章程》并请转饬补报职员履历[J].教育公报，1916（9）：35.

❹ 咨湖北省长黄陂县通俗图书馆章程规则图表等应准备案惟名称应称为黄陂县公立通俗图书馆请饬知文[J].教育公报，1919（3）：26.

津逮乡邦，用意甚美。"❶同意备案。其中"启迪知识，津逮乡邦"表达了教育部对公立图书馆价值的认识。1915 年 3 月，教育部咨覆河南巡按使豫省图书馆成立申请，表示："图书馆之设立，既能保存文物，备学者之参考，其于国民教育，尤资补助。"❷复文中"保存文物""补助国民教育"阐释了图书馆的文化价值和教育价值。备案制度成为教育部宣示图书馆价值的重要方式。这样的案例，不胜枚举。

教育部同样重视鼓励发展通俗图书馆。1915 年，山东巡按使咨文教育部，表示山东通俗图书馆设立后，每天入馆阅览人数超过千人，成效显著。受此成效激励，山东省通令各道尹，筹措款项，设立通俗图书馆，以辅助社会教育之进行。按照该咨文，山东各县已经设立了通俗图书馆 22 所。1915 年 7 月 17 日，教育部覆文山东巡按使："通俗图书馆之设，原为启迪愚蒙，施及妇稚，自非推行郡县、普及乡村，不足以辅助社会教育之进行。……嗣后各县逐渐设立，仍请陆续列表咨部，以凭查核为要"❸，认可通俗图书馆"辅助社会教育之进行"之意，但同时要求各县设立时，要依法"列表咨部"。《通俗图书馆规程》第 1 条规定"各县治应设通俗图书馆"，供众阅览，与教育部重视推广阅读活动，不无关系。

教育部通过图书馆备案制度，鼓励各省依法设立通俗图书馆。1917 年，贵州省编印了通俗教育图画 12 种 24 张，呈报教育部备案。教育部覆文，肯定该项工作选材既佳，用意亦善，有益于社会。不过，覆文同时指出："中有数种，其说明辞句有过文之弊，似应一律改用白话说明，俾一般人易于了解……收效当更广远"。❹这一审查结论，与《通俗图书馆规程》第 1 条通俗图书馆"储集各种通俗图书"的立法精神一致。

图书馆业务专业性较强，没有合适的指导，难以取得预期成效。而备

---

❶ 咨覆江苏巡按使无锡县立图书馆准予备案惟经费应妥筹明定目录及扩充情形等并应报部文 [J]. 教育公报，1915（10）：34–35.

❷ 咨覆河南巡按使豫省图书馆成立情形及简章一分均尚妥适应准备案文 [J]. 教育公报，1915（12）：19.

❸ 咨山东巡按使通俗图书馆简表准备案嗣后各县逐渐设立仍请列表咨部文 [J]. 教育公报，1915（4）：52.

❹ 咨贵州省长通俗教育图书应改为白话说明文 [J]. 教育公报，1918（3）：40.

案制度是教育部进行业务指导的一个方面，是确保图书馆依法设立、科学运作的重要保障，对图书馆事业的发展，影响深远。

三、国府时期：备案制度的完善

南京国民政府成立后，先后于1927年、1930年、1939年、1947年分别公布了《图书馆条例》《图书馆规程》《修正图书馆规程》《图书馆规程》4部公立图书馆法规。随着这4部法规的公布，公立图书馆的备案条款也随之改变，不断完善。

一是《图书馆条例》时期的图书馆备案条款。1927年12月，大学院公布了《图书馆条例》，公立图书馆的备案制度正式确立。其第4条规定："公立图书馆设置时，应由主管机关开具左列各款，呈报大学院备案：一、名称；二、地址；三、经费（分临时费与经常费两项，并须注明其来源）；四、现有书籍册数；五、建筑图式及其说明；六、章程及规则；七、开馆日期；八、馆长姓名及履历"。

该条变化主要有四个方面：①"备案"一词正式出现公立图书馆法规中，"咨报"成为历史名词，从1910年到1927年，历经17年，图书馆备案制度终告确立，这是公立图书馆法规立法技术的一大进步。②需要备案者为公立图书馆，《图书馆条例》第3条规定："各省区及各市县所设之图书馆，称公立图书馆"。《图书馆条例》第1条规定："各省区应设图书馆，储集各种图书，供公众之阅览。各市县得视地方情形设置之"，公立图书馆的设置主体增加了一个行政机构"市"，这是我国刚刚设立的行政区划。私立图书馆、附设图书馆则没有规定一定要备案。③备案内容有所变化，《图书馆条例》承袭了1915年《图书馆规程》备案的主要内容，但增加了"馆长姓名及履历"一款。这一款为1915年《图书馆规程》中第5条第2项"图书馆馆长及馆员均于任用时，开具履历及任职时间，具报于主管公署，并转报教育部"规定的简化版。《图书馆条例》将其合并，列入第4条。备案第2款为"地址"，取代了此前的"位置"。地址一词更为准确。④主管机关明确，公立图书馆备案时，由主管机关呈报大学院。那么，主管机关是什么机关呢？《图书馆条例》第3条第2项、第3项分别为"省、区立图书馆以省、区教育行政机关为主管机关""市、县立图书馆以市、县教育行政机关为主管机关"。也就是说，由省、区、市、县教育行政机关呈报大学院备案。不过，这款规定也有违反行政程序的嫌疑。省、区教育行政机关呈报大学院可以理解，如果市、县教育行政机关直接呈报大学院，那么，它们如何处理与省、区教育行政机关之间的关系呢？有没有越权嫌疑呢？或者说市、县教育行政机关不需要对省、区教育行政机关负责吗？南京国民政府时期，国家结构是单一制，不应该有越权的制度规定。《图书馆条例》没有处理好行政机关之间的关系。

备案条款若发生变更，需要再次备案。《图书馆条例》第 4 条最后一项为"图书馆之名称、地址、建筑、章程、馆长、经费保管人等项，如有变更时，应照本条之规定，分别具报。"具报也就是备案的意思。不过，变更条款依然含糊，没有明确具报机关、具报程序、具报时间等关键问题，特别是，没有撤废的具报规定。这显然是一个缺陷。

《图书馆条例》第 6 条与备案制度密切关联。其内容为："公立图书馆除汇集中外各书籍外，应有收集保存本地已刊未刊各种文献之责"。这是 1915 年《图书馆规程》没有的条文。为什么《图书馆条例》要加入这一条呢？其实，这是图书馆备案制运用的结果。教育部要求图书馆备案，不仅仅是合规性审查，也有促进图书馆发展的意图。储集地方文献就是其中典型条款之一。

1916 年，山东图书馆由省长呈报教育部书籍目录，请求备案。呈称："本馆自清宣统元年创办时，即附设金石保存所，凡各县流传碑石、藩库旧存彝器以及前人墨迹旧拓真本，或由各处赍送，或由本所自置，或由落碑估之手转售而得，或已为外人攫去重价购回，合计各种不下二百余件。馆长自任事后，间亦掇拾一二，谨为藏庋。惟旧册多挂漏不全，恐历久即遗亡难免。爰派馆员悉心考校，举本所旧管新收各件，挨次另编号册，俾便稽查，期于搜罗物品之中即寓保存国粹之意。兹因金石书画清册编次已竟，合照造具文，呈请鉴核，分别存案转咨教。"教育部批复，欣然同意备案。❶

山东图书馆储集地方文献的举措受到教育部高度重视。1916 年 10 月 5 日，教育部通咨各省区："前清开三通馆时，尝征天下金石，续通志之金

---

❶ 咨山东省长造送山东图书馆编辑金石书画清册准予备案 [J]. 教育公报，1916（11）：20.

石略，考订纂修即依据各省所上拓本。近世泰西各国勤求古代铭刻，亦多由政府特命专使巡行搜访，其所得者即以藏之国立图书馆中，备学者之考究。可知册府之珍瑰奇必备典彝之重，中外相同也。"但京师图书馆所藏碑碣拓本寥寥无几，"烦请查照转饬所属：凡系当地著名碑碣石刻，各拓一份，径送本部"，再由教育部转京师图书馆❶，以弘扬传统文化。1916年11月20日，教育部通咨各省区，内称："各省县设立图书馆，为社会教育之要务。收藏各书，除采集中外图籍外，尤宜注意于本地人士之著述。盖一地之山川形胜民俗物产于乡土艺文载之恒详，不第先民言行故迹留遗，足资考证也。查山东济南图书馆藏书目录中有山东艺文一门，网罗颇富，而他处图书馆留意及此者尚少，亟宜参照济南图书馆办法，于本地艺文已刊本，广为搜集。即未出版者，亦宜设法借抄藏庋，以免历久放佚。收藏既多，使来馆阅览者直接以生其爱乡土之心，间接以动其爱国家之观念，于社会教育裨益实非浅鲜。"❷鼓励各省县图书馆收集乡土文献，培养读者的家国情怀。《图书馆条例》将"储集地方文献"列入图书馆规程之中，顺理成章。

此后，储集地方文献成为公立图书馆法规的条文之一。1930年《图书馆规程》第6条："公立图书馆除汇集中外各书籍外，应负责收集保存本地已刊未刊各种有价值之著作"；1939年《修正图书馆规程》第1条："图书馆应……储集各种图书及地方文献，供众阅览"；1947年《图书馆规程》第1条："图书馆应……储集各种图书及地方文献，供众阅览"。

另外，图书馆备案条款任何一点变更时，需要重新备案。第4条最后一项为"图书馆之名称、地址、建筑、章程、馆长、经费保管人等项，如有变更时，应照本条之规定，分别具报。"具报含有备案之意。

二是《图书馆规程》运行期间的图书馆备案条款。1930年教育部公布的《图书馆规程》，其公立图书馆的备案制度发生了巨大变化，分为设置备案、停办备案和私立图书馆备案三种类型：

❶ 咨各省区征求各种著名碑碣石刻等拓本径送教育部 [J]. 教育公报，1916（12）：5-6.

❷ 咨各省区请通饬各省县图书馆注意搜集保存乡土艺文 [J]. 教育公报，1917（1）：59-60.

第一种，设置备案。《图书馆规程》第4条规定："省立或特别市立图书馆设置时，应由主管机关呈报教育部备案；市、县立图书馆设置时，应由主管机关呈报教育厅备案。呈报时，应开具左列各款：一、名称；二、地址；三、经费（分临时费与经常两项，并须注明其来源）；四、现有书籍册数；五、建筑图式及其说明；六、章程及规则；七、开馆日期；八、馆长及馆员学历、经历、职务、俸给等。"

这次备案改革，主要变化有三：①实行分级备案。省立或特别市立图书馆设置时，报教育部备案；市、县立图书馆设置时，报教育厅备案。分级备案制避免了《图书馆条例》中县、市教育行政机关越级呈报大学院问题。分级备案制较为符合我国单一制的国家结构形式。不过，该条依然有不够完善的地方。市、县立图书馆设置时，应由主管机关呈报教育厅备案，而第3条第3项规定"市、县立图书馆，以市、县教育行政机关为主管机关"。即市、县教育行政机关直接向教育厅备案。这一规定，与《图书馆条例》向大学院备案的条款比较，较为务实，但依然没有处理好行政关系。关键在于，省、县、市教育行政机关是否要经过本级省、县、市政府批准呢？须知，省、县、市立图书馆的经费，均来自本级省、县、市政府。如果不接受本级省、县、市政府批准，是否会收到本级省、县、市政府拨款呢？这个问题显然没有处理好。②备案内容有所增加，其第8款中的"馆员学历、经历、职务、俸给等"，与《图书馆条例》比较，是新增内容。该款来自于《图书馆条例》第9条"公立图书馆馆长及其他馆员，关于任职服务俸给等项事务，准各教育机关职员之规定"。③主管机关名称有些微变化。《图书馆规程》第3条规定："省立或特别市立图书馆，以省或特别市教育行政机关为主管机关""市、县立图书馆，以市、县教育行政机关为主管机关"，"区"作为行政区划撤销，只有省、市、县3类行政区划。

第二种，停办备案。《图书馆规程》第5条规定："公立图书馆停办时，须由主管机关呈报上级教育行政机关备案。私立图书馆停办时，须经主管机关核准，并由主管机关转呈上级教育行政机关备案。"该备案条款采取分类停办备案制，公立图书馆和私立图书馆采取不同的备案方式。私立图书馆停办备案时，还增加了主管机关核准的程序。《图书馆规程》的

停办条款比《图书馆条例》完善。《图书馆条例》对停办也有规定："图书馆停办时，须呈经主管机关核准。"只是核准，无须备案。这一停办规定过于简单。

不过，《图书馆规程》的停办备案条款依然存在不足之处。公立图书馆停办时，须由主管机关呈报上级教育行政机关备案。也就是说，在程序上，公立图书馆停办时，无须取得本级政府同意。这一规定不合行政程序。公立图书馆设立时，需要本级政府同意和支持，停办时却直接越过本级政府，呈报上级教育行政机关备案，所以这个条款未免不是法理上的漏洞。其停办后的馆舍、书籍、器具等处理，都不是主管机关所能决定，它们是政府财物；其停办后的人员善后，也需要得到政府协助，不是主管机关所能擅自处理。

公立图书馆备案条款变更时，也需要备案。《图书馆规程》第 4 条最后一项为"图书馆之名称、地址、经费、建筑、章程、馆长、保管人等如有变更时，应照本条之规定，分别具报"。这一规定沿袭了以前的变更条款，没有变化。

第三种，私立图书馆备案。《图书馆规程》（1930 年）第 4 条第 3 项规定："私立图书馆由董事会开具前项所列各款及经费管理人之姓名履历，呈请主管机关核明立案，并由主管机关转呈上级教育行政机关备案。"前项内容为第 4 条第 2 项"一、名称；二、地址；三、经费（分临时费与经常两项，并须注明其来源）；四、现有书籍册数；五、建筑图式及其说明；六、章程及规则；七、开馆日期；八、馆长及馆员学历、经历、职务、俸给等"。私立图书馆备案第一次出现在图书馆法规中。以前只规定要立案。同时，私立图书馆的备案条款变更时，也需要备案。不过，对私立图书馆来说，立案更重于备案。

三是《修正图书馆规程》运行阶段的图书馆备案条款。《修正图书馆规程》对此前图书馆备案条款有很大修改，更为完善。具体如下：

设立备案。《修正图书馆规程》第 3 条规定："图书馆由省、市设立者，应由省、市政府开具左列各事项，咨请教育部核准备案；由县、市设立者，应由县、市政府开具左列各事项，呈报教育厅核准，并转呈教育部备案；由地方自治机关设立者，应由地方自治机关开具左列各事项，呈报县、市政府核准，并转呈教育厅备案。"

从程序上看，备案前，设置了核准程序，即核准在前，备案在后。核准是行政许可，备案是专业审查。核准条款的引入，是《修正图书馆规程》的一大创新之处，以前所有图书馆法规都没有核准条款。因为没有合适的核准案例，核准条款的运用状况不是很清楚。从字面意思看，核准含有批复之意。如果这样，图书馆的设立，不仅需要本级政府同意，也需要上级教育主管部门同意。这一规定，利弊兼有：从上级教育主管部门角度看，可以加强对图书馆的统一管理；从本级政府角度看，有侵犯本级政府行政权力的嫌疑。不过，此前教育部备案时，已经出现同意备案但应修改的案例，形同核准备案。从这个意义上说，核准对本级政府行政权力影响不大。

核准权和备案权，根据图书馆设立者的行政区划，进行划分。图书馆由省、直辖市设立者，由省、直辖市政府，咨请教育部核准备案，即，教育部同时进行核准和备案；由县、市设立者，由县、市政府呈报教育厅核准，并转呈教育部备案。县、市图书馆的设立备案权又回到了教育部；由地方自治机关设立者，由地方自治机关报县、市政府核准，并转呈教育厅备案。核准权和备案权的划分，尤其备案条款方面，由政府咨请或呈报，理顺了中央与地方、政府与部门之间的行政关系，避免了此前越级备案问题，图书馆的立法水平大为提高。

核准和备案条款的措辞更为准确。图书馆，无论省、直辖市或县、市，抑或地方自治机关设立者，核准和备案的条款完全相同："一、名称；二、地址；三、经费（分开办、经常两门，并注明来源）；四、藏书（详报现有书籍种数册数）；五、建筑（图式及说明）；六、章则；七、职员（馆长、馆员之学历、经历、职务、俸给等）"。与1930年《图书馆规程》比较，备案条款少了"开馆日期"一款。这是审慎的删除。核准由法定机关进行，时间无法确定，开馆日期自然不能确定。"职员"一词涵盖馆长和馆员，较为精练。

公立图书馆一词消失，图书馆设置主体发生了变化。根据第3条的规定，图书馆设立者分为省、直辖市、县、市和地方自治机关5类，直辖市取代了特别市，增加了"地方自治机关"。这是由第2条决定的。第2条内容为"各省、市（行政院直辖市，以下仿此）至少应各设置省、市立图

书馆一所，各县、市（普通市以下，仿此）应于民众教育馆内附设图书室。其人口众多、经费充裕、地域辽阔者，得单独设置县、市立图书馆。地方自治机关，私法人或私人，亦得设立图书馆"。备案时，也没有出现公立图书馆一词，而是列入具体行政单位。这也反映了当时行政区划的改革。取消了特别市，改为直辖市；地方自治机关是新的行政区划，与省、市、县一样，是全国行政区划的构成部分，因而有设立图书馆的资格。

变更及停办备案。《修正图书馆规程》把变更及停办备案合并为一条。其第4条："图书馆之变更及停办，由省、市设立者，应由省、市政府咨请教育部核准备案；由县、市设立者，应由县、市政府呈报教育厅核准，并转呈教育部备案；由地方自治机关设立者，应由地方自治机关呈报县、市政府核准，并转呈教育厅备案。"此前变更、停办分别设立条款。这是其一。其二，变更及停办程序合理。变更及停办均由各级政府咨请或呈报，而非由主管机关。这一条款符合行政程序，也理顺了行政机关之间的关系。图书馆由各级政府设立备案者，其变更及停办当然应由各级政府咨请或呈报，有始有终。

私立图书馆备案：第6条："私立图书馆董事会，应于成立时，……呈请当地主管教育行政机关核准，并转呈上级教育行政机关备案"，第7条："私立图书馆之变更及停办，应由私立图书馆董事会呈报当地主管教育行政机关核准，并转呈上级教育行政机关备案"。根据这两条规定，私立图书馆的设立、变更、停办，程序简单，仅须当地教育行政主管机关核准备案即可。推究原因，或许这是由私立图书馆的性质所决定。私立图书馆的经费、物品等为私立图书馆设立者所有，不牵涉政府其他部门，所以只需当地主管教育行政机关核准。核准的价值，是确认该图书馆已经设立、变更或停办，不再享受有关图书馆方面的政策福利，如资助等。

1947年《图书馆规程》重新公布，《修正图书馆规程》作废。不过，新《规程》关于图书馆备案条款，完全因袭《修正图书馆规程》，只字未变。本书不再单独讨论。就图书馆备案条款看，《修正图书馆规程》最为完善，立法技术最为成熟。可惜的是，没有找到《修正图书馆规程》下图书馆备案的案例，所以实际运行情况如何，不得而知。

近代中国图书馆的备案制度，不断发展变化。从内容看，备案项目从

7项到8项，逐渐增加；馆长信息备案项目，从姓名、履历，增加了职务、俸给等，越来越具体；转呈备案的机关，从主管公署到各级政府，越来越明确；需要备案的图书馆，从公立到私立，实现了全覆盖。这些变化表明，我国公立图书馆的备案条款越来越丰富，越来越完善。

图书馆备案体现了教育部公立图书馆的建设观念。从备案程序看，教育部要求由各主管机关呈报备案，以示各主管机关对图书馆的创设负有相当责任；从备案内容看，图书馆名称、藏书等，有利于教育部查核，进而实现依法治"图"；从其成效看，备案条款对教育部规范图书馆的创设、完善图书馆法规、鼓励图书馆的发展等，均有积极意义。图书馆备案条款是公立图书馆法规的重要构成部分，实现了教育部自上而下对图书馆创设、运作等方面的规范，推动了近代中国公立图书馆事业的健康发展。图书馆备案制度，增强了图书馆界的法治意识，推动了图书馆法治化进程，影响深远。

第二节　年度工作报告制度

一、年度工作报告制度的发展演变

年度工作报告制度，又称年报制度，是行政现代化的内容之一。教育部层面，近代中国图书馆年度工作报告制度，最早出现在1915年的《图书馆规程》中。《图书馆规程》第7条规定："图书馆馆员每届年终，应将办理情形报告于主管公署，列入地方学事年报。附设之图书馆报告主管之团体、学校转报于主管公署。"第8条规定："公立图书馆之经费，应于会计年度开始之前，由主管公署列入预算，具报于教育部。公立学校附设图书馆之经费，列入主管学校预算之内。"

《通俗图书馆规程》同样有年度工作报告条款，其第6条为"公立通俗图书馆之经费预算，适用图书馆第八条之规定。公立学校、工场附设通俗图书馆之经费，列入主管学校、工场预算之内"，第8条为："通俗图书馆主任员应于每届年终，将办理情形，依照图书馆第七条之规定，分别具报。"这两条中的"图书馆第七条""图书馆第八条"，为《图书馆规程》第7条和第8条。即通俗图书馆也要提交年度工作报告。"列入地方学事年报"，具有公示意味。

按照《图书馆规程》第7条的规定，公立图书馆年度工作报告的要点有：①法定报告人。图书馆为"图书馆馆员"，通俗图书馆为"通俗图书馆主任员"。这两个法定报告人都很怪异。图书馆设馆长1人，馆员若干人（第5条）。提交年终工作报告的法定代表不是馆长，而是馆员，十分怪异。从法理上说，法定代表应该是馆长，而不应该是馆员。馆员若干，究竟谁能代表图书馆呢？无法确定，容易造成推诿。通俗图书馆的法定报告人同样令人费解，是"主任员"。《通俗图书馆规程》第4条规定："通俗图书馆得设主任一人，馆员若干人"。主任员究竟是主任，还是馆员呢？法定报告人含糊不清，这是其一。其二，图书馆年度工作报告条款属通用条款，没有区分公立图书馆和私立图书馆。从逻辑上说，私立图书馆同样需要编制年报。私立图书馆有没有义务向主管机关提交年度工作报告，可以讨论；②报告内容。其一，将过去一年办理情形进行报告，没有列入下一年度工作计划条款，即只需要提交工作总结报告。不过，工作报告的内容没有罗列。其二，经费预算也为年度工作报告内容。按理说，年度预算应为下一年度工作报告内容，年度决算是年度工作报告的主要内容。然而，这两部图书馆规程都有意无意地忽略了年度决算问题；③报告时间，"每届年终"。年终概念不够明确。中华民国成立后，以公元纪年。该"年终"指的是每年12月底。这个报告时间与年度预算时间并不一致。图书馆经费在会计年度开始前，列入主管公署预算。那么，会计年度是什么时候呢？根据1914年10月颁布的《会计法》第1条规定："政府会计年度，以每年七月一日开始，次年六月三十日终止"。❶此后，中华民国均以此为会计年度时间。然而，年度工作报告时间却是年终，一个是6月，一个是12月，两者不一致，殊不可解；④年度工作报告的处理方式，"列入地方学事年报"。第8条和年度工作报告有紧密联系：公立图书馆经费列入主管公署预算，意味着公立图书馆必须正常运行；同时，主管官署有监管图

---

❶ 会计法 [J]. 政府公报，1914（867）：18.

书馆之权，图书馆对主管官署负责。作为对主管公署负责的方式之一，提交年度工作报告顺理成章。不过，主管公署编制公立图书馆预算，容易形成图书馆对主管公署的依附关系，有影响图书馆独立地位的危险。

需要注意的是，"列入地方学事年报"一款，对促进图书馆事业的发展，具有积极意义。有学者认为，学事报告的作用主要有三："宣传教育作用，以求社会之了解""增加教育之效率，以求社会之同情""公开经费之用途，以求社会之原谅"❶。公立图书馆为社会提供阅览服务，性质上属社会事业，所以向社会公布年度工作报告，理所当然。这一设计，有利于促进社会各界对图书馆的了解，进而取得社会各界的理解和支持，是推动图书馆发展的形式之一。

不过，公立图书馆年度报告条款因为草创，难免粗疏。如附设图书馆、学校图书馆年度工作报告是否需要列入公立图书馆法规；年度工作报告内容不明确，没有程式；报告责任人为图书馆馆员，也不合适。尽管有这样或那样的不足，年度工作报告条款是近代中国公立图书馆立法的重要成就，这是毋庸置疑的。

1910年颁布的《图书馆通行章程》，没有关于年度工作报告的条款。近似条款为："图书馆每年开馆闭馆时刻、收发书籍、接待士人各项细则，应由馆随时详拟。京师图书馆呈请学部核定，各省图书馆暨各府、厅、州、县图书馆，呈请提学使司核定"（第14条）。不过，这显然不是图书馆年度工作报告的应有内容，勉强有关系者为"收发书籍"。在此之前，我国不少图书馆公布了章程，如1904年的《福州图书馆章程》、1906年的《湖南图书馆暂定章程》、1907年的《京师图书馆拟定章程》、1908年的《直隶图书馆暂定章程》、1909年的《云南图书馆章程》、1909年的《河南图书馆章程》等。其中《湖南图书馆暂定章程》有类似条款："书记在每月之末，作阅览人月表，每年之末，作阅览人年表，榜示馆门"（第9条）。❷ 阅览人年表向社会榜示，而非呈送主管官署，虽有其积极意义，但终究与一般意义上的年度工作报告有一定的差距。其他图书馆章程则没有

❶ 程湘帆.中国教育行政[M].上海：商务印书馆，1930：331.
❷ 湘抚咨送奏设图书馆暂定章程[J].学部官报，1907（12）：71.

关于年度工作报告的条文。

清末公立图书馆法规虽然没有年度工作报告的条款，学部的相关制度却使图书馆有提交年度报告工作之实。1909年，学部颁行造报统计表式。该表式凡例第3条规定学务统计每年举行一次，所有各学司遵填报学部的日期，最迟不得过次年6月30日。❶这一时间与会计年度一致。学务统计包括图书馆数据。按照学部的要求，福建省教育厅公布了1908年度（1908年7月1日至1909年6月30日）《福建省学务统计总表》，其最后一项为"图书馆"❷。根据该表，当年福建省图书馆一栏空白，即可能一所都没有。浙江省教育厅公布的《光绪三十四年浙省学务统计总表》显示，1908年度浙江省有图书馆一所，统计项目包括职员数、岁入数、岁出数、资产数4项。❸湖南、湖北、广西等省也都公布了学务统计总表，均包括图书馆。学部对学务统计极为重视。1910年，学部对1908年度各省提交的学务报告进行公开评点，表扬了湖南、湖北两省，批评了直隶、山东、安徽、吉林、贵州等省，措辞严厉。学部表示："此次事属创始，自难责以毫无错误。如长此沿讹袭谬，所关于统计要政者甚巨。以后应责成各省提学司，慎选深明统计法之员，细心妥办，务期逐年进步，渐臻完善"。❹学务统计成为清末推动公立图书馆提交年度工作报告的关联制度。

中华民国成立后，浙江图书馆重视年度工作报告制度，率先施行。1912年，《浙江图书馆章程》公布。其第8条规定："本馆每年年终出统计表一册，将全年所采购图籍及观书人数，详细造表，呈送教育司备查"；第10条："本馆经费，每年编成预算，送教育司核转交议。凡逐月支款，仍造册报司核销。其系发行所收支款目另册开列，与前项经费一律归入预算及核销案内办理"。❺第8条和第10条属典型的年度工作报告内容。此

❶ 提学司支详送光绪三十四年分全省学务统计表文 [J]. 浙江官报，1909（16）：140.

❷ 福建省学务统计总表 [J]. 福建教育官报，1909（15）：77.

❸ 光绪三十四年浙省学务统计总表 [J]. 浙江教育官报，1909（15）：90.

❹ 督部堂张札宁学司准学部咨各省所送统计表参差不齐应责成学司遵照部颁表式办理文 [J]. 南洋官报，1910（100）：2.

❺ 浙江图书馆章程 [J]. 浙江公报，1912（133）：15.

外，与年度工作报告关系密切的条文有：刊行季刊，"本馆每季发行季刊一册"（第 85 条），季刊刊载采购书目、购入新版书目及提要、观书人统计报告等；办理统计，"本馆统计宗旨为考察观书人之趋向，本馆得就其偏重之处，研究原理，撰成论说，报告社会。"（第 88 条）、"办理统计以观书券为根据。司书生应将每日所收之观书券交存司书员，应按月汇齐，以备统计。"（第 89 条）"统计法每月为一分表，一年为一总表，汇订成册，除呈送教育司外，分别登入季报。"（第 90 条）。❶ 各种数据统计为年度工作撰写奠定了坚实基础。根据上述条款，浙江图书馆年度报告内容有采购书籍、阅览人数、经费预算等，呈送教育司备查，符合现代行政程序。其中刊行季刊实行馆务公开、办理统计以改进馆务，是其显著特色。

1915 年《图书馆规程》颁布前，各地颁布的图书馆法规，大多没有年度工作报告的条款，如 1912 年农林部公布的《图书馆规则》、1914 年公布的《京师通俗图书馆暂行规则》等。当然，也不是说一点萌芽都没有。《京师通俗图书馆暂行规则》第 7 条规定："京师通俗图书馆经常费及临时费，应由经理员编定预算呈请教育总长核准。"❷ 这一条款与年度工作报告内容较为接近。

年度工作报告条款加入《图书馆规程》，是近代中国公立图书馆法治建设的巨大进步。尽管年度工作报告条款存在没有规定年度工作报告内容等缺陷，但"列入地方学事年报"一款，为年度工作报告的编写指明了方向。学事年报来源于清末学务统计。各省学事年报内容不尽一致。以浙江省立图书馆为例，其 1919 年度报告分购置、搜集、阅览、借贷、参观、目录、统计、年报、印行、校刊 10 类。❸ 1921 年度、1922 年度也都大抵如此。地方学事年报成为公立图书馆年度工作报告的关联制度。

教育部没有说明公立图书馆提交年度工作报告的依据或理由。20 世纪初，我国图书馆事业的发展深受日本影响，日本图书馆法规中有没有年度工作报告条款呢？ 1899 年日本文部大臣公布了《图书馆令》、1906 年文部省公布的《文部省令第十号》均没有关于年度工作报告的规定。从这

❶ 浙江图书馆章程（续）[J]. 浙江公报, 1912（134）：5-6.

❷ 京师通俗图书馆暂行规则 [J]. 江苏教育行政月报, 1914（14）：1.

❸ 本馆办理情形并一切章制文牍 [J]. 浙江公立图书馆年报, 1920（5）：1-2.

个意义上说，图书馆年度工作报告条款是近代中国公立图书馆法规的特色
之一。

1927 年南京国民政府大学院公布的《图书馆条例》，继承了公立图书
馆年度工作报告条款，并进一步完善。其第 10 条规定"图书馆职员每届
学年终，应将办理情形报告于主管机关""公立图书馆之经费，应于会计
年度开始之前，由主管机关列入预算，呈报大学院。但不得少于该地方教
育经费总额百分之五"❶。

《图书馆条例》关于年度工作报告制度的变化主要有：删除了两款内
容，一是"附设之图书馆报告主管之团体，学校转报于主管公署"，毕竟
这两种类型的图书馆是否应该列入公立图书馆法规中，都值得商榷；二是
"列入地方学事年报"。南京国民政府成立前夕，地方学事年报制度已经取
消，此款随之删除。修改了两款内容，一是职员呈报年度报告。以前是馆
员呈报年度工作报告。职员与馆员是两个不同概念，后者是专业人员，前
者是行政人员。二是每届学年终。学年终，按照学期计算，一般是 6 月
底。以前是年终，即 12 月底。学年与会计年度更为接近。社会教育制度
朝普通教育制度靠拢。一款内容没有变，即办理情形，依然是报告一年来
的工作情况。经费预算方面，主体部分没有变化，但增加了"不得少于该
地方教育经费总额百分之五"条款，以示限制。

馆员与职员的区别，牵涉近代中国图书馆的人事制度问题。近代中国
图书馆职位名称经历了复杂的演变过程。《图书馆通行章程》第 6 条规定：
"图书馆应设监督一员、提调一员"。监督和提调是近代中国图书馆职员的
最初法定名称。1912 年 11 月，临时大总统向参议院提出《民国图书馆官
制草案》。其第 2 条规定图书馆工作人员分为馆长、掌书、副掌书、事务
员 4 类。❷ 不过，该案没有能够通过，这些名称没有为各图书馆全部采纳。
此后，教育部再也没有设置专门的图书馆官制。1914 年 7 月，教育部公布
了《教育部直隶专门以上学校职员薪俸暂行规程》，工作人员分职员与教

❶ 图书馆条例 [J]. 大学院公报，1928（1）：34.

❷ 中国第二历史档案馆 . 中华民国史档案资料汇编 第 3 辑 政治 [M]. 南京：
江苏古籍出版社，1991：64.

员两类。❶1917 年 5 月，教育部公布了《国立大学职员任用及俸薪规程》，规定国立大学职员共 12 类，而他们的薪俸分为两个表，一个为校长、学长、图书馆主任、庶务主任、校医、事务员，另一个为正教授、本科教授、预科教授、助教、讲师、外国教员。❷不难看出，一个表是行政人员，一个表是专业人员。1919 年，京师图书分馆向教育部呈送职员薪俸规则。按照规则，该馆职员分为事务员、录事、学习生 3 类，不包括馆员。❸公立图书馆法规中职员与馆员的区别，类似于国立大学行政人员与专业人员的区别。这是狭义的区分。广义上，根据 1917 年《国立大学职员任用及俸薪规程》，职员包括行政人员与专业人员。不管狭义或广义，职员概念并不明确，不宜作为法定年度工作报告者。这是该条的一个缺陷。

公立图书馆经费"不得少于该地方教育经费总额百分之五"的规定，其来源已经不可考。1925 年 8 月，中华教育改进社第四次年会图书馆教育组议决"规定学校图书馆购书经费案"，内云："图书馆之重要，久为教育界所公认，（不止教育界）而从事此种事业，迄未多见。其原因不外无经费，难于创办耳。欲图书馆教育发达，宜函请教育部速规定经费。国内学校，均须以常年费二十分之一拨作图书费"❹。蔡元培等很多大学院成员为该社重要成员，受此观念影响，也未可知。这一规定，力图保障图书馆经费独立，不被侵蚀，其情可鉴。

1930 年，国民政府颁布了《图书馆规程》，图书馆年度工作报告条款保留，并有所完善。其第 9 条为"图书馆职员每年三月底，应将办理情形报告于主管机关"。第 10 条："省、市、县立图书馆及私立图书馆之概况，每年六月底，由省教育厅或特别市教育局汇案，转报教育部一次"❺。

完善的要点有三：一是图书馆提交年度工作报告的时间提前到 3 月底，而非"学年终"。这一提前是合理的，为教育主管部门的统计工作预留了时间，也为会计年度的预算编制提供了材料支撑。不过，提前时间太

❶ 本部直隶专门以上学校职员薪俸暂行规程 [J]. 教育公报，1914（2）：10-12.
❷ 国立大学职员任用及俸薪规程 [J]. 政府公报，1917（472）：5-6.
❸ 令京师图书分馆 [J]. 教育公报，1919（11）：24.
❹ 规定学校图书馆购书经费案 [J]. 中华图书馆协会会报，1925（3）：28.
❺ 图书馆规程 [J]. 教育公报，1930（20）：27.

早，年度工作报告难免不够完整；二是增加了主管机关转报教育部的规定，即第 10 条。这为教育部图书馆调查统计工作创造了条件，隐含督促主管机关推进图书馆事业之意；三是取消了公立图书馆在会计年度开始前由主管机关列入预算的条款。取消原因不详。图书馆职员将办理情形报告主管机关的基本程序没有改变。

《修正图书馆规程》在图书馆年度工作报告条款方面进行了重大调整。其第 24 条规定："图书馆应于每年度开始前一个月内，造具下年度事业进行计划及经费预算书，呈报主管教育行政机关查核备案"；第 25 条规定："图书馆应于每年终了后一个月内，造具上年度工作报告及经费计算书，呈报主管教育行政机关查核备案。前项事业进行计划及工作报告，县市立者，应转报教育厅备查；省市立者，应转报教育部备查。"❶

这次调整表现在三个方面：一是增加了提交下一年度工作计划内容，并恢复了造具经费预算条款。这两款内容，与现代年度工作报告较为一致。同时，公立图书馆的预算交由图书馆编制，而非由行政主管机关编制，主管教育行政机关只是"查核备案"，增强了图书馆的独立性质。这两款内容标志我国公立图书馆立法工作有了进步；二是图书馆年度总结及经费决算时间延后一个月。新的会计年度，工作计划和预算编制优先；工作总结和经费决算推迟，这一改革是合理的；三是年度工作报告提交程序明晰。具体要求是：县、市立图书馆，转报教育厅备查；省、市立图书馆，转报教育部备查；明确主管机关为教育行政机关。图书馆年度工作报告的专业化程度有了进一步体现。

1947 年颁布的《图书馆规程》，除了个别措辞外，其他年度工作报告条款与《修正图书馆规程》一致："图书馆应于每年度开始前一个月内，造具下年度事业进行计划及经费预算书，呈报主管教育行政机关查核备案"（第 25 条）"图书馆应于每年终了后一个月内，制具年度工作报告及经费计算书，呈报主管教育行政机关查核备案。前项事业进行计划及工作报告，县市立者，应转报教育厅备案；省市立者，应转报教育部备案"

---

❶ 修正图书馆规程 [J]. 浙江省政府公报，1939（3179）：8.

（第 26 条）。[1]

本书讨论近代中国图书馆年度工作报告条款的演变，以《图书馆通行章程》《图书馆规程》《通俗图书馆规程》《图书馆条例》等为主要对象。这些图书馆法规，由中央教育主管部门公布，属公立图书馆法规范畴，以公立图书馆为主体，中央部委图书馆、国立图书馆等不在其中。其他类型的图书馆，有的设有年度工作报告条款（如国立图书馆），有的则不一定没有（如中央部委图书馆等）。其他类型的图书馆，不管有没有年报条款，均不在本书讨论范围。

近代中国公立图书馆年度工作报告条款经历了从无到有、从粗疏到精细的发展过程。其演变过程显示，年度工作报告条款是图书馆法规的重要构成部分，适用于各级政府设立的图书馆。这些图书馆都是公立图书馆，民众图书馆、民众教育馆中的图书馆以及其他类型的图书馆（如中央其他部门设立的图书馆）均不适用。年度工作报告的要点是法定报告人、报告时间、报告内容和接受机关。从趋势上看，公立图书馆年度工作报告在1939 年后实行分流，教育部仅负责省、市立图书馆年度工作报告，其他图书馆则向所在省份教育主管部门报告，与现代行政管理思想一致。

二、年度工作报告制度的执行情况

近代中国公立图书馆年度工作报告制度执行情况如何，没有系统的资料可供查询。根据规定，图书馆每届年终或学年终或 3 月前或会计年度前后，向主管机关提交年度工作报告。问题在于主管机关如何处理这些报告呢？法规没有明确规定；如果图书馆不提交报告，主管机关该如何处理，法规也没有规定。因此公立图书馆年度工作报告制度执行情况无法从全国层面获悉。

尽管图书馆法规没有就图书馆年报内容、处理方式等作出规定，但也有图书馆严格按照要求，执行年度工作报告制度，浙江公立图书馆在这方面作出了表率。该馆于 1912 年即确定了年度报告制度，是我国最早确定年度工作报告制度的省立图书馆。1916 年初，也就是《图书馆规程》颁布

---

[1] 图书馆规程 [J]. 教育通讯，1948（4）：50.

3个月左右，浙江公立图书馆即向巡按使提交了年度工作报告："查《图书馆规程》第七条载图书馆馆员每届年终，应将办理情形报告于主管公署，列入地方学事年报等语。兹将民国四年办理情形为钧使陈之"❶。该报告刊布在《浙江公立图书馆年报》上，供众了解。1915年年底，袁世凯宣布次年实行帝制，改1916年为洪宪元年，省级最高行政长官民政长改为巡按使，所以图书馆向巡按使提交年度工作报告。国体虽然变更，《图书馆规程》却依然有效。

年度工作报告制度作为浙江公立图书馆特色制度，延续不辍。1917年，《浙江公立图书馆年报》第2期刊载了《呈报办理情形文》，内称："案查《图书馆规程》第七条载图书馆馆员每届年终，应将办理情形报告于主管公署，列入地方学事年报等语。兹届民国五年终，谨将办理情形缕析陈之"❷。1916年6月，帝制撤销，中华民国恢复，巡按使改为省长。所以浙江公立图书馆年报提交浙江省长。1918年初，《浙江公立图书馆年报》刊载了《呈为报告办理情形事》，开头即为"案查《图书馆规程》第七条载图书馆馆员每届年终，应将办理情形报告于主管公署，列入地方学事年报等语。兹届民国六年年终，谨将办理情形报告如下"❸。本年年度工作报告向浙江教育厅长提交，而非省级最高行政长官。这是浙江公立图书馆年度工作报告的一大改变。1919年1月，《本馆办理情形并一切章制文牍呈教育厅文》刊布，内云："窃查《图书馆规程》第七条载图书馆馆员每届年终，应将办理情形报告于主管公署，列入地方学事年报等语。兹届民国七年年终，谨将办理情形报告如下"❹。

1919年，浙江公立图书馆年度工作报告内容进行了改革，除了提交年度工作报告外，还增加了来学年整理进行计划，并公布了《来学年整理进行之计划》，计划分为购置、庋藏、阅借、目录、统计、年报、印行7类。如购置方面的计划为"新书日出不穷，优劣亦不一。仅恃少数馆员选购，

---

❶　详报办理情形文 [J]. 浙江公立图书馆年报，1916（1）：1.

❷　呈报办理情形文 [J]. 浙江公立图书馆年报，1917（2）：1.

❸　呈为报告办理情形事 [J]. 浙江公立图书馆年报，1918（3）：1.

❹　本馆办理情形并一切章制文牍呈教育厅文 [J]. 浙江公立图书馆年报，1919（4）：1.

诚恐未能适当。今拟函请具有专门学识之人，各举所知，随时函告，庶几详审精密，无滥无遗"❶。这是浙江公立图书馆年度工作报告制度的重大改革，也是我国公立图书馆年度工作报告制度的重要改革。南京国民政府成立后，下一年度工作计划制度逐渐为图书馆界所接受，并出现在一些公立图书馆年度工作报告中（如安徽省立图书馆）。

1920 年 1 月，《浙江公立图书馆年报》刊载了《本馆办理情形并一切章制文牍呈教育厅文》，年报内容为 1919 年工作情形内容。同时刊载了《来学年之整理进行计划》，计划内容为购置、庋藏、阅借、编纂、考察 5 个部分❷。1925 年 1 月，《浙江公立图书馆年报》上刊载了《呈教育厅报告十三年分办理情形文》《来学年整理进行之计划》。这是目前所能看到的浙江公立图书馆最后一份年度工作报告和来学年工作计划。不过，根据陈训慈的说法："自民国五年至十六年，馆务之设施与阅览之统计，有年报馆报之记载可寻"❸。可惜，1925 年、1926 年年报、馆报未曾见到。

年报制度对图书馆事业的发展具有重要价值。于震寰提出："图书馆事业，在中国所以尚未能积极发展者，因社会虽渐感觉其需要，而对于其执务状况，及已有成绩，尚不明了。甚至图书馆自身，亦每不知其一年中所作何事，故各馆亟须按时编制周年报告，一方可报告其隶属之机关，一方可公布于社会，不但自身可知其发展之程度，亦可与他馆互为观摩焉。"❹他的见解不无道理。浙江公立图书馆在政府督促和社会监督下，不断前行。

浙江主管公署接到浙江公立图书馆年度工作报告后，一般会有批示，甚至提出改进意见。1916 年 2 月，巡按使屈映光批示："察阅所编民国四年年报，尚属详明。阅书人数，全年共六千余人，较之民国三年，增加两倍，具见该馆长办理有方，良堪嘉许。惟书目一项，尚沿旧日体例。现在科学书籍门类繁多，断非经史子集四部所能包括，如《特定教育纲要》一

❶　来学年整理进行之计划 [J]. 浙江公立图书馆年报，1919（4）：1.

❷　来学年之整理进行计划 [J]. 浙江公立图书馆年报，1920（5）：1-3.

❸　陈训慈.浙江图书馆之回顾与展望 [J]. 浙江省立图书馆馆刊，1933（1）：13.

❹　于震寰.请各图书馆编辑周年报告案 [R]. 中华图书馆协会第一次年会报告，1929：82-83.

书编入子部儒家内，实属不伦。嗣后应再增订门类，详审分编，以别部居，藉便查考"❶。屈映光的批示一语中的。批示中有一个小细节，即"较之民国三年"，也就是说，1914年该馆也提交了年度工作报告，而那时，《图书馆规程》还没有颁布。在图书馆立法方面，浙江公立图书馆走在了时代前面。

读者也会发表对浙江公立图书馆年度工作报告的看法。署名"葆灵"的读者对浙江公立图书馆1915年度工作报告提出批评：该馆全年经费6050元，与读者人数比较，每一位读者约花费1元；与读者阅读的册数比较，平均每册5角。该作者表示："异哉其所费价值之大如是，恐中外各国罕有伦比"；"教育不发达，国民对于扩充知识之欲，极为冷淡，固为主要原因。而所备书籍，与社会程度不相适。且本馆地点，与奖励阅书之方法。或有未合，亦吾人所亟宜考索者也"；"东西各国图书馆之设置，所以为阅书人便利计者，至周至悉……所望该馆诸人，考各国管理之新法，急起直追，勿仅以保存国粹为职志，而以促进文化为责任，则次年度之统计，或将十百倍于斯乎？"❷读者批评是对图书馆的关爱，意图推动图书馆改善。读者监督成为浙江公立图书馆发展的因素之一。

类似浙江公立图书馆公布图书馆年度工作报告者，还有很多省份。1940年，江西省立图书馆馆长李蓉盛撰写的《江西省立图书馆廿九年度工作计划大纲》发表，其首句即为："本馆二十九年度工作计划大纲系依据教育部最近颁发之《修正图书馆规程》及工作大纲，并参照社会实际需要暨本馆二年来工作之经验而拟订之，兹分别胪列于下"❸。计划内容包括书报杂志采访、图书编目、扩充阅览设施、扩大阅览范围、庋藏整理、书报巡回与流通、特藏、研究、辅导9个方面。内容较为翔实。

有的图书馆在主管官署要求下呈送年度工作报告。1931年，安徽省教育厅指令安徽省立图书馆呈送1930年度工作报告。1931年8月，该馆馆长陈东原撰写了《安徽省立图书馆十九年度工作报告》，呈送安徽省教育厅。该报告表示："教育部颁《图书馆规程》，凡省市县立之图书馆，每

❶ 浙江巡按使屈批 [J]. 浙江公报，1916（57）：13.

❷ 读本省公立图书馆年报 [J]. 教育周报，1916（133）：32.

❸ 李蓉盛. 江西省立图书馆廿九年度工作计划大纲 [J]. 中华图书馆协会会报，1940（5）：7.

年概须呈报概况一次。本馆十八年度下半年之工作概况，业于十九年八月呈送安徽教育厅，并请转报教育部在案。兹将十九年度，即十九年八月至二十年七月，一年中之工作情形，缕报于次"❶。年度报告分书籍、杂志报章、阅览、借书、编藏、经费、馆舍、研究、推广、下一年度新事计划10个部分。值得注意的是，第10部分为下一年度新事计划，共15项内容。工作计划不是法定年度工作报告内容，是图书馆法治化的一个方面。教育厅的批示为"呈暨附件均悉。查该馆一年来工作成绩，斐然可观，较前已有显著之进步，具征平时办事认真，殊堪嘉许。"❷奇怪的是，安徽省立图书馆年度工作报告没有刊登在该馆馆刊《学风》上，原因不详。此后，安徽省立图书馆年度工作报告也鲜有公开刊布。

有的图书馆呈送年度工作报告后，会受到当地政府的抽查。1937年，《北平市立第一普通图书馆二十五年度工作报告》呈送北平市社会局，内容有征购书籍、编纂各项参考书目、扩大民众问事、修理藏书室、装修馆舍、升学指导、读书指导播音、办理巡回图书、儿童读书会等10类。随后，北平市政府派员抽查市立各级学校及社教机关，并表示："其办事认真忠于职务者自应分别传谕嘉奖，其少数服务不力者，亦应分别情形酌予惩戒，以明赏罚"❸。北平市立第一普通图书馆馆长李文祎因工作业绩优秀而受到北平市社会局传谕嘉奖。

江苏省立国学图书馆也以自己的方式，每年刊布类似年度工作报告的统计表。该馆前身为江南图书馆，1929年定名为江苏省立国学图书馆。从1929年开始，该馆每年都会公布类似年度报告的统计，分别为《十七年度全馆工作报告表》《十八年度全馆工作表》《十九年度全馆工作表》《二十年度全馆工作表》《二十一年度全馆工作表》《二十二年度全馆工作报告表》《二十三年度全馆工作报告表》《二十四年度全馆工作报告表》

❶ 陈东原.安徽省立图书馆十九年度工作报告[J].安徽教育行政周刊，1931（39）：18.

❷ 指令省立图书馆呈送十九年度工作报告祈鉴核备考由[J].安徽教育行政周刊，1931（39）：17.

❸ 北平市立第一普通图书馆二十五年度工作报告[J].北平社教，1937（创刊号）：91.

《二十五年度全馆工作报告表》，刊登在《江苏省立国学图书馆年刊》上，一直到全面抗战爆发之前。除了全馆工作表外，国学图书馆各部均有年度统计表，如《全馆藏书统计表》《善本阅览统计表》《普通阅览统计表》《传钞书类及字数表》《保管部修补善籍一览表》等。

江苏省立国学图书馆刊布的年度工作报告表，都是年度工作总结，即每年的"办理情形"，没有下一年度工作计划。工作报告表的付印时间1929—1937年，分别为7月、7月、8月、8月、9月、9月、7月、7月、7月。这一付印时间，大致与会计年度或学年一致，接近于1927年《图书馆条例》"图书馆职员每届学年终，应将办理情形报告于主管机关"的规定，与1930年《图书馆规程》"图书馆职员每年三月底，应将办理情形报告于主管机关"（第9条）的规定，相距甚远。实际上也是如此。如1928年度"大事记"，其开始时间为1928年7月，截止时间为1929年6月❶，与会计年度时间完全吻合，接近于学年结束时间。根据江苏省立国学图书馆每年公布的《本年度案牍辑录》或《大事记》《纪事》等材料，发现这些材料中没有按照《图书馆条例》或1930年《图书馆规程》的要求，在规定时间内提交法定年度工作报告。换言之，江苏省立国学图书馆每年都公布了年度工作报告表，而没有重视公立图书馆法规规定的年度工作报告。前者是向社会公布，后者是向主管机关提交，两者不是一回事。

也有图书馆刊布了年度工作报告，但没有说明是依据图书馆法规或主管官署的要求。如1930年，辽宁省立图书馆❷主任夏蔓园撰写的《十八年度工作报告》刊布在《辽宁省立图书馆馆刊》上。该报告分为六大类：一为图书整理与增置，包括分类编目工作、整理旧藏图书、增添新刊图书、收集新闻杂志、征集本省县志、编制图书目录等；二为管理改善与效用，包括厘订章程、印制阅览卡片及表册、装订存报、阅览成绩、馆务会议、部务会议等；三为馆舍修治与设置，有收回馆舍、增置馆舍、装设电灯、添置用具、零星修缮；四为刊物编印与交换，有编印丛刊、交换刊物；五

---

❶ 大事记 [J]. 江苏省立国学图书馆年刊，1929：1-6.

❷ 1930年时馆长为卞鸿儒。

为对外宣传工作，包括文字宣传、开会宣传；六是收发文件统计。[1]北京图书馆刊布的《第一周年报告》等，亦属此类。

按照图书馆法规的要求，私立图书馆也要提交年度工作报告。近代中国私立图书馆编制年度工作报告制度化程度较高者，当属松坡图书馆。1923年，松坡图书馆正式成立。该馆刊布的年度报告，现在能够看到的年份，有《松坡图书馆十二年份报告》《松坡图书馆十三年份报告》，一直到《松坡图书馆二十二年报告》，这11年连续有年份报告。1942年，又刊布了《松坡图书馆三十一年报告》。这些报告结构相似，如《松坡图书馆十六年报告》为"捐赠本馆中外文图书表""国文图书分类表""外国文图书分类表""本馆第一馆阅览人数表""本馆第二馆阅览人数表""本馆十六年度经费收支总结"等[2]；《松坡图书馆二十二年报告》为"二十二年份捐赠本馆中外文书报杂志表""本馆国文图书分类表""本馆外国文图书分类表""本馆二十二年阅览人数表""本馆二十二年度经费收支总结"等[3]。1923年公布的《松坡图书馆简章》规定"本图书馆设立北京，以北海快雪堂为第一馆，西单石虎胡同七号房为第二馆，备置中外图书，公开阅览"（第1条）"本馆每年由干事及维持员合开大会一次，报告馆务及收支决算，并筹商进行扩充各事宜"（第10条）[4]。其每年报告制度，法源即为《松坡图书馆简章》，每年刊布。

松坡图书馆的年度报告与图书馆法规要求的年度工作报告要求并不完全一致。根据《松坡图书馆简章》的规定："本馆会计以每年一月一日起十二月底止为一年度。于每年开始前二月内由干事会议定预算案，照收支于年度终了后一月内，由干事会审定决算案，并报告于大会"（第9条）。按照该条规定，松坡图书馆会计年度为1月到12月，没有与当时政府会计年度当年7月到次年6月保持一致，但与1915年《图书馆规程》所确定的每届年终提交年度报告时间较为接近。不过，年度报告时间与南京国

---

[1] 夏蔓园.十八年度工作报告（十八年七月至十九年六月）[J].辽宁省立图书馆馆刊，1930（1）：1-6.

[2] 松坡图书馆编.松坡图书馆十六年报告[R].1928.

[3] 松坡图书馆编.松坡图书馆二十二年报告[R].1934.

[4] 批松坡图书馆据呈报第二馆并送简章准备案[J].教育公报，1924（7）：49.

民政府时期《图书馆条例》或《图书馆规程》规定的提交时间接近。

年度工作报告的项目也有变化。1919 年，浙江公立图书馆编制了学年度工作计划，而不只是过去一年办理情形，这一尝试逐渐为其他图书馆所接受。1929 年，山东省立图书馆编制了《山东省立图书馆工作计划大纲》，并公开刊布。该大纲包括庋排书籍、编订书目、选编善本书志、选编出借书目、编排金石目录、整理残废书籍等 11 项内容。❶ 从内容上看，该计划大纲没有显示年度计划性质。不过，一年后，山东省立图书馆馆长王献唐撰写的《一年来本馆工作之回顾》一文发表，内云：他和同人撰写了《山东省立图书馆工作计划大纲》，"更与馆中任相约，以矜慎的步骤、试验的态度，取次进行。一年以来，因试验及研究之结果，对此《工作大纲》，不知变更几许。由今回想，其躁进及妄想之处，亦不时有之。然为日后工作对证起见，不妨将第一期之重要者，略举如左"❷。这一回顾工作，使得《山东省立图书馆工作计划大纲》具有年度工作计划性质。1936 年，江西省鄱阳县刊布了《县立图书馆二十五年度工作计划》，分为内部布置与整理、图书添置与征集、服务与推行事项、编辑事项、巡回教育库事项、民众教育辅导事项、充实无线电收音事项 7 部分。❸ 年度工作计划逐渐成为年度工作报告的构成部分。

年度工作计划与年度工作总结，都是图书馆法治化的重要内容。河南省教育厅曾经指令河南图书馆等社教机关拟具年度工作计划，指出："事业之成功，端赖设计完密，步骤清楚。若规划不具，程序莫分，殊不足以促进行而策事功。各该机关向来设施，率多不明此义。既无工作计划，又无工作经历，以致年复一年，成效殊鲜。"❹ 要求河南图书馆等机关呈送年度工作计划。河南省教育厅的指令，代表主管机关对图书馆工作计划价值的认识，即使在今天，也不无积极意义。1939 年，《修正图书馆规程》把年度工作计划纳入年度工作报告，应该说这不是心血来潮之举，而是在借鉴此前各图书馆年度工作计划的基础上，修改而成，不仅具有法理基础，

❶ 山东省立图书馆工作计划大纲 [J]. 山东教育行政周报，1929（60）：23-25.

❷ 王献唐. 一年来本馆工作之回顾 [J]. 山东省立图书馆季刊，1931（1）：21.

❸ 县立图书馆二十五年度工作计划 [J]. 鄱阳教育，1936（创刊号）：22-23.

❹ 令河南图书馆中山图书馆河南博物馆第一第二求知女子补习所——仰拟具十九年度下期工作计划及工作历呈厅核示遵行 [J]. 河南教育行政周刊，1931（24）：8.

也有各图书馆的实践经验，是公立图书馆立法技术提高的标志之一。

年度工作报告条款是近代中国公立图书馆法规的要件之一。尽管教育部没有解释法规中设立年度工作报告条款的缘由，但综合浙江公立图书馆、河南省教育厅以及学者等看法，年度工作报告制度主要有供主管公署备查、促进社会各界对图书馆的了解、推动图书馆工作逐渐完善等价值，是图书馆事业不断进步的制度保障。

图书馆年度工作报告制度，有利于教育部推动全国图书馆事业的发展。全国图书馆事业的发展，关键要素之一在于调查与统计。近代以来，无论清朝末年或民国时期，教育主管部门均重视图书馆的调查与统计。而这种调查与统计往往以各省填报的数据为基础。1916 年，教育部向行政院提交了行政纪要，以表格形式详细地列出了我国图书馆的地别（包括省、府、县等各级公立图书馆）、书籍、阅览人数、成立年月、经费等项内容。教育部表示，该表"以民国二年本部视学报告及三年十月本部咨查各省图书馆情形，经该省咨复为根据。其原缺者略之。"❶1932 年，教育部公布了《十九年度全国公私立图书馆一览表》，1935 年编制了 1934 年的《全国图书馆概况统计表》❷ 等。教育部公布的全国图书馆统计数据来自哪里？主要由各省主管公署提供。以《十九年度全国公私立图书馆一览表》为例。该表"凡例"中说："本司调查全国图书馆已有数年，惟以各省市教育厅局填送时间，至不一律，甚至相差一年以上者。""本表以各省市教育厅局填送之一览表为根据，并参考旧档案及其他有关于图书馆之出版物。凡有疑问者，均作'？'符号，以待将来证实后更正。"❸教育部的调查与统计，实为促进图书馆事业发展的一种方式。以十九年度（1930 年）图书馆调查为例。教育部表示："鉴于图书馆设备之程度如何，可以窥知一国文化之盛衰，爰各地图书馆有增设并充实之必要。……全国现有图书馆约三千所，而全国一千九百余县，平均每县只得一所半，且此三千所中，其内容空虚设备简陋者，实占十分之九。各级学校负培养人才与发展文化之重责，固

---

❶ 本部行政纪要丁编（社会教育）[J]. 教育公报，1916（10）：7.

❷ 中国第二历史档案馆. 中华民国史档案资料汇编　第五辑　第一编　教育（二）[M]. 南京：江苏古籍出版社，1994：808-813.

❸ 教育部社会教育司. 十九年度全国公私立图书馆一览表 [M].1932：1.

宜竭力充实学校图书馆之内容。同时各地宜尽量增设图书馆及民众阅报所，以供民众之需求。如限于经费不能普遍汇罗，则择精购置如《万有文库》之类，亦足以应目前之急需。"❶教育主管部门每年一次的调查与统计，推动了图书馆年度工作报告制度的完善。

图书馆年度工作报告制度，推动了图书馆统计工作的进行。纵观近代中国公立图书馆的年度工作报告，书籍增减、阅览人数、经费变动等是常见报告事项。这些事项都以统计为基础。陈颂对此颇有研究，提出图书馆统计的意义有二：对内，细察行政得失，作为图书馆改进的参考。她表示，无论何种事业，都有因果关系。图书馆如果能将各类事务的结果，分别进行统计，编制各种表册，届期核考，对各部现状，工作效能，了如指掌，则行事有所准则，设施有所资鉴，图书馆一定会不断发达。对外，统计结果报告社会，接受社会各界监督。她提出："图书馆既为社会公共事业之一，则图书馆之产业，亦即社会之公共产业。凡负管理之责者，皆当向监督官厅或一般社会，按时报告馆中一切情形。"❷这种报告，既是义务，又可促进图书馆事业进步。因为，如果统计报告都有公布，那么通过比较，各馆可知本馆得失，如本馆每年财政收入及书籍流通数较其他相等之图书馆为低，则宜设法以增高。又如本馆每年图书的遗失污损，较他处为多，则宜严密阅览监视。她强调："凡为馆员者，对于馆务之进展，均须努力为之，务期不落人后也。"❸在此之前，杜定友已经关注统计问题，提出图书馆统计："一则以自瞻进退，一则以资比较。各项统计，每月每年，例须公布，而且要把她作为研究资料，以规划进行方针。否则有了统计，而不知利用，也是徒然的。"❹杨照悊认为图书馆统计的价值为"一方面可以满足支配人的正当好奇心，他方面对于社会可以报告自己业务成绩状态""取得业务缺陷改良等基础的材料"❺。各馆重视图书馆统计，与对这些统计价值的认识不无关系。

---

❶ 教育部拟增设并充实各地图书馆 [J]. 中华图书馆协会会报，1933（4）：21.

❷ 陈颂 . 图书馆统计 [J]. 武昌文化图书科季刊，1929（3）：259.

❸ 陈颂 . 图书馆统计 [J]. 武昌文化图书科季刊，1929（3）：262.

❹ 杜定友 . 图书馆学概论 [M]. 上海：商务印书馆，1926：41.

❺ 杨照悊 . 图书馆学 [M]. 上海：商务印书馆，1923：328-329.

图书馆年度报告制度是教育部监管图书馆的一种方式。图书馆有义务向主管机关提交年度工作报告，不过，年度工作报告并不需要经过主管机关审查。然而，近代中国图书馆的年度工作报告制度并不完善，如年报内容没有明确规定（年报哪些内容），年度工作报告条款的意义也没有任何呈现（年报有何价值）。

教育部要求各省填报图书馆数据，编制年度调查报告，向社会公布。这种公布方式类似于图书馆事业的公示。遗憾的是，这种公示不是制度，对教育部没有约束。也就是说，图书馆调查与图书馆年报不存在法律依存关系，两者之间没有形成权利与义务的平衡。因激励机制不明显，大大削弱了年度工作条款的价值。尽管如此，图书馆的年度报告制度有利于主管机关监管图书馆，有助于教育部从宏观上动态地观测全国图书馆事业发展，客观上促进了图书馆法治化进程。

第三节　任职资格

一、图书馆学专业的社会吁求

任职资格是图书馆职业的法规要求。近代中国图书馆职员主要有馆长、主任、馆员、事务员等。图书馆职员的任职资格随着图书馆事业的发展而不断变化。

近代中国图书馆职业观念产生于清末。1910 年，谢荫昌提出，为图书馆馆员者，"先当于司立高等图书馆研习图书馆教育学二月" ❶。司立高等图书馆是谢荫昌设想的图书馆类型之一，又称某某省高等图书馆，为提学司自办图书馆，参酌各国州立大图书馆设立，以备专门高等人才之研究为原则。这是我国较早的图书馆馆员的任职资格设想，即馆员至少应接受两个月的图书馆学专业教育培训。

《图书馆通行章程》颁布后，引起了舆论界的注意。商务印书馆职员

---

❶　谢荫昌. 图书馆教育绪言 [J]. 奉天教育官报，1910（50）：51.

蔡文森并不担心中国图书馆不发达，而是"为开办后不能即臻完善之可虑"。他的担心包括：所谓监督提调管理员等无办理图书馆之经验；限于知识，凡目录之编订、图书之庋藏、收付之供给，不能适当等。他提出："是在办事诸君，先调查各国之规制，用其长，舍其短，随时研究，随时改良"❶，总有一天可以媲美欧美。不难看出，蔡文森担心，主要是我国缺乏有经验的图书馆专业人员，可能会影响图书馆事业的发展，提出图书馆职员应该具备图书馆学专业学养。

美国图书馆学专家韦棣华 1900 年居留武汉后，于 1910 年创立了公共图书馆——文华公书林，深知图书馆学专业的重要，先后于 1914 年、1917 年选派沈祖荣、胡庆生去美国攻读图书馆学专业学位，培养图书馆学专业人才，促进中国图书馆职业的专业化。图书馆学专业学识与经验得到越来越多国人的注意。

馆长应该具有图书馆学专业学识这一观念较早由沈祖荣提出。1922年，沈祖荣总结中华民国建立十多年来图书馆事业发展的教训，主要有图书馆馆舍及设施因陋就简、书籍目录复杂、馆员怠慢成性、书籍腐败等问题，进而提出改良办法 3 条，其中之一为图书馆馆长最宜得人。他提出选择馆长的标准："第一须有专门学识，第二须有坚定操守"。❷ 他解释说：馆长有指挥监督的全权，要设法使全馆能够改良，能够经营，并能监督经费，决定办事方针，检选主要书籍，调查办事成绩，编制精好目录，考察社会情形，谋大众教育之普及，等等。所有这一切，都要馆长有专门知识，那专门知识是什么呢？是图书馆学专门知识。

同一时期，北京高等师范学校教授王文培也指出：图书馆事业，"由常识的事业而进为专门的事业"。他说：现代图书馆的大原则，"就是以至少的钱，买最多数有用的书，供给最多数人看。于是有建筑的问题、陈列问题、选购图书问题、编纂目录、借用书籍、保存书籍，种种问题，不一而足。非有数年的训练，数年的经验，则不能继任。此外，尚须有高等普通教育、师范教育，更须有办事的才干，所以我说图书馆由常识的事

---

❶ 蔡文森.欧美图书馆之制度 [J].教育杂志，1910（5）：49.

❷ 沈祖荣.民国十年之图书馆 [J].新教育，1922（4）：793.

业而进为专门的事业。此学成为一种科学，称之为图书馆的科学（Library science）"。他指出："这门学问要有很高的资格，要费数年的研究和经验，才能成功，非此则不能办理现代的图书馆。所以学问成了专门学问，事业成了专门事业"。❶ 他呼吁我国加强图书馆学研究，走专业化道路，图书馆要想发展，必须有图书馆专门学识和经验。北京高等师范学校图书馆主任、我国第一位图书馆学专业留学生冯陈祖怡也表达了类似观点。❷

1923 年，沈祖荣明确提出图书馆专业化问题。他说："图书馆是一种专门事业，与别项科学，同一性质。这是各国所早经承认的事实，譬如美国之图书馆事业，都归图书馆专家办理，他们更设立许多机关，以帮助图书馆事业之发达。"❸ 进一步阐发图书馆专业化思想，明确专业化就是图书馆学专业。

如果说沈祖荣、王文培等发表的看法都只是分散的零星的看法，还没有形成共识的话，那么中华教育改进社关于图书馆馆员任职资格的讨论以及议决，则代表了我国图书馆界的普遍看法，其影响则不可低估。

1923 年，中华教育改进社第二次年会召开。冯陈祖怡和陆秀两位图书馆界女性精英联名向图书馆教育组提出"呈请中华教育改进社转请各省教育厅增设留学图书馆学额培植师资案"❹。该案提出依据有两点：一是图书馆的设立日见增加，但缺乏训练有素的专业馆员。推原其故，实以无专门学校培植图书馆专门人才。她们说，要想弥补此缺陷，只有抓紧时间设立图书馆专门学校，培养图书馆专门人才，普及全国图书馆事业。然而，就当下情形来看，只有少数专家从事图书馆实务，四处宣传，怎么能分身兼任教授？在这种情形下，即使设立图书馆学校，也必然缺乏专业教师。此不得不先行培植师资之理由。二是我国向少图书馆专门学问。原有旧法失于简略，是否有用，也有待研究后始能规定施行，以期统一之效。研究的

---

❶ 王文培 . 近日图书馆教育的趋势 [J]. 北京高师周刊，1922（176）：7-8.

❷ 冯陈祖怡 . 图书馆教育急宜发展之理由及其计划 [J]. 北京高师周刊，1922（176）：5.

❸ 沈祖荣 . 提倡改良中国图书馆之管见 [J]. 新教育，1923（4）：551.

❹ 冯陈祖怡，陆秀 . 呈请中华教育改进社转请各省教育厅增设留学图书馆学额培植师资案 [J]. 新教育，1923（2/3）：316，317.

标准，则不能不借取先进国以为鉴镜。她们提出的解决办法是：由教育部及各省教育厅于每年派送留学名额内，加派图书馆科；先行选派国内已有图书馆经验人员，以便随时研究本国图书馆应行采取或改良方法；毕业人才归国后，或任教师，或办图书馆，应行负责。在她们看来，图书馆若想发展，必须依靠图书馆学专业人才，否则将无法实现普及教育的宗旨。

该案意在促进我国图书馆发展专业化，即图书馆发展，需要有具备图书馆学专业学识的人才推动。该案提交时，已经过了提交议案的规定期限。不过，图书馆教育组会员一致主张收纳。后经详细讨论，裘开明提议，朱家治附议，此案保留，以后再说。该案实际上遭到否决。

"呈请中华教育改进社转请各省教育厅增设留学图书馆学额培植师资案"在第三次年会上复活。1924 年 7 月 6 日第三次会议上重提此案，主文修改为"请中华教育改进社转请教育部及各省教育厅于留学学科内添图书馆教育科案""经众讨论均以为关系重要，有提议之必要"❶。讨论的结果，办法进行修改：由教育部及各省教育厅于每次派送留学名额，就各学科加一图书馆教育科；先行选派国内已有图书馆经验人员，以便随时研究本国图书馆应行采取或改良方法。原文第三款办法则删除。修正后一致通过。该案为图书馆教育组第三次年会议决的五件提案之一。

也是在这次年会上，沈祖荣、胡庆生联合提出"中学图书馆几个问题"案，其"馆员选择问题"部分第 1 款即为"专门人才"。❷此外，这次年会上提出的"各省教育行政机关应设图书馆教育科案"等涉及图书馆教育的提案，大多有图书馆专业化倾向。尽管年会没有旗帜鲜明地提出图书馆馆员专业化，但蕴含馆员图书馆学专业化的趋势。

图书馆界精英的图书馆学专业化建议并非纸上谈兵。1921 年夏，马宗荣到江南一带考察图书馆状况，印象极为糟糕：图书馆数量和阅览人数，令人不胜浩叹；图书馆设备、组织、事务处理、教育等方面，多名存实亡，令人悲观。他向某馆长进言，力求改良。该馆长表示："某非不欲改良，奈某也不才，对于是科的素养太浅，而不但是科的学校诚难求，即自修或参考

❶ 请中华教育改进社转请教育部及各省教育厅于留学学科内添图书馆教育科案 [J]. 新教育，1924（3）：654.

❷ 沈祖荣，胡庆生.中学图书馆的几个问题 [J]. 新教育，1922（3）：668.

的书籍，亦诚难获也"。❶没有专业人才，图书馆事业的发展举步维艰。

中华教育改进社是当时中国最为著名的教育团体，其成员包括梁启超、蔡元培、范廉源、蒋梦麟、张伯苓、陶行知等教育界名流，图书馆界包括沈祖荣、袁同礼、朱家治、杜定友、戴超、胡庆生、刘国钧、洪有丰等中国第一代最负盛名的精英。中华教育改进社对我国图书馆事业的发展产生了深远影响，包括传播图书馆馆员专业化观念。1927年《图书馆条例》规定馆长的任职资格，与此前我国图书馆界的不断呼吁，尤其中华教育改进社的努力不无关系。

此后，图书馆职员专业化的提议不绝于书。1929年中华图书馆协会第一次年会上，蒋世超提出图书馆"职员应须有图书馆学识及宏富经验"。他的理由是：图书馆职员只有具有图书馆学识及经验，对于图书馆行政，才能掌握一切事务，应付自如；对于图书馆工作，如分类、编目、装订、整理等，才能迎刃而解；对于保存书籍，才能有妥善方法；对于选购书籍，不致滥用金钱；对于读者，才能帮助搜罗一切资料。之所以图书馆职员要富有经验，因为"欲求图书馆事业之进步，必须依赖有数年经验之职员，逐渐改良之，始能达于完善地步。否则每于职员更替之际，而图书馆事业亦因之而废弛"；"新旧职员交替之时，耗费无数时日始能整理完毕。若能保障旧有职员之位置，不轻意更动，则可节省无量光阴"；"旧职员对于图书馆章程及职务极为熟悉，若不能保障其位置，则新职员往往以章程不易谙练，因之发生诸多困难"；"图书馆不独为保存学术之处所，且为传播文化之机关，是故一般职员负有重大之责任，而图书馆对于其位置决不能随时势为转移"。❷

蒋世超的观点反映了我国图书馆界的普遍心声。上海图书馆协会认为："图书馆教育乃专门事业，应用专门人才办理，否则非但徒耗金钱，抑且与建设时登进人才之道未合"，提出"图书馆教育事业应用专门人才办

---

❶ 马宗荣.现代图书馆序说[M].中华学艺社，1928：1.

❷ 蒋世超.图书馆协会得请全国各图书馆对于雇用职员应须有图书馆学识及宏富经验至于职员之位置务须有确实保障并须予以优良待遇案[R].中华图书馆协会第一次年会报告，1929：115-116.

理"❶，建议教育部通令各市县教育局聘任职员时注意。在中华图书馆协会第一次年会上，连同上述两个提案，共有9个提案涉及图书馆员专业化或待遇，大会将这9个提案合并，形成"图书馆协会得请全国图书馆对于雇用职员应聘有图书馆学识及宏富经验者至于职员之位置务须有确实保障并须予以优良待遇案"，大会议决通过。

为促进图书馆职员专业化，确切地说，图书馆馆员图书馆学专业化，欧阳祖经提出：由中华图书馆协会呈请教育部令中央大学或各大学校设立图书馆学专科，兼收图书馆服务人员，选习课程，或另办图书馆专门学校。其理由为："发展事业，收重人才。现在图书馆设立日多，专门人才需要日亟。以现在图书馆服务人员论，……服务时间虽得有经验，似尚乏学识，非再有研究不可，故应予以学习机会在中央大学附设图书馆学科或另办专门学校，除招生专习外，凡图书馆服务人员皆得入学选习专科，庶足应目前及将来之需要"❷。

沈祖荣、中华教育改进社、中华图书馆协会等我国图书馆界精英分子和图书馆专业机构为推动职员图书馆学专业化，不遗余力。我国图书馆专业化水平不断提高，与他们的努力密切相关。

二、《图书馆条例》中馆长任职资格条款

我国对图书馆馆员的任职资格要求从《图书馆条例》开始。《图书馆条例》第8条规定：图书馆得设馆长一人，馆员若干人。关于馆长，应具备资格之一："国内外图书馆专科毕业者""在图书馆服务三年以上而有成绩者""对于图书馆事务有相当学识及经验者"。

这是教育部首次就馆长资格做出明确规定，是近代中国图书馆馆长图书馆学专业化的开端。自20世纪以来，无论学部、教育部或地方颁布的图书馆法规，也不管称呼是否相同，都有关于馆长的规定。1906年，《湖

---

❶ 上海图书馆协会.图书馆教育事业应用专门人才办理[R].中华图书馆协会第一次年会报告，1929：115.

❷ 欧阳祖经.请求教育部为现在图书馆服务人员谋研究便利及将来养成图书馆人才起见在中央大学附设图书馆学专科或单独设立图书馆专门学校案[M].江西省立图书馆馆务汇刊，1929：37.

南图书馆暂定章程》公布，其第 5 条规定："监督主持全馆事务，会办辅佐监督以总其成。"❶ 这里的监督，即馆长。《湖南图书馆暂定章程》对监督任职没有专业或经验等其他方面的要求。1908 年，《直隶图书馆暂定章程》公布。其第 8 章第 29 条共 4 项，分别为"总理一人，提学使兼任""经理无定员……受总理之指挥""司书暂设一员""书记听经理司书之指挥"❷，也没有任职资格条款。1909 年《云南图书馆章程》公布，其第二章"职掌"第 1 款规定："本馆应设馆长一员，总管全馆事务，一切设备，皆其专责，并须刊发'云南图书馆'钤记一颗，以便支领款项，钤印图书报纸。"❸ 这是我国图书馆法规第一次出现"馆长"一词。"执掌"部分 6 条，同样没有对馆长的专业或经验要求。1910 年，学部颁布《图书馆通行章程》，其第 6 条规定："图书馆应设监督一员、提调一员。其余各员，量事之简繁，酌量设置。"该条还规定了监督的产生程序："京师图书馆呈由学部核定。各省图书馆呈由提学使司转请督抚核定。各府、厅、州、县治呈由提学使司核定。"这是我国中央政府颁布的首部图书馆法规，但对监督任职资格依然没有专业或经验规定。不仅如此，馆长这一概念都没有统一，各种称呼都有。

1915 年，《图书馆规程》公布，馆长名称尘埃落定。其第 5 条规定："图书馆得设馆长一人，馆员若干人。图书馆馆长及馆员均于任用时，开具履历及任职时间，具报于主管公署，并转报教育部。"通俗图书馆不叫馆长，称为主任。《通俗图书馆规程》第 4 条规定："通俗图书馆得设主任一人，馆员若干人。通俗图书馆主任员应依照图书馆第五条之规定，分别具报"。同样，这两部图书馆规程对馆长或主任的任职资格都没有规定。

江西省在《图书馆条例》公布前一个月，颁布了《江西省立图书馆规程》，对图书馆职员的资格进行限定。《江西省立图书馆规程》第 1 条规定："本馆设主任一人，由教育厅委任之。馆员三人，由主任任用之"。第 3 条规定：本馆职员除必须熟悉国民党党义外，其资格为："主任须大学专门毕业或对于图书馆学有专门研究者""馆员须中等以上学校毕业对于图

❶ 湘抚咨送奏设图书馆暂定章程 [J]. 学部官报，1906（12）：71.
❷ 直隶图书馆暂定章程 [J]. 直隶教育杂志，1908（20）：125-126.
❸ 本署司郭详定开办《云南图书馆章程》[J]. 云南教育官报，1909（22）：19.

书管理有经验者"❶。江西省立图书馆负责人的法定名称为主任，不是馆长。主任和馆员分别进行资格限制。这种任职资格强调图书馆学专业修养，不过，任职资格相当宽松。此外，该馆职员必须具备熟悉国民党党义的基本条件，否则免谈。这是我国图书馆法规首次出现政治条件入法的现象，是《江西省立图书馆规程》的一大特色，在理论上把对国民党党义持保留看法的图书馆专业人才排除在外。

《图书馆条例》确立的馆长任职资格，分为学历、经历和学识三个方面：一是学历要求，"国内外图书馆专科毕业者"。这一款稍微有点难度。据学者研究，1914—1927年间，我国赴海外学习图书馆学的留学生共17人❷，我国大学专业院校、系科培养的专业学者50人❸，加上接受图书馆学教育的外侨，当时我国拥有图书馆专科毕业学历者确实不会很多。二是经历要求，"在图书馆服务三年以上而有成绩者"。该款较容易实现。1916年，教育部公布了全国图书馆调查数据：截至1916年4月，全国共有图书馆25所，通俗图书馆238所❹，两者共计263所。此后，我国图书馆发展势头不减，数量一直保持增长。中华图书馆协会对我国图书馆数量展开了持续调查。根据调查结果，1925年全国图书馆502所❺，1928年为622所。❻600多所图书馆，即使每所按照3个职员计算，全国图书馆职员总数也要超过1800人，还不包括在海外图书馆有任职经历者。这对遴选馆长而言，绰绰有余。三是学识与经验要求，"对于图书馆事务有相当学识及经验者"。这部分人数无法统计，数量不会太少。有的人没有图书馆学专科学历，也没有3年的图书馆工作经历，但术业有专攻，领悟能力强，也完全胜任馆长一职，如柳诒徵。以上三个条件，只要具备一条即可。

《图书馆条例》确立的馆长任职资格为后来颁布的图书馆法规所继承。

---

❶ 江西省立图书馆规程 [M]. 江西省立图书馆馆务汇刊，1929：4.

❷ 韦庆媛. 民国时期图书馆学留学生群体的构成及分析 [J]. 大学图书馆学报，2018（3）：102-118.

❸ 韦庆媛. 民国时期本土培养的图书馆学者群体的构成与分析 [J]. 图书情报知识，2018（1）：44-57.

❹ 图书馆 [J]. 教育公报，1916（10）：1-10.

❺ 全国图书馆调查表 [J]. 中华图书馆协会会报，1925（3）：7-19.

❻ 全国图书馆调查表 [J]. 中华图书馆协会会报，1928（2）：7-20.

1930 年 5 月，教育部公布《图书馆规程》，完全承袭了《图书馆条例》关于馆长的任职资格条件。《图书馆规程》第 8 条规定："图书馆得设馆长一人，馆员若干人。"馆长应具左列资格之一："国内外图书馆专科毕业者""在图书馆服务三年以上而有成绩者""对于图书馆事务有相当学识及经验者"。这一任职资格规定体现的依然是对馆长图书馆学专业的资格要求。

不过，《图书馆条例》关于馆长任职资格的规定存在缺陷。第 8 条中的馆长任职资格没有区分图书馆类型，因此从逻辑上说，不管省、市立图书馆，抑或县、市立图书馆，还是私立图书馆等法定图书馆，均采取同一标准。这在实践中，不太容易实现。这是其一。其二，资格认定仅限于馆长，不涉及馆员，这不是很合理。馆长固然重要，但具体事务是由馆员完成，馆长不可能事必躬亲，所以忽略馆员的任职资格，不尽合理。其三，没有罚则。如果馆长资格弄虚作假，如何救济，没有规定。此外，还有选择条件太笼统等问题。尽管如此，馆长资格入法依然是图书馆立法的一大进步。

馆长资格入法，是近代中国图书馆界不断呼吁的结果，也推动了馆员专业化进程。《图书馆条例》颁布后，1928 年，安徽教育厅鉴于"图书馆内部组织及办事标准，未经明文规定，致实施时未能趋于一致"❶，依据《图书馆条例》，制定了《安徽图书馆规程》。《安徽图书馆规程》在职员资格方面有突破，其第 11 条规定："图书馆各股主任，或管理员事务员，由馆长聘任之。所聘职员对于所任职务，应具有相当之学识经验，并须先行呈请主管机关核准。"❷《安徽图书馆规程》对馆长任职资格未置一词，但提出职员"应具有相当之学识经验"。这是一条务实的条款，弥补了《图书馆条例》的缺憾。"相当之学识经验"不一定是图书馆学，其他如文献学等都可以，但要有一技之长，这是其优点所在。《安徽图书馆规程》第 1 条规定："本省各图书馆除遵照大学院颁布《图书馆条例》外，凡公立图书馆应依据本规程办理之。私立图书馆组织及办法，得自订之，但须呈报该

---

❶ 安徽图书馆规程案 [J]. 安徽教育行政周刊，1928（15）：24.

❷ 安徽图书馆规程 [J]. 大学院公报，1928（9）：140.

馆所在地之教育行政机关核定，并受其指导。"❶ 实际上，《安徽图书馆规程》完善了《图书馆条例》的不足之处，对安徽全省的图书馆事业进行规范。

有的图书馆在《图书馆条例》的基础上，丰富了图书馆职员的任职资格规定。河北省立图书馆就是其中之一。1930 年，河北省教育厅公布了《河北省立图书馆规程》。其第 10 条规定："省立图书馆设主任一人，秉承教育厅长负馆务进行之全责"，第 11 条："省立图书馆设立馆员及事务员若干人"。第 16 条规定了省立图书馆主任、馆员、事务员的任职资格：主任，"国内外图书馆专科毕业者""大学师范院获大学教育系毕业者""专门以上学校毕业，曾任教育职务二年以上者""师范学校毕业，曾任教育职务三年以上，著有成绩，并于图书馆事业，有相当研究及经验者""中等学校毕业，曾任社会教育职务三年以上，著有成绩，并于图书馆事业，有相当研究及经验者"；馆员，"大学或专门学校毕业者""中等学校毕业，曾任教育职务一年以上，对于图书馆事务有兴趣者""曾在图书馆继续任职三年以上，著有成绩者"；事务员，"曾任图书馆职务一年以上，有相当处理能力者""办事勤能，工作努力，对图书馆极感兴趣者"以及具有馆员资格之一者 ❷。可以发现，《河北省立图书馆规程》不仅细化了图书馆主任的资格要求，尤其对馆员、事务员的资格进行规定，这是《图书馆条例》所没有的条款。当然，《河北省立图书馆规程》也有不妥之处，如省立图书馆设主任一人，而不是馆长，明显与《图书馆条例》抵触。

浙江省立图书馆则提高了馆长的任职资格。1930 年 8 月，《浙江省立图书馆暂行章程》经修改后重新公布，第 6 条规定馆长的任职程序和任职资格为："本馆馆长由教育厅厅长就具有下列资格之一者遴请省政府委任：一、国内外大学图书馆专科毕业者；二、大学教育学院师范大学及高等师范毕业，在图书馆服务一年以上著有成绩者；三、专门以上学校毕业，服务图书馆主要职务二年以上著有成绩，并于图书馆学术有相当研究者"❸。这 3 个资格，强调图书馆学的专业要求，否则必须增加图书馆经历和学识。该款设置体现了浙江省政府对省立图书馆馆长的期待，明显高于《图

---

❶ 安徽图书馆规程 [J]. 大学院公报，1928（9）：136.

❷ 河北省立图书馆规程 [J]. 中华图书馆协会会报，1930（4）：20.

❸ 浙江省立图书馆暂行章程 [J]. 浙江省政府公报，1930（972）：2-3.

书馆条例》的任职资格。"国内外大学图书馆专科毕业"比"国内外图书馆专科毕业"的要求苛刻，大学图书馆专业至少 4 年，图书馆专科可能 1 年或 2 年即可毕业。能获得大学图书馆专业文凭者，凤毛麟角。其他 2 个选择条件也都比《图书馆条例》的要求要高。1934 年，《浙江省立图书馆暂行章程》经修改后，再次由浙江省政府公布。这次删除了对馆长的资格要求，即符合 1930 年《图书馆规程》即可。不能说这一删除是因人立法，至少务实很多，扩大了馆长的遴选范围。浙江省颁布的这两个章程，都没有对省立图书馆的其他职员规定资格要求。

湖北省立图书馆全面提高了图书馆职员的任职资格。1932 年，《湖北省立图书馆章程》公布，其第 1 条为"教育厅依据《图书馆规程》设立湖北省立图书馆"。第 5 条详细规定馆长、股长、馆员的任职资格：馆长应具资格之一为"国内外图书馆学专科以上学校毕业，曾在图书馆服务二年以上，著有成绩者""国内外专科以上学校毕业，曾在图书馆服务三年以上，著有成绩者""国内外专科以上学校毕业，曾服务教育五年以上，对于图书馆事务有相当学识或经验者"；股长应具资格之一为"国内外图书馆学专科以上学校毕业，曾在图书馆服务一年以上者""国内外专科以上学校毕业，曾在图书馆服务二年以上者""国内外专科以上学校毕业，曾服务教育三年以上者"❶。湖北省立图书馆关于图书馆职员的任职资格，按照岗位类型进行区分，扩大了图书馆职员任职资格范围，而不限于馆长。同时，这些任职资格都高于《图书馆规程》的要求，如第 1 款"国内外图书馆学专科以上学校毕业"者，附加了 2 个条件"曾在图书馆服务二年以上""著有成绩"等。

此外，河南等省立图书馆也都对馆长或馆员任职资格进行了限制。从趋势看，各省公布的省立图书馆馆长的任职资格，普遍比《图书馆条例》或 1930 年《图书馆规程》中的要求严格。《图书馆条例》或《图书馆规程》规定的馆长资格，是最低限度的资格要求。各省图书馆在各省处于较为重要的地位，其对馆长资格要求高，理所当然。不仅如此，这些任职资格一般都把图书馆学专业作为优先考虑因素。

---

❶ 湖北省立图书馆章程 [J]. 湖北教育厅公报，1932（5）：26–27.

有的省份对县、市立图书馆馆长的任职资格也做了规定。1928年，《山东各县公立图书馆暂行规程》由山东省政府公布，规定了馆长的资格要求。《山东各县公立图书馆暂行规程》第3条为："公立图书馆长，以品行端正、服膺党义而合于左列资格之一者为合格"，选择性资格为"大学或专门学校毕业并于图书馆学有相当之研究者""中等学校毕业并曾在图书馆专科学校毕业者""中等学校毕业，曾任图书馆主要职务三年以上确有成绩者"。❶ 按照该《暂行规程》，山东县立图书馆馆长任职资格必须同时具备基本条件和选择条件两种资格要求，基本条件为品行端正、服膺党义，选择条件则以图书馆学学历和经验为优先。在政治因素影响下，图书馆专业也得到了尊重。

继山东之后，中央大学区❷也对县立图书馆馆长的任职资格做了规定。1929年，《中央大学区各县公共图书馆馆长任免及待遇暂行规程》公布。《中央大学区各县公共图书馆馆长任免及待遇暂行规程》第2条规定馆长任职资格的基本条件为："公共图书馆馆长，以人格高尚，服膺党义，并具有左列资格之一者为合格"。选择条件有四，分别为"大学或专门学校毕业，并于图书馆学，有相当之研究者""中等学校毕业，并曾修习图书馆学专科，得有毕业证书者""中等学校毕业，曾任图书馆主要职务三年以上，著有成绩者""国学确有根柢，而于图书馆学及社会教育，有相当之研究者"❸。

《中央大学区各县公共图书馆馆长任免及待遇暂行规程》拓展了《图书馆条例》对馆长任职资格的规定：一是注重馆长的政治倾向。《图书馆条例》列举了馆长应该具备的三个条件之一，这些条件纯粹为专业或学识条件，没有政治倾向。然而，中央大学区县立图书馆馆长的任职资格表面

---

❶ 山东发表公立图书馆规程 [J]. 中华图书馆协会会报，1928（3）：28.

❷ 大学区是南京国民政府初期推行的一种教育制度。大学院把全国分为若干大学区，每区以一大学为中心，负责该区内的教育事务。各大学区对大学院负责。大学院院长为蔡元培。大学区由蔡元培等人倡导，力图保持教育独立。中央大学区是以中央大学为中心，负责江苏省、南京特别市、上海特别市三地的教育事务。1929年，大学院制度撤销，大学院取消，代之以教育部。

❸ 中央大学区各县公共图书馆馆长任免及待遇暂行规程 [J]. 教育行政周刊，1929（84）：14–15.

上为四个条件之一，实为五个，其中"人格高尚，服膺党义"为基本条件。只有在符合基本条件的前提下，具备四个条件之一，才能担任县立公共图书馆馆长。这种政治倾向的规定，是政治作用于文教机关的表现，是国民党力图控制教育的象征。二是拓宽了馆长任职资格的专业范围。《图书馆条例》规定馆长的任职资格之一为"图书馆专科毕业"，而《中央大学区各县公共图书馆馆长任免及待遇暂行规程》扩展到"大学或专门学校毕业"。再如《中央大学区各县公共图书馆馆长任免及待遇暂行规程》规定对"社会教育"有研究者，也可担任馆长，这也拓宽了专业范围。我国当时没有社会教育专业，但国外有些大学有，如日本（马宗荣就是该专业毕业）。社会教育专业与图书馆专业极为接近，但研究对象不完全相同。《中央大学区各县公共图书馆馆长任免及待遇暂行规程》规定的馆长任职资格，除了"人格高尚，服从国民党党义"外，其他四点都强调图书馆学或图书馆工作经验，其图书馆专业化方向十分明确。尽管第 4 项有"国学确有根柢"，但仍须对图书馆学有相当研究。坚持图书馆学专业化的方向没有改变。

需要注意的是，《中央大学区各县公共图书馆馆长任免及待遇暂行规程》对馆长的免职也有规定，这在图书馆法规中前所未有。《图书馆条例》只是规定了任职条件，而没有免职条文。而《中央大学区各县公共图书馆馆长任免及待遇暂行规程》第 4 条规定：馆长"犯左列事项之一，经查明属实者，由县教育局长，呈准本大学撤换之"。这些事项有 6 款："违背本党党义者""违背本大学教育方针者""治事不力，改进无方者""操守不谨，侵蚀公款者""行为不检，人格堕落者""身心缺陷，不能执行职务者"❶。

这 6 项免职条件，首重政治倾向，即不能违背国民党党义，与任职资格一致，强化了国民党对图书馆事业的控制。尽管党义条款透露政治干涉教育的不良倾向，但还留有余地，只是规定"服从国民党党义"、不能"违背本党党义"，而不是规定馆长一定为"本党党员"，限制非国民党人士担任对专业知识要求很高的馆长。当然，这 6 项免职条件的设计并不合理，有的条件完全可以合并。"违背本大学教育方针"和"违背国民党党

---

❶ 中央大学区各县公共图书馆馆长任免及待遇暂行规程 [J]. 教育行政周刊，1929（84）：15.

（84）：15.

107

义"没有必要并列。因为中华民国的教育宗旨就是施行三民主义，即国民党党义，所以中央大学区也必须以三民主义为教育原则。换言之，本款也可视为政治条款。其次要求遵纪守法、道德情操。"操守不谨，侵蚀公款者""行为不检，人格堕落者"，强调馆长必须遵纪守法。这两点是否需要列入《中央大学区各县公共图书馆馆长任免及待遇暂行规程》之中，值得探讨。馆长如果违法乱纪，即使作为图书馆职员，也无法履行职务。因为违法乱纪一旦查实，则进入司法程序，法人代表或私法人自然停止履行职务。因此，从法律角度看，这2款免职条件可以探讨。当然，这些免职条件从立法方面看，也有不少问题，如免除馆长职务的程序、救济条款等都没有。

大学院撤消后，原中央大学区县立图书馆馆长任职资格的立法精神保留下来，并不断完善。1933年，《教育季刊》刊载了《江苏省各县县立图书馆馆长任免及待遇暂行规程》。其第2条规定："图书馆馆长，以人格高尚，服从国民党党义，并具有左列资格之一者为合格"，其选择性任职资格分别为"大学或专门学校毕业，并于图书馆学，有相当研究者""中等学校毕业，并曾修习图书馆学专科，得有毕业证书者""中等学校毕业，曾任图书馆主要职务三年以上，著有成绩者""国学确有根柢，而于图书馆学及社会教育，有相当之研究者"❶。除了些微文字，内容没有大的变动。

不过，《江苏省各县县立图书馆馆长任免及待遇暂行规程》关于馆长的撤换条文有不小变化。其第3条规定："图书馆馆长以久任为原则，但有左列情事之一"，可以撤换："违背国民党党义或中华民国教育宗旨者""违背法令者""治事不力改进无方者""操守不谨，侵蚀公款者""行为不检人格堕落者"❷，取消了此前"身心缺陷，不能执行职务者"的规定。较之中央大学区，《江苏省各县县立图书馆馆长任免及待遇暂行规程》关于馆长撤换条文有所完善，但馆长图书馆学专业化倾向没有改变。

1935年《民教通讯》刊载修改后《江苏省各县县立图书馆馆长任免及待遇暂行规程》，馆长任职资格又有变动。其第1款和以前一样没有变

❶ 江苏省各县县立图书馆馆长任免及待遇暂行规程 [J]. 教育季刊, 1933（4）: 203-204.

❷ 江苏省各县县立图书馆馆长任免及待遇暂行规程 [J]. 教育季刊, 1933（4）: 204.

化，第 2~3 款分别为"高级中等学校毕业，并曾修习图书馆学专科，得有毕业证书者""高级中等学校毕业，曾任图书馆主要职务三年以上，著有成绩者"❶，取消了原来第 4 款国学资格的规定。在撤换馆长条款上也有些微变化，增加了 1933 年被删除的"身心缺陷，不能执行职务者"一款。1935 年《江苏省各县县立图书馆馆长任免及待遇暂行规程》取消了国学一款，强化了馆长图书馆学专业化的倾向。图书馆学专业化贯穿江苏省县立公共图书馆馆长任职资格的始终。

其他省份也陆续公布了县、市公立图书馆馆长或馆员的任职资格。1930 年 9 月，浙江省政府公布了《浙江省县市图书馆暂行规程》(15 条)。《浙江省县市图书馆暂行规程》规定浙江省县市图书馆设馆长一人，指导员、事务员若干人。馆长的任职没有基本条件，只是规定了三项选择性资格，依次为"国内外图书馆专科毕业者""在图书馆服务三年以上而有成绩者""对于图书馆事业有相当学识及经验者"(第 6 条)❷。指导员的任职资格与馆长相同。与中央大学区及江苏省比较，浙江县市图书馆长及职员的任职资格没有服从国民党党义的基本要求，也没有免职条款，更多的是规范图书馆的创设与运作，但在图书馆专业化问题上，两省一致，都优先考虑图书馆学出身或图书馆工作经验。

在大学院、教育部以及各省的努力下，公立图书馆职员的任职资格不断发展完善，图书馆学专业化观念得到了普及，图书馆法治化程度逐渐提高，公立图书馆在法治化轨道运作的倾向越来越明显。

三、《修正图书馆规程》中职员任职资格条款

1939 年，《修正图书馆规程》颁布，对图书馆职员任职资格进行了大幅度修改。按照《修正图书馆规程》第 3 条规定，职员包括馆长和馆员两种类型。而根据第 12 条规定，图书馆每部或每组设主任 1 人，干事若干人。也就是说，馆员又分为主任和干事两种。《修正图书馆规程》把图书馆主体分为省市立图书馆、县市立图书馆两大类。图书馆类型不同，职位不同，其任职资格也不相同。

---

❶ 江苏省各县县立图书馆馆长任免及待遇暂行规程 [J]. 民教通讯，1935（4）：20.

❷ 浙江省县市图书馆暂行规程 [J]. 浙江省政府公报，1930（1001）：2.

1. 省市立图书馆

馆长的任职资格。馆长的任职资格分基本条件与选择条件两类，缺一不可：基本条件为"省、市立图书馆馆长，须品格健全，才学优良"。选择条件为："图书馆专科学校或图书馆专修科毕业，曾任图书馆职务一年以上，著有成绩者""师范学院、教育学院或教育科系毕业，曾任图书馆职务二年以上，著有成绩者""大学或其他专科学校毕业，曾受图书馆专业训练，并曾任图书馆职务三年以上，著有成绩者""在学术上确有特殊贡献，并对于图书馆学素有研究者"（第13条），选择条件只要具备其中之一即可。这4项选择条件，对学历学位并没有特殊要求。然而，均要求有图书馆学识或经验，极为注重图书馆学专业性质，而不是人人都可以担任馆长，以防外行领导内行现象的出现。

主任的任职资格。主任的任职资格也分为基本条件与选择条件两类，缺一不可：基本条件为"省市立图书馆各部主任，须品格健全，其所任职务，为其所擅长"。选择条件为："图书馆专科学校或图书馆专修科毕业者""师范学院、教育学院或教育科系毕业者""大学或其他专科学校毕业，曾受图书馆专业训练者""中等学校毕业，曾任图书馆职务三年以上者"（第14条）。主任的任职资格，同样强调图书馆的学识与经验，兼及教育专业。

干事的任职资格。干事的任职资格同样分基本条件与选择条件两类，缺一不可。基本条件是"省市立图书馆干事，须品格健全"。选择条件为："具有前条（第14条）各款资格之一者""中等学校毕业，曾任教育职务二年以上者""对于图书馆职务有相当学识及经验者"（第15条）。干事的资格，也重视图书馆学识与经验，或有法定教育经历。

2. 县市立图书馆

馆长的任职资格。馆长的任职资格分基本条件与选择条件两类，缺一不可。馆长任职资格的基本条件是"县市立图书馆馆长，须品格健全，才学优良"。选题条件为："图书馆专科学校或图书馆专修科毕业者""师范学院、教育学院或教育科系毕业者""大学或其他专科学校毕业，曾受图书馆专业训练者""在学术上确有贡献，并对于图书馆学素有研究者"。馆长资格，依然为图书馆学专业优先，兼及教育学专业。

主任及干事的任职资格。主任及干事的任职资格也分基本条件与选择条件两类，缺一不可："县市立图书馆各组主任及干事，须品格健全"。选择条件为："具有前条（第16条）各款资格之一者""中等学校毕业，曾任教育职务一年以上者""对于图书馆职务有相当学识及经验者"（第17条）。主任及干事资格，一如既往，重视图书馆学专业。

当然，也不是所有人员都有资格要求。第18条规定："图书馆得酌用助理干事"。助理干事则没有资格要求。

以上是对省市县立图书馆职员的资格要求，对其他法定图书馆职员的资格要求相对较低。第19条规定："地方自治机关、私法人或私人设立之图书馆，其内部组织及职员资格，应比照县市立图书馆之规定"，没有硬性要求。

《修正图书馆规程》关于图书馆职员任职资格条款，特点主要如下：一是根据行政区划的差异，采取不同的资格条件。省市立图书馆，无论馆长或馆员，其资格要求都比同一地区县市立图书馆高；二是图书馆的主要领导，无论省市立图书馆，或者县市立图书馆，其资格条件比同一层次图书馆的馆员高；三是图书馆职员，主要是馆长、主任或职员，任职资格都有基本条件和选择条件两个部分构成。省市县立图书馆馆长，其任职资格的基本条件都是"品格健全，才学优良"。图书馆各部主任或干事，仅要求"品格健全"；四是馆长、各部主任或干事的任职，均以图书馆者专业为优先考虑选项，秉持图书馆学专业化的基本倾向，兼及教育学专业与学识经验；五是图书馆职员的任职资格，依据行政级别，规定不同的任职资格。这或许借鉴了1932年湖北省立图书馆职员任职资格的经验。

以上这些特点吸收了此前各省图书馆章程或规程的优点。值得注意的是，《修正图书馆规程》没有把"服从国民党党义"列为基本条件，而把"品格健全，才学优良"列为省市县立图书馆馆长的基本条件，保持了图书馆的独立性质，值得肯定。"才学优良"也是馆长任职资格的选择条件，没有必要作为基本条件列入法规。也就是说，"品格健全"才是基本条件。

《修正图书馆规程》关于公立图书馆馆长和馆员任职资格条款，相对来说，较为合理，标志着民国时期公立图书馆立法已经达到一个新的历史阶段。不过，《修正图书馆规程》并非完美无缺，不少内容值得讨论，如

图书馆职员任职资格是否可以以单行法规形式出现等，不再一一讨论。

近代中国图书馆职员任职资格经历了从无到有、从粗犷到细致的演变过程。在这个演变过程中，职员的图书馆学专业化倾向一直没有改变，反而有逐渐加强的趋势。这种趋势，体现了图书馆职业的专业性，反映了民国时期职业分途的时代特征。尽管国民党力图控制图书馆事业的发展，但并不容易。图书馆职业的专业化在公立图书馆职员的任职资格条款中得到了淋漓尽致的体现。

第四节　私立图书馆立案制度

一、清朝末年：萌芽阶段

近代中国私立图书馆的立案制度，始于清末。1910 年颁布的《图书馆通行章程》第 17 条规定："私家藏书繁富，欲自行筹款随在设立图书馆以惠士林者，听其设立。惟书籍目录、办理章程，应详细开载，呈由地方官报明学部立案。善本较多者，由学部查核，酌量奏请颁给御书匾额，或颁赏书籍，以示奖励"。按照这条规定，私立图书馆申请立案，只要提交书籍目录和办理章程即可，但须呈由地方官报明学部立案。

私立图书馆为什么要向学部立案？学部没有说明原因。向学部申请立案，过于郑重其事。层层申报，程序也颇复杂。《图书馆通行章程》第 1 条规定："图书馆之设，所以保存国粹，造就通才，以备硕学专家研究学艺，学生士人检阅考证之用。以广征博采，供人浏览为宗旨"。按照这一宗旨，私立图书馆也有保存国粹之责。既然私立图书馆可能藏有国粹，牵涉教育，而学部又负有监管图书馆之责，所以向学部立案，亦有可能。此前，1906 年，日本图书馆法规也有类似规定，私立图书馆应将"创办事项申请文部大臣核准"❶。中日两国规定私人创设图书馆者，均向中央教育行政机关申请立案，有异曲同工之妙。不过，从行政角度来说，学部接受私

---

❶ 喻有信. 日本图书馆法规 [J]. 法学杂志，1937（2）：276–277.

立图书馆立案，属越级管辖，容易产生问题。

私立图书馆立案条款列入《图书馆通行章程》，有点意外。《图书馆通行章程》规划图书馆的建设顺序："京师及直省省治，应先设图书馆一所。各府、厅、州、县治应各依筹备年限依次设立"（第 2 条）；图书馆的命名规则为："京师所设图书馆定名为京师图书馆。各省治所设者，名曰某省图书馆。各府、厅、州、县治所设者，曰某府、厅、州、县图书馆"（第 3 条）。但这两条都没有涉及私立图书馆问题，而第 17 条却突然明确私立图书馆的立案方式，殊属意外。

我国私人有创设图书馆的传统，近代以来也是如此。私人创设图书馆时，为取得政府的支持，寻求政府的保护，一般都会向政府申请立案。1901 年，安徽绅士何熙年等开办藏书楼，呈文安徽巡抚王之春，请求立案。内称："为皖省置办中西图籍，设立书楼，公恳俯赐提倡，准予立案，以开风气而弭隐患……夫开通士智之道，良亦多端。而惟购置藏书一事，其效远，其事约，施于皖省，尤觉相宜"[1]。呈文解释了创设藏书楼的缘由、开办大致经过，并提交了《皖省藏书楼开办大略章程十二条》。这是其寻求立案的基本情况。

1903 年，湖南浏阳人雷光宇，鉴于"新出译印书籍，寒峻之士，购阅较难"，在常德府联合志同道合者，捐集资财，开设图书馆，"经前府朱守批准，租地吕祖庙，暂行试办"[2]。常德图书馆的立案程序，只是"经前府朱守批准"，更为简单。

1904 年，浙江绍兴的古越藏书楼经认真筹备，正式对外开放。同时，该藏书楼向浙江巡抚聂缉规呈请立案，缘由为："窃维国势之强弱，系人才之盛衰；人才之盛衰，视学识之博陋。……方今朝廷孜孜求治，迭奉谕旨，广设学校，此诚育才正本清源之至计也。……泰西各国讲求教育，辄以藏书楼与学堂相辅而行。……绍兴统辖八县，辍学之士，实繁有徒"[3]。

---

❶ 李希泌，张椒华. 皖省绅士开办藏书楼上王中丞公呈 [M]. 中国古代藏书与近代图书馆史料（春秋至五四前后）. 北京：中华书局，1982：107.

❷ 纪常德图书馆 [J]. 北洋官报，1903（116）：12.

❸ 李希泌，张椒华. 皖省绅士开办藏书楼上王中丞公呈 [M]. 中国古代藏书与近代图书馆史料（春秋至五四前后）. 北京：中华书局，1982：112.

为地方劝学起见，绍兴籍绅士徐树兰创办了古越藏书楼。除了缘由外，立案申请内容包括馆址、费用、书目、章程、藏书楼结构图等。呈文最后强调："当此开办之初，事关阖郡，自应呈请奏咨立案，以垂永久"❶。这份立案申请，是清末最为完整的私立图书馆立案呈文。

这些零星的私立图书馆，之所以向政府申请立案，其创设缘由大都立意远大。不过，他们的立案行为，没有受到社会各界的普遍关注，政府也没有提倡，更没有形成私立图书馆的立案制度。更多的人把图书馆建设寄托于政府。1906年，罗振玉提出在京师创设图书馆，进而提出各省省城也应该各设立图书馆一所，作为府厅州县设立图书馆的模范。❷ 1909年，学部筹设京师图书馆，并规划全国图书馆的建设方案。以上这些建议或规划，都牵涉私人藏书问题，但无一例外，都没有鼓励私人创设图书馆之意。所以私立图书馆立案条款列入《图书馆通行章程》，才是亮点。

清末，私立图书馆向政府申请立案，并不多见，这不是说私立图书馆不多，而是说能够查证立案者不多。我国东南沿海省份，私人创设的图书馆或藏书楼很多，如1907年邓实、黄节、刘师培、章太炎等在上海创设了国学保存会藏书楼，1910年盛宣怀在上海创设了上海图书馆（后改名为愚斋图书馆），梁鼎芬于1911年在广州设立了梁祠图书馆，胡尔平、胡尔霖于1911年在无锡创办的前村图书馆等。这些图书馆或藏书楼，大多对外开放，供众阅览。愚斋图书馆甚至得到了皇帝所赐"惠周多士"匾额❸。问题在于，它们是否立案或向谁立案，无法查证。

《图书馆通行章程》颁布后，私立图书馆的立案有了规范。然而，遵循《图书馆通行章程》立法者依然不多。1910年，浙江嘉善县许宝书等创设嘉善县城区图书馆，经费由志同道合者分任，向浙江提学使司申请立案。提学使司的批复为："该绅等热心公益，殊堪嘉慰，自应准予立案。简章所载，尚多未尽事宜，应即遵照部颁《图书馆通行章程》办理，以期

---

❶ 李希泌，张椒华.皖省绅士开办藏书楼上王中丞公呈[M].中国古代藏书与近代图书馆史料（春秋至五四前后）.北京：中华书局，1982：113.

❷ 罗振玉.京师创设图书馆私议[J].教育世界，1906（14）：1-3.

❸ 吴平.盛宣怀与愚斋藏书[J].图书馆杂志，2001（3）：57.

完善"。❶ 立案程序到了浙江提学使司宣告完成。浙江巡抚咨报学部与否，并不清楚。按照第 17 条"报明学部立案"的规定，立案程序显然没有走完。

我国私人藏书楼众多，清末图书馆建设思潮兴起后，政府完全可以因势利导，鼓励私人藏书楼向现代图书馆转型，供众阅览。可惜，政府没有意识到这一点，只是在《图书馆通行章程》里，轻描淡写地加上第 17 条，要求私人创设图书馆时，应该立案。不过，《图书馆通行章程》公布后，媒体人注意到应该引导私人藏书楼向现代图书馆过渡。商务印书馆编译蔡文森提出，欧美图书馆制度，值得我国效仿者，如学校图书馆、巡回图书馆等，这些"皆我国今日所能为之事也。惟官家之资财有限，又宜尽力奖励私立图书馆以为辅助。我国士风，自古乐于藏书，胡不利用之以为转移风气耶？"❷

《图书馆通行章程》关于私立图书馆的条文略显简单，很多问题都不清楚，如立案资格、图书馆命名规则等，整个章程仅有这一条立案规定。即使立案规定，也不完整，如立案内容、立案程式等均付阙如。《图书馆通行章程》关于私立图书馆的立案规定，反映了图书馆立法的特征。草创时代，难免疏漏。

1911 年 10 月，武昌首义。1912 年 2 月，宣统皇帝宣布逊位，大清帝国退出历史舞台。大清帝国的遗产《图书馆通行章程》实施 2 年，自然消亡。尽管如此，《图书馆通行章程》第 17 条还是开启了私立图书馆立案立法的先河，推进了私立图书馆法治化的历史进程。

二、民国初期：发展阶段

1912 年，中华民国成立。为适应新时代图书馆发展的需要，教育部于 1915 年 10 月同时公布了《图书馆规程》《通俗图书馆规程》，并刊登在《教育公报》上，私立图书馆的立案条款发生了很大变化。

《图书馆规程》完善了私立图书馆的立案条款，而该条款又与公立图书

---

❶ 本署司郭批嘉善县详许宝书等设立城区图书馆由 [J]. 浙江教育官报，1910（41）：156.

❷ 蔡文森. 欧美图书馆之制度 [J]. 教育杂志，1910（5）：50.

馆的咨报条款密切关联。《图书馆规程》第4条第1项为，公立图书馆设置时，必须开具指定事项，由主管长官咨报教育部。这些事项为"一、名称；二、位置；三、经费；四、书籍卷数；五、建筑图式；六、章程规则；七、开馆时日。"第2项为"私立图书馆应照前项所列各款，禀请地方长官核明立案。"第4项虽非立案条款，但与立案关系较为紧密，必须具报："关于图书馆之废撤及第一项各款之变更时，应照本条之规定，分别具报。"

第4条第2项关于私立图书馆的立案规定，较之《图书馆通行章程》，变化主要有：一是立案内容丰富，包括名称、位置等7项内容。这7项立案内容为以后公立图书馆法规所继承；二是立案对象不再是教育部，而是地方长官，理顺了中央与地方的权限划分。私立图书馆的立案程序有所简化；三是私立图书馆废撤及立案内容变更时，需要具报，即备案。这是教育部加强对私立图书馆监管的一种方式，对公立图书馆也是如此。总体而言，私立图书馆的立案规定较为丰满、便利。

除了正式立案条款外，《图书馆规程》中与私立图书馆立案关系密切的条款，主要有：一是私人取得了设立图书馆的法定资格。《图书馆规程》第2条为"公立私立各学校、公共团体或私人，依该规程所规定得设立图书馆。"私人与公私立各学校、公共团体同样取得了设立图书馆的资格。取得资格是设立私立图书馆的前提。没有资格，遑论立案？所以本条是私人设立图书馆的法规条件。此后，在教育部公布的各种图书馆条例或规程中，私人都获得了设立图书馆的资格；二是私立图书馆的命名规则。《图书馆规程》第3条规定："私人所设者，称私立图书馆。"这一命名规则，在于规范私立图书馆的创设，确保其依法运行；三是私立图书馆馆长及馆员情况必须报备。《图书馆规程》第5条规定："图书馆得设馆长一人，馆员若干人。图书馆馆长及馆员均于任用时，开具履历及任职时间，具报于主管公署，并转报教育部。"这一报备规定，与立案无异。因为私立图书馆也要设馆长与馆员。也就是说，私立图书馆立案时，必须同时提交任用人员简况。

《通俗图书馆规程》关于私立通俗图书馆的立案规定，主要条款有：私人具有设立通俗图书馆的资格，"私人或公共团体、公私学校及工场，得设立通俗图书馆"（第1条）；私立通俗图书馆的命名，适用《图书馆规程》第3条的命名规则；通俗图书馆的设立、变更或废撤时，按照《图书馆规程》第4条规定，分别具报；通俗图书馆的主任馆员按照《图书馆规程》第5条，分别具报。这些条款与《图书馆规程》关于私立图书馆的立案规定大体一致。

需要注意的是，《通俗图书馆规程》第7条规定："通俗图书馆不征收阅览费"。这条规定没有强调是公立通俗图书馆。换言之，适用于私立图书馆。而私立图书馆的立案条款中，第6项为"章程规则"，即，私立通俗图书馆立案时提交的"章程规则"中，不能含有阅览收费的规定。而《图书馆规程》第9条明文规定："图书馆得酌收阅览费"。按照逻辑关系，私立图书馆立案时提交的"章程规则"中可以包含阅览收费条款。这是私立图书馆与私立通俗图书馆立案方面的显著区别。

《图书馆规程》《通俗图书馆规程》关于私立图书馆及私立通俗图书馆的立案条款，丰富了私立图书馆的立案内容，标志着我国私立图书馆立案朝着法治化方向迈出了坚实的一步；同时为后来图书馆法规关于私立图书馆的立案规定，树立了榜样。当然，这不是说《图书馆规程》《通俗图书馆规程》关于私立图书馆的立案条文就没有可以推敲的地方。如私人创设图书馆时，向"地方长官"立案，"地方长官"一词即不明确，"地方"是省、县，还是其他行政单位？"长官"是省长、县长、教育局长，还是分管图书馆的行政部门责任人？诸如此类。

《图书馆规程》《通俗图书馆规程》规定的私立图书馆立案制度，与日本公共图书馆法规较为相似。1893年，日本政府对设立图书馆已经有了明确规范。1906年，即明治三十九年，日本文部省公布的第10号令第1条规定：凡欲按《图书馆令》第五条规定设置公立图书馆者 ❶，管理人员应具备规定事项呈报文部大臣核准，包括名称、地址、经费及维持方法、馆址所占面积及其图样、开馆年月日、馆内细则等。第1条第2款为"如属私

---

❶ 日本图书馆令第5条为："图书馆之设置或停办，如系公立者，则须经文部大臣之核准。如属私立者，亦须呈告文部大臣。"喻有信.日本图书馆法规[J].法学杂志，1937（2）：276.

立图书馆，应将前列创办事项申请文部大臣核准"❶。即私立图书馆的立案事项与公立图书馆的立案事项完全相同。1910 年文部省公布了《图书馆令施行规则》，其第 1 条第 1 项为："依图书馆令第五条设置公立图书馆者，其管理人员应具左列事项。其属于道府县立图书馆，则应呈文部大臣。其他之公立图书馆应呈报地方长官核准"。"左列事项"包括名称、地址、经费及其维持方法、馆址所占面积及其图样、开馆年月日、馆则。第 2 项为"私立图书馆则由创办者应将前列事项申请地方长官"❷。与日本《图书馆令施行规则》比较，《图书馆规程》增加了一点"书籍卷数"，这是两者差异之处，表明我国重视书籍登记。《图书馆规程》等立法者可能借鉴了日本公共图书馆法规的做法。

《图书馆规程》虽然在《教育公报》上公布，但了解的人似乎不多。1916 年年初，徐树兰的儿子徐尔穀拟续办古越藏书楼（古越藏书楼因辛亥革命而停办），向教育部申请立案。1916 年 3 月 17 日，教育部批复，称赞徐尔穀的善举，"拟踵武前规，继续开办，以符原案而彰先德。雅志高谊，洵堪嘉许"，进而表示："《图书馆规程》业于民国四年十月二十三呈准通行，并刊登四年十月二十六日《教育公报》在案，应即查照该规程第 4 条所规定，径向地方长官核明立案，再行咨部查核可也"❸，明确要求徐尔穀向地方长官申请立案。

私立图书馆的立案能够按照《图书馆规程》《通俗图书馆规程》的要求严格执行。1924 年，胶澳石门庙主阎学宇创设私立通俗图书馆，并拟简章，请求立案。胶澳商埠督办公署肯定其热心公益、创设通俗图书馆的做法，"惟开办费经常费每项数目若干、建筑馆舍之图式若何以及陈列图书之种类、阅看时间之规定，简章内均未载明，殊嫌忽略。仰再另拟妥善章程，并分别绘列图表，尅日呈送来署，听候派员查验，方可准予立案也"❹。胶澳商埠督办公署按照《通俗图书馆规程》的立案要求，严格审核。

❶　喻有信.日本图书馆法规 [J].法学杂志，1937（2）：276–277.

❷　喻有信.日本图书馆法规 [J].法学杂志，1937（2）：278.

❸　批审计院核算官徐尔穀拟续办故父捐设绍兴藏书楼洵堪嘉许所请立案应查照《图书馆规程》办理 [J].教育公报，1916（4）：84.

❹　胶澳商埠督办公署批第一四三二号 [J].胶澳公报，1924（184）：10.

私立石门庙通俗图书馆补齐材料后，顺利立案。1915 年，福建张尧曦等禀称图书馆立案。福建巡按使派人核实，认为该馆设备与禀称各节不符，"所请立案，不能照准"❶。

教育部鼓励私人设立图书馆。1914 年，教育部公布了《捐赀兴学褒奖条例》，对"以私财创办或捐助图书馆"者，由地方长官开列事实呈请褒奖❷。这种褒奖制度一直持续到民国结束，没有停止。不仅如此，私立图书馆立案后，可能会得到补助。1915 年，浙江嵊县私立剡溪图书馆馆长张廷衡禀请拨款补助。浙江巡按使屈映光表示："该馆长等捐集私资创办图书馆，具见热心教育，良堪嘉许"❸，要求嵊县知事查明捐资书目，造具事实表册，核实后奖励。1926 年年初，山东胶澳商埠局要求胶澳特别市教育局造具公私立各校及通俗图书馆兼讲演所 1925 年 10 月份经费及补助费，其中包括石门庙通俗图书馆补助费。❹地方政府的补助，不会很多，但表达了对私立图书馆的鼓励和支持，这才是最重要的。

三、国府时期：完善阶段

1927 年南京国民政府成立，先后颁布了《图书馆条例》《图书馆规程》《修正图书馆规程》《图书馆规程》(1947 年)，这 4 部公共图书馆法规，在私立图书馆立案方面，有继承，有发展，立法技术逐渐成熟。1947 年的《图书馆规程》在立案方面与《修正图书馆规程》完全一致，故本节不再提其立案条文。

1.《图书馆条例》中私立图书馆的立案条款

《图书馆条例》完善了私立图书馆的立案制度。其第 4 条第 1 项规定，图书馆设置时，应由主管机关开具各款，呈报大学院备案。《图书馆条例》规定了 8 款内容，分别为名称、地址、经费（分临时费与经常费两项，并须注明其来源）、现有书籍册数、建筑图式及其说明、章程及规则、开馆

---

❶ 巡按使示　示张尧曦等禀设图书馆请立案由 [J]. 福建公报，1915（952）：9.

❷ 捐资兴学褒奖条例 [J]. 政府公报，1913（441）：8.

❸ 浙江巡按使屈批发嵊县知事据该县私立剡溪图书馆馆长张廷衡禀请拨款补助由 [J]. 浙江公报，1915（1325）：10.

❹ 胶澳特别市教育局呈　第二七三号 [J]. 胶澳公报，1926（314）：22.

日期、馆长姓名及履历。第 4 条第 2 项规定："私立图书馆，由董事会开具前项所列各款，及经费管理人之姓名履历，呈请主管机关核明立案。"

私立图书馆的立案规定，特色主要有三：一是立案条款内容有增加，包括名称、馆长姓名及履历等。其中馆长姓名及履历，在 1915 年《图书馆规程》中单列，现在并入第 4 条第 1 项中。另外，立案时，须呈报"经费管理人之姓名履历"，加强对私立图书馆的财务管理。也就是说，私立图书馆申请立案时，须提供 9 款信息。二是立案机构合适。根据《图书馆条例》第 3 条第 4 项规定："私立图书馆以该图书馆所在地之教育行政机关为主管机关"，即，向行政机关立案，而非向地方长官。这一变化是立法技术的进步，法治意识增强，人治色彩减弱。三是董事会向主管机关申请立案。董事会为法律概念，由董事组织而成。董事为法人组织的执行机关。《图书馆条例》第 12 条规定："私立图书馆应设立董事会，为该图书馆法律上之代表"。按照《图书馆条例》规定，董事会有推选馆长、处分财产、议决预算决算、监督用人行政等权力。私立图书馆董事会的董事，第一任由创办人聘请，以后由该董事会推选。董事会制度从此正式进入私立图书馆的立案程序。

私立图书馆董事会也要立案。《图书馆条例》第 13 条第 1 项规定：私立图书馆董事会在成立时，开具《图书馆条例》中规定的各款内容，呈请主管机关核明立案。《图书馆条例》规定的各款为"一、名称；二、目的；三、事务所之地址；四、关于董事会之组织，及职权之规定；五、关于资产或资金，或其他收入之规定；六、董事姓名、籍贯、职业及住址。"第 2 项为"上列各款如有变更，须随时呈报主管机关"。

《图书馆条例》将董事会引进私立图书馆的立案条文，是其一大特色，鼓励法人设立图书馆，促进图书馆事业的发展，但这也是其缺陷所在。董事会是法人组织的执行机关，超过两人以上组织而成。按照这一规定，私立图书馆申请立案，须先设立董事会，这对有意设立图书馆的个人来说，无疑是一种障碍。而董事会的设立又很复杂。从这个意义上说，董事会的引入，降低了个人设立图书馆的愿望。

另外，私立图书馆相关信息变更时，需要具报。第 4 条第 3 项："图书馆之名称、地址、建筑、章程、馆长、经费保管人等项，如有变更时，应照本条之规定，分别具报。"图书馆名称等变更，意义重大，意味着新的图书馆产生，与立案无异，当然需要具报。停办时，也有规定："图书馆停办时，须呈经主管机关核准"。私立图书馆也是如此。

2.《图书馆规程》中私立图书馆的立案条款

《图书馆规程》在《图书馆条例》基础上完善了私立图书馆的立案制度。其第4条第2项规定："私立图书馆由董事会开具前项所列各款及经费管理人之姓名履历，呈请主管机关核明立案，并由主管机关转呈上级教育行政机关备案。""前项所列各款"为："一、名称；二、地址；三、经费。（分临时费与经常两项，并须注明其来源）；四、现有书籍册数；五、建筑图式及其说明；六、章程及规则；七、开馆日期；八、馆长及馆员学历、经历、职务、俸给等。"

《图书馆规程》延续了《图书馆条例》立案的基本精神，但也有变化。主要有三：一是丰富了职员信息。其立案要点第8款为"馆长及馆员学历、经历、职务、俸给等"，比"馆长姓名及履历"，增加了很多人员信息；二是增加了备案程序。规定私立图书馆的立案程序为"私立图书馆由董事会开具前项所列各款及经费管理人之姓名履历，呈请主管机关核明立案，并由主管机关转呈上级教育行政机关备案"，多了"并由主管机关转呈上级教育行政机关备案"一点。不过，备案已经不属于私立图书馆董事会申请立案的内容，而是由主管机关完成。这一规定是否影响立案审批时间，不得而知；三是董事会条款的改革。第12条规定："私立图书馆董事会应于成立时，开具左列各款，呈请主管机关核明立案，并由主管机关转呈上级教育行政机关备案：一、名称；二、目的；三、事务所之地址；四、关于董事会之组织及职权之规定；五、关于资产或资金或其他收入之规定；六、董事姓名、籍贯、职业及住址。上列各款，如有变更，须随时呈报主管机关。"亦即，董事会立案时，须转呈备案；立案条款变更时，须呈报。1930年《图书馆规程》与1927年《图书馆条例》的关系，基本是为萧规曹随。

尽管1930年《图书馆规程》关于私立图书馆的立案规定已经较为成熟，但依然有不清晰之处。1930年，上海市教育局请示教育部：一是附设图书馆是否需要立案，二是《图书馆规程》公布前成立之私立图书馆是否需要立案。1930年10月，教育部逐一答复这两个问题，补充了《私立图书馆立案办法》："私立各级学校附设之图书馆，带有公开性质者，不必向主管机关呈请立案；至各种团体附设之图书馆，带有公开性质者，应向主管机关呈请立案""私立图书馆成立在前者，应补行呈请主管机关核明立案""私立图书馆立案表格，应比照《图书馆规程》第四条及第十二条所列各款呈报"❶。

不仅如此，《图书馆规程》还保留了《图书馆条例》不合理的条文，最典型的就是私立图书馆应由董事会申请立案的规定。这一规定，对有意创设图书馆的个人来说，是一大障碍。私立江苏流通图书馆创设时，创办人陈涛，属工薪阶层，资金无多，经多方努力，方才聘请10人为董事，于1934年勉强组织了董事会。❷问题在于，教育部还坚持这个不合理规定。1935年，李海云设立图书馆，呈请准予立案。教育部表示："私立图书馆之设立，应依照《图书馆规程》及《私立图书馆立案办法》，先行组织董事会呈经教育行政主管机关核准立案后，方准设立"❸。教育部没有意识到这一规定的不合理之处。

上海市教育局注意到《图书馆规程》的种种问题，包括董事会呈请立案的不合理规定。该局拟订了《上海市教育局私立图书馆立案规则》，经上海市政府同意，报请教育部核复修正，于1931年1月公布。《上海市教育局私立图书馆立案规则》第3条为"私法人或私人所设立之图书馆，称私立图书馆"，第4条"私立图书馆以董事会为设立者之代表，负经营图书馆全责"❹。换言之，个人设立图书馆，不必先行设立董事会。《上海市教育局私立图书馆立案规则》实际上在上海市取消了私立图书馆必须设立董事会的规定。不过，从教育部层面来说，董事会申请立案的规定一直到1939年《修正图书馆规程》公布后才完全取消。

尽管《图书馆规程》关于私立图书馆的立案各款已经较为明确，但执

---

❶ 指令　第二二〇一号　十九年十月十八日 [J]. 教育部公报，1930（41/42）：21.

❷ 私立江苏流通图书馆一年来之馆务 [J]. 苏声月刊，1935（1）：112.

❸ 图书之设备与古物文献之保存 [J]. 中国国民党指导下之政治成绩统计，1935（9）：92.

❹ 上海市教育局私立图书馆立案规则 [J]. 上海市教育局教育周报，1931（90）：3.

行过程中依然状况不断。1936 年 5 月，教育部训令各省市教育厅局，完善立案制度："各省市公私立图书馆立案，或备案呈报事项及格式，殊不一致，查核颇感困难。兹为划一整齐起见，特制定表格两种，嗣后凡各图书馆立案或备案时，均须依式填报。"❶ 表格填写取代文字说明，这是训令的主要目的。

同样，图书馆立案时的条款若变更时，需要具报。第 4 条第 3 项："图书馆之名称、地址、经费、建筑、章程、馆长、保管人等如有变更时，应照本条之规定，分别具报。"私立图书馆停办，也必须依法办理："私立图书馆停办时，须经主管机关核准，并由主管机关转呈上级教育行政机关备案。"（第 5 条）停办时，须核准和备案。

3.《修正图书馆规程》中私立图书馆的立案条款

《修正图书馆规程》的颁布，标志着私立图书馆的立案制度进入了新时代。其新颖之处主要有：一是优化了立案申请的表达。其第 5 条："图书馆之由私法人或法人设立者，以董事会为其设立者之代表，负经营图书馆之全责，有处分财产、推选馆长、监督用人行政、议决预算决算之权。"这一表达，意味着私法人或私人设立图书馆，必须以董事会为设立代表。个人设立图书馆，则不需要为设图书馆而先期设立董事会。这一规定，与《上海市教育局私立图书馆立案规则》第 4 条的精神一致。私立图书馆申请立案的对象没有变化："私立图书馆董事会，应于成立时，开具下列各事项，呈请当地主管教育行政机关核准，并转呈上级教育行政机关备案"（第 6 条）；二是完善了立案内容和程序。私立图书馆董事会呈请立案的各款为："一、名称；二、地址；三、目的；四、董事会之组织及职权之规定；五、经费（详报基金数目及常年收入，支出方面分开办与经常两门）；六、藏书（详报现有书籍种类册数）；七、建筑（图式及其说明）；八、章则；九、董事（姓名、籍贯、职业及住址）；十、职员（馆长、馆员之学历、经历、职务、俸给等）"，共 10 款，把《图书馆规程》中图书馆立案和董事会立案分开的条款，合并在一起，减少了立案手续，简化了

---

❶ 教育部训令　第六一〇六号　二十五年五月四日 [J]. 教育部公报，1936（19/20）：39.

立案程序。

《修正图书馆规程》对停办及变更也有改革。其第7条规定："私立图书馆之变更及停办，应由私立图书馆董事会呈报当地主管教育行政机关核准，并转呈上级教育行政机关备案"，变更和停办合为一条，取消了呈报条款的规定。

从《图书馆条例》到1947年教育部公布的《图书馆规程》，私立图书馆的立案条款，无论从设立资格、立案申请，抑或立案程序、术语运用等，都日渐完善，我国私立图书馆的立案制度，逐渐成熟。这一时期为南京国民政府时期，是我国法治化进程突飞猛进的时代。私立图书馆立案制度的演变，显示近代中国图书馆立法日渐成熟。

4. 私立图书馆立案制度的成效

《图书馆条例》等公立图书馆法规颁布后，私立图书馆创办者一般都能依法申请立案。1928年，浙江桐庐县私立质素图书馆董事会主席袁修善向桐庐县教育局申请立案。该县教育局答复："图书馆关系社会教育颇大。该会热心提倡，筹募经费，创设质素图书馆，发展地方文化，殊堪嘉尚。查阅附属书各项，亦尚妥洽，应准立案。"❶

不过，《图书馆条例》等公立图书馆法规往往不为人广泛所知，甚至地方教育行政部门也不清楚。1928年，上海总商会商业图书馆向上海特别市教育局申请立案，获得批准。上海特别市政府据教育局呈转咨大学院，请查照备案。大学院随即批复："该馆系属私立性质，无庸在本院备案。至立案手续，应照本院公布之《图书馆条例》关于私立图书馆各条分别办理。"❷

私立图书馆创办者不知道立案法规也常有之。1934年，私立鸿英图书馆向上海市教育局申请立案。该局表示："本局私立图书馆立案规则，前经公布施行在案。该馆设在本市区内，自应遵照规则，办理立案。兹特检发是项立案规则，及各项表格，仰即遵照限文到半月内以此办理立案手

---

❶ 质素图书馆董事会之立案 [J]. 质声，1928（35）：1.

❷ 咨复上海特别市政府　为私立图书馆无庸在本院备案由 [J]. 大学院公报，1928（5）：57.

续，勿自延误"❶，再次在《上海市教育局教育周报》公布了《上海市教育局私立图书馆立案规则》。有意思的是，上海市教育局没有检发《图书馆规程》给私立鸿英图书馆。

为了便于立案，上海图书馆学函授学校把私立图书馆立案手续及呈文写法，编成讲义，不仅对上行文之遣词造句依据法规详细注明，即图书馆与图书馆间，或图书馆与其他平型机关间来往公函的应用语，也都择要采入。❷

国民政府时期，很多省份对立案的私立图书馆都会有补助。1928 年年初，陈独醒呈送私立浙江流通图书馆章程，请求立案，并请拨给馆舍。该图书馆的立案申请获得批准，并定名为杭州市私立浙江流通图书馆。❸ 1928 年 7 月，杭州市政府通知私立浙江流通图书馆："该馆开办以来，成绩昭著。惟限于经费，未能尽量发展。自十七年度起，每月核给补助费三十元，以资发展。"❹ 福建私立图书馆也受省县津贴。1937 年，福建福清县私立福清韶溪图书馆被县政府撤销立案，停止发放补助费。私立福清韶溪图书馆一纸诉状，将县政府告上法庭，甚至告到国民政府行政院，要求补助，一时沸沸扬扬。❺

图书馆界并不满足于这些时有时无补助费，寻求制度性解决。1934 年，中华图书馆协会与中国社会教育社联衔致电立法院，力争私立图书馆及民教馆的奖励或补助列入宪法，内称：图书馆，"不仅使国民读书益智而已，实更负有保存古今文献及沟通世界文化之使命。此等社会教育机关，经私人举办而具有成绩者，历历可数。正宜加以鼓励，用昭奖劝……请求钧院将私立社会教育机关，如图书馆民众教育馆等，列入宪法草案条

---

❶ 为检发私立图书馆立案规则及表格仰遵照办理由 [J]. 上海市教育局教育周报，1934（243）：11.

❷ 邮筒 [J]. 中国图书馆声，1932（7）：7.

❸ 批陈独醒　为呈送私立浙江流通图书馆章程请立案并拨馆舍由 [J]. 市政月刊，1928（56）：69.

❹ 杭州市政府训令第一〇四号　自十七年度起每月核给补助费三十元由 [J]. 市政月刊，1928（9）：47.

❺ 决定书　诉字第七四号　再诉愿人私立福清韶溪图书馆 [J]. 行政院公报，1937（31）：642.

文，俾得同蒙法律之障庇"❶。不过，他们的呼吁没有得到预期的结果。

　　立案是私立图书馆开设的法律依据，是图书馆法治化的重要内容，也是维护私立图书馆权益的法律保障。近代中国私立图书馆的立案制度，经历了从无到有、从粗疏到完善的发展过程。私立图书馆的立案要件，无论设立资格，或立案申请，抑或立案程序，均趋向科学严谨。私立图书馆立案制度的发展，是近代中国图书馆法治现代化进程的缩影。近代中国私立图书馆的立案制度，是图书馆法治化的重要内容，促进了我国图书馆事业的发展，影响深远。

---

❶　力争私立圕及民教馆之奖励或补助应列入宪法 [J]. 中华图书馆协会会报，1934（6）：10.

第四章　国立图书馆法规

国立图书馆是以国家名义设立的图书馆。近代中国设立了数所国立图书馆，每所国立图书馆都对应有具体的法规。这些法规有国立北平图书馆法规、国立中央图书馆组织条例、国立西北图书馆组织条例，以及已经拟定但没有为立法院通过的国立罗斯福图书馆组织条例。国立西安图书馆、国立沈阳博物院图书馆一直处于筹备中，没有公布组织条例。1945年后，国立图书馆组织法规结构趋于一致，法规体系逐渐形成。

第一节　国立北平图书馆法规

一、国立图书馆的创办设想与尝试

我国对国立图书馆的认识由来已久。1877年，驻英公使郭嵩焘参观了法国"比弗立若代葛安那学那尔，法国藏书处也，为西洋第一富藏之区也"❶。比弗立若代葛安那学那尔，法语 Bibliothèque Nationale，即国立图书馆。他甚至还描述了巴黎国立图书馆的呈缴本制度。不过，郭嵩焘并没有表现出仿效之意。

近代中国国立图书馆的创办设想，起源于清末。1910年《图书馆通行章程》颁布后，引发了讨论。奉天提学司图书科副科长谢荫昌对京师图书馆与府厅州县图书馆编为一种法令表示异议。他提出："今日之言图书馆教育者，必须分培养学者、教育国民二种。"培养学者的图书馆分帝国图书馆、某某省高等图书馆两种。帝国图书馆，"以学部京师图书馆，参酌

---

❶　郭嵩焘. 伦敦与巴黎日记 [M]. 长沙：岳麓书社，1984：652.

各国国立大图书馆，改设其性能范围，以备硕学通儒之研究为原则。凡地球上有形象之文物，皆当搜备。其经费占全国图书馆之最高额。"❶谢所谓"帝国图书馆"即为国立图书馆。

按照谢荫昌的设想，全国图书馆分为帝国图书馆、省高等图书馆、府厅州县中等图书馆、府厅州县城镇乡初等图书馆四级，前两级以培养学者为目标，后两级以教育国民为宗旨。帝国图书馆在其设想的图书馆体系中居于顶端。不仅如此，他还表示要吁请学部，声明《图书馆通行章程》"属于参考图书馆之范围，为京师及各省司立高等图书馆所适用。属于中初等教育地点之图书馆，皆当遵另颁之新章办理"❷，主张参考图书馆与教育图书馆分别立法，而不应该混合在一部法规中。

谢荫昌关于图书馆分类的观念突破了清末图书馆运动"保存国粹"的基本宗旨，强调各级图书馆各司其职，国立图书馆"以备硕学通儒之研究"为原则，其他图书馆不要千篇一律，要根据地位，各在其行政区域范围内发挥教育功能。这是一种系统的图书馆建设观，而非一哄而上的工具性图书馆建设观。谢荫昌的图书馆观念，一方面重视国立图书馆的参考价值；另一方面关注中初等图书馆的社会价值，为清末图书馆运动提供了新的发展思路。然而，这一思路没有能够产生实际效用。一年后，武昌首义，清末图书馆运动戛然而止。

1912 年，中华民国建立。第一任教育总长蔡元培对社会教育极为重视，设立了社会教育司，负责包括图书馆在内的社会教育事业。教育部的图书馆建设观念也发生了重大变化，积极筹设国立图书馆。1912 年 3 月，南北统一尚未全部完成之际，南京临时政府即开始筹设国立图书馆。教育部发布启事，内称："本部现拟筹设中央图书馆，应储古籍甚多。各处如有古籍愿出售者，除星期外，请于每日下午三时至五时，持样本至南京碑亭巷本部接洽。"❸此处中央图书馆，即国立图书馆含义。

1912 年 4 月南京临时政府撤销后，北京临时政府依然试图创设中央图书馆。供职于教育部社会教育司的吴达表示："应由国家设立中央图书馆，

---

❶ 谢荫昌.图书馆教育绪言 [J]. 奉天教育官报，1910（50）：49–50.

❷ 谢荫昌.图书馆教育绪言 [J]. 奉天教育官报，1910（50）：52.

❸ 教育部收买古籍广告 [J]. 临时政府公报，1912（30）：12.

订定各地图书馆并简易图书馆巡回文库等办法，督促各地实行并倡导私立图书馆"❶。吴达的观点与此时任职教育部的谢荫昌的观点较为接近，并将分类发展的观念拓展到简易图书馆、巡回文库。教育部启事内所云中央图书馆和吴达关于社会教育提倡设施意见中的中央图书馆，其实质为国立图书馆。创设国立图书馆提上了教育部的议事日程。

　　1912 年 11 月 11 日，总理赵秉钧主持的国务会议通过了"民国图书馆官制草案"，随后呈交大总统批准。14 日，大总统袁世凯咨文北京临时参议院，提交"民国图书馆官制草案"，要求讨论通过。"民国图书馆官制草案"第 1 条规定："民国图书馆直隶于教育总长，收藏中外古今图书，供众阅览。"第 3 条为："馆长一人，受教育总长之监督，掌理全馆事务"等❷。根据这些内容，可以看出，民国图书馆为国立图书馆性质。国立图书馆的创设工作有条不紊地展开。社会各界也都关注中央图书馆的建设问题。王宠惠草拟了《中华民国宪法刍议》，其第七章"省制"第 90 条列举了各省权限，第 5 款为"（省有权设立）公立图书馆及博物院但中央图书馆及中央博物院不在此列"❸。王宠惠严格区分公立图书馆与中央图书馆。不过，因为党争激烈，该案没有能够进入国会的议事日程，民国图书馆的创设努力付诸东流。

　　1916 年，范源濂再次就任教育总长，力图刷新教育。同年 12 月，范晋谒大总统黎元洪，谈及创设民国图书馆一事。大总统极为嘉许，认为这是切要之图，敦促范源濂积极进行。范的设想是，此时国库万分支绌。若遽然建筑图书馆，建筑费颇难支出。提出拟用前清宫院之午门，改为图书馆，另设升降机一具，即可敷用。然后将前清学部所藏图书，全行迁入，再征集全国藏书家之捐助。另外，筹款二三十万元，为购买西洋书籍之用。❹有消息称，大总统黎元洪拟认捐一万元，教育部派部员钱某，会同两馆馆

❶　社会教育之性质及提倡设施意见 [J]. 通俗教育研究录，1912（1）：7.

❷　中国第二历史档案馆 . 中华民国史档案资料汇编　第 3 辑　政治 [M]. 南京：江苏古籍出版社，1991：64.

❸　王宠惠 . 中华民国宪法刍议 [J]. 国民，1913（2）：20.

❹　教育部秘书来沪纪闻 [N]. 时报，1916-12-14（9）.

长筹备一切。❶后因府院之争、张勋复辟等种种政治风潮，该计划没能付诸实施。

此后，创设国立图书馆的建议时常见诸报端。1920 年年初，叶恭绰条陈当道，请兴文化，创设国立图书馆是其设想之一。其理由为："文明各国，皆有国立图书馆，……大抵规模宏阔，汇罗富有，管理精详，且分别部居，考古通今，各从其类。其完善殆为吾国所未梦见。吾国号称文化最古，而历代储存书籍迄无妥当之法，致损失等于焚坑。比岁以来，士不悦学，各地大抵不知文化为何物，消沉散毁，尤有文武道尽之虞内。藏书非荡为烟尘，即贩随海舶，其保存遗佚者，亦不绝如缕，并无持久之策。再阅数载，恐收拾益难。事宜由公家经营一国立图书馆，汇求宇内希有珍本，筑最新式之室藏焉。庶天下图籍有所归而文化精神有所寄。"❷保存古籍、传承文化是叶恭绰提议创设国立图书馆的主要理由。

创设国立图书馆成为这一时期教育界的共识。1922 年，中华教育改进社第一次年会图书馆教育组议决"拟呈请教育部会同财政部筹拨相当款项建设京师国立图书馆"案。该案提出的理由为"京师代表中华全国之文明""今京师图书馆湫隘偏狭"。其解决办法为"设立改组京师图书馆委员会""聘请专家为馆长""改建图书馆所""改良管理法，以整理原有书籍，并添购中外之心图书"。❸这次年会还议决："凡著作家出版书籍，欲巩固版权，须经部审查备案，注册者宜将其出版之书籍，尽两部义务，一存教育部备案，一存国立图书馆以供众览案。"❹我国关于国立图书馆的观念不断发展丰富。

中央政府也力谋创设国立图书馆。1924 年 3 月 19 日，媒体报道大总统曹锟要求各省捐款建设国立图书馆："我国文化优良，历为列邦所推重。自义皇以来，无虑数千百载，凡立国之粹美，垂教育之精神、政治之

---

❶ 中央图书馆出现 [J]. 教育周报，1917（149）：27.

❷ 叶恭绰振兴文化条陈 [N]. 大公报，1920-02-10（6）.

❸ 中华教育改进社第一次年会图书馆教育组议决案汇录 [J]. 教育丛刊，1923 年第 6 期，第 5.

❹ 中华教育改进社第一次年会图书馆教育组议决案汇录 [J]. 教育丛刊，1923 年第 6 期，第 5.

张弛、风俗之隆替，推而至于名教之赜、器艺之繁，莫不于图书是寄。无如经一次兵火，则图书受劫一次。按汉志隋志所载周秦两汉南北朝人撰著者，自经传正史诸子外，盖千百不存什一。唐志宋志通考通志所载唐宋人撰著者，自诗文诸集外，盖百什不二三存，况复文源三阁，已叹焚如，永乐大典，只存残本。各收藏家所有图书，或多成烬余，或贸之海外，典籍日稀，消蚀日众，殊与文化兴废大有关系。此保存之道、庋藏之方，万不可不亟讲也。查各国皆有国立图书馆，往往不惜千万金钱为之建筑，储藏卷册，较我国四库所存，多至不可胜数。我国前代嘉则殿丽正院文渊阁等，多隶内府，人民阅览素难。近年教育部置有京师图书馆，然规模未宏，汇罗非富，基址亦因陋就简，殊不足壮方策之观，广汇藏之用。现拟在京都建馆，以备我国图书，名之曰国立图书馆，约计建筑工程购买书籍各项需费不资。本大总统当先捐银五万元，以为之倡。各省军民长官，皆任重寄，急公之念，乐善之助，人有同心，务望优为献金，襄成盛举，使集贤崇文之旧，可媲其恢宏，四部七略之传，无虞乎荡灭。将庋藏日以富、才俊日以出，文化亦愈臻昌盛，有以副列邦之望，而绍往圣之传，是则诸君之大有造于国也，岂不懿与？"❶大总统曹锟深明国立图书馆的价值。

各家媒体随后报道了此事。《京报》称："府曹近令秘书厅通函各省，提议在京建设国立图书馆，请助经费。曹氏已资助五万元。"❷

曹锟的提议得到了舆论支持。有人认为："此事出于曹氏，殊觉不类。然……第就图书馆之本身言之，则诚为当今切要之图，应一致促其早成事实者也。文化盛衰，关乎国运。西方各国，靡不有国立图书馆之组织，岁斥钜金，经营美丽。返观吾国，则不特无大规模之国馆，即在文化发达之区域，设置亦多未完善。曩在物力丰豫之日，或有铺张文治、粉饰承平，开四库以右文，设特科而稽古，于是细腰饿楚，高髻倾城，进楹书以邀宸题，搜家璧而贮大典。虽曰专制之积威，犹是集贤之盛事。无如兴废不常，沧桑屡见，涔罹文字之狱，时虞兵焚之灾蠹鱼无三食之仙，祖龙有一

❶ 曹锟居然提倡建设图书馆 [N]. 新闻报，1924-03-19（15）.

❷ 国立图书馆之发起 [N]. 京报，1924-03-22（3）.

炬之快，存者晨星，佚者坠露。试译隋志，十不得一。降及晚近，欧风东渐，温故者未必知新，削足者又难就履。兄儒弟墨，二者交讥，而海外邻邦，转有嘘我国之余烬而列为专科，奉为琼宝者。……文字之厄，于今最烈。宏我汉京，振我国粹，国馆之设，又乌能已""私家藏书，……其为厚资所吸收，不胫而走海外者，尤堪浩叹。苟有国立图书馆，为之表率，则风声所树，不特还我旧观，资学子之钻研，广美育之造就，文化前途，关系匪细。"❶文化建设已经超越政治分歧，成为社会各界的共同愿望。

曹锟创设国立图书馆的传闻不久得到证实。1924 年 4 月初，大总统令公布，建议捐赀创设国立图书馆，以提倡文化："书契肇兴，人文蔚起，是以周崇柱下，汉重石渠，唐辟集贤，宋增秘阁，逮及有清之世，修成四库全书，复于京师各省建阁庋藏，用以嘉惠士林，导扬文教，甚盛事也。近如东西各国首都所在，莫不有国立图书馆，率皆鸿规大起，珍籍骈罗，国学蔚兴，人才飙举。我国教育部旧设京师图书馆，地方偏远，规制未宏。本大总统莅任以来，即欲兴学敷文，蔚为风化，尤以图书馆为文明之府、学问之源，缔造经营，势难从缓。兹特捐赀以为倡导，应即择定始终地址，赳期经始，不日观成，庶几规模一新，观摩有自栩成文化，宏此远猷，本大总统有厚望焉"❷，希望各省捐款，建设国立图书馆。报纸对此时有报道："国立图书馆建筑费四十五万，曹锟捐五万，已电令各省劝捐，定王毓芝为筹备主任。"❸

然而，世事难料。1924 年 10 月底，冯玉祥趁直奉战争间隙，回师北京，发动政变，囚禁曹锟。国立图书馆的筹备工作灰飞烟灭。不过，创设国立图书馆的希望尚存。政变后，摄政内阁限期逊帝溥仪离开紫禁城，接管清宫。对于清宫古物，教育部长易培基表示："意拟成立一国立图书馆与国立博物馆以保存之，地址即设在清宫中。惟组织完善，办法须极严密，以防古物意外损失。盖北京多年来，偷换古物之风甚盛，作伪日多，恒以赝品易真，转而售于外人，增加私人之富。文华殿中之字画，颇多换去珍品者。即是之故，于古物保存上殊为大阻。故必有严密组织，以防此

---

❶ 国立图书馆 [N]. 新闻报，1924–03–20（7）.

❷ 大总统令 [J]. 江苏教育公报，1924（4）：1.

❸ 国立图书馆之建筑 [N]. 时报，1924–05–05（2）.

风之再长。再此后鉴定古物，李君石曾诸同人，均主张以科学方法为之。虽有偷天妙手，恐亦难乎为力。此亦一办法也。至于请清室速行移去清宫一事，若不如是，则清宫中人闻此风声，不知宝贵之古物，又将损失多少。虽外间谓此办法不甚和平，然亦未见得有何种激烈。特恐古物流落于外，故不得不迅速行之也。"❶

易培基的设想为清宫古物的处理确定了原则。虽然独立的国立图书馆没有因此而成立，但对此后故宫博物院图书馆的组建产生了积极影响。变化莫测的政局成为影响国立图书馆创设的主要因素。

谢荫昌提出国立图书馆的观念，南京临时政府的筹备工作，教育总长范源濂的拟议，叶恭绰的条陈，1922 年中华教育改进社的建议，大总统曹锟的捐资倡议，所有这一切表明：创设国立图书馆是国人的期望和追求。然而，这一期期望和追求迟迟无法实现，始终是近代中国的文化之痛。

二、京师图书馆的尴尬处境

在创设国立图书馆的各种提议或尝试中，教育部所辖京师图书馆显得异常尴尬。该图书馆最应成为国立图书馆，然而却有意或无意地被忽视。这是京师图书馆的悲哀。

在京师创设图书馆之议，由来已久。1896 年，李端棻奏请推广学校，内云："厥有与学校之益相须而成者，盖数端焉，一曰设藏书楼。好学之士，半属寒畯，购书既苦无力，借书又难其人，坐此孤陋寡闻无所成就者，不知凡几。高宗纯皇帝知其然也，特于江南设文宗、文汇、文澜三阁，备庋秘籍，恣人借观。嘉庆间大学士阮元，推广此意，在焦山灵隐，起立书藏，津逮后学。自此以往，江浙文风，甲于天下，作人之盛，成效可睹也。泰西诸国，颇得此道，都会之地，皆有藏书，其尤富者，至千万卷，许人入观，成学之众，亦由于此。今请依乾隆故事，更加增广，自京师及十八行省省会，咸设大书楼，调殿板及各官书局所刻书籍暨同文馆、制造局所译西书，按部分送各省以实之。"❷该建议中的"大书楼"即图书

---

❶ 教长易培基　关于保存古物之谈话　意在成立一国立图书馆与国立博物馆 [N].大公报，1924-11-18（5）.

❷ 李侍郎端棻请推广学校折 [J]. 时务报，1896（6）：6.

馆。李的设想是在京师和各省省会设立图书馆，供众阅览。李端棻认为西方盛行的图书馆来源于中国，别有深意。这一观点后为众多学者所接受。

此后，在京师设立图书馆的建议日益增多。1906年，罗振玉表示，图书馆有保存国粹和输入世界知识于一体的价值。也因为如此，欧美日本各国纷纷增设图书馆，以促进文明进步。然而，在增设图书馆的潮流中，中国默默无闻。他提出："由学部倡率，先规划京师之图书馆，而推之各省会。"❶ 即，学部先在京师创设图书馆，为各省之倡；各省会进而模仿京师图书馆，设立图书馆，为各府厅州县之倡。1907年，法部主事江绍铨提出："欧美日本都邑之间，官立公立图书馆往往多至四五。我朝隆盛时代，亦颁四库全书于各名省，文教诞敷，中外同轨。今学务日渐维新，京师号称首善，而图书馆之设无闻，岂非新政一大阙典、有心人一大憾事？"❷ 简单地说，欧美日本首都均设有图书馆，京师也应该设图书馆。

纵观这些在京师创设图书馆的建议，可以发现，他们所谓图书馆，在职能方面，与各省图书馆没有大的差别，并不具有特殊地位。如果说有，那就是在京师创设的图书馆是模范图书馆，作为将来各省创设图书馆的范本。不仅如此，这些建议大多只是说在京师创设图书馆，而没有给建议中的图书馆命名，仅谢荫昌称之为帝国图书馆。我国的图书馆观念处于萌芽时期，还不成熟。

京师图书馆这一名称，于1907年出现。1907年10月3日，《大公报》刊登的，《京师图书馆启》内称："京师自昔为人文之薮，掌故之海，藏书富有，甲于内地。然洛阳市上纸贵一时，观光上国未获先睹为快，都人士每以为憾。重以东西新籍日异月化，虽储大资本、集大公司，购致尚不易易，斯不独学界之缺点，抑亦文明进化之大梗矣。侍郎荣公有鉴于是，特言之部，请设京师图书馆，而命同人经营其事，合官私之群力，集中西之大成，广搜博取，以饷同志，为我学界放大光明，此固同人之公愿也。至区区之志，尤以保存国粹、输进文明为不易之宗旨。"❸ 该启中的"荣公"，

---

❶ 罗振玉.京师创设图书馆私议[J].教育世界，1906（14）：1.

❷ 法部主事江绍铨呈创办京师图书馆请拨款提倡文并批[J].北洋官报，1907（1460）：8.

❸ 京师图书馆启[N].大公报，1907–10–03（6）.

为署理民政部侍郎荣勋。同年,《秦中官报》刊载了《京师图书馆拟定章程》11 条,对京师图书馆的宗旨、名称、位置、图书、经费、职司、设备等进行了规范。该《章程》标注为"录《顺天时报》"。❶根据这些信息,可以发现,京师图书馆的名称于 1907 年已经出现,得到了署理民政部侍郎荣勋的支持,为民政部创办的京师图书馆。

学部筹建的京师图书馆晚于民政部创办的京师图书馆。1909 年 3 月,学部拟定了预备分年筹备事宜,包括 1909 年"颁布图书馆章程""京师开办图书馆(附古物保存会)"等。❷京师图书馆的名称还没有明确。1909 年 8 月,学部上奏,提出要求:书籍方面,恩准将文津阁《四库全书》和承德避暑山庄各殿座陈设书籍,转交学部,建馆存储。请饬内阁翰林院所藏书籍移到图书馆储藏;馆址方面,将德胜门内的净业湖及其南北一带,划址建馆;捐赀方面,鼓励捐赠书籍和经费,政府根据实际情况,予以奖励。❸筹备工作有条不紊地进行。1910 年年初,学部奏拟定京师及各省《图书馆通行章程》20 条,请求批准。奉旨依议。京师图书馆这一名称正式成为法定名称,京师图书馆也宣布成立。民政部创办的京师图书馆难觅踪迹。

初创时期,京师图书馆图书珍品较多。除了文津阁的《四库全书》《永乐大典》残余外,主要有:一是浙江姚氏、安徽徐氏藏书。学部京师图书馆筹备前,两江总督端方饬藩学两司收购了浙江姚觐元咫进斋藏书 1011 种、安徽徐乃昌积学斋藏书 641 种,两项古籍计共 120 900 余卷,分装 180 箱,目录一份,银 20 000 余两,于 1908 年年底解送学部。❹二是敦煌唐人写本。20 世纪初,英国人斯坦因和法国人伯希和从敦煌运走大量唐人写本。1909 年,学部为防止外流,请陕甘总督饬查检齐千佛洞古籍,送交学部。❺陕甘方面随即点查,委解遗书 18 箱,8651 卷。后又续送 22 卷。京师图书馆在搜集保存珍贵古籍方面发挥了重要作用,为我国古籍储藏重镇。

❶ 京师图书馆拟定章程 [J]. 秦中官报,1907(7):178-179.

❷ 学部奏分年筹备事宜折 [J]. 政治官报,1909(536):8-9.

❸ 学部奏筹建京师图书馆折 [J]. 政治官报,1909(676):4-5.

❹ 又奏图书馆购买书价片 [J]. 政治官报,1909(595):8.

❺ 行陕甘总督请饬查检齐千佛洞书籍并造象古碑勿令外人购买电 [J]. 学部官报,1909(104):3.

学部筹备京师图书馆时，在馆址问题上，强调"图书馆地址，必须近水远市，方无意外之虞"❶。他们在北京内城勘寻多处，发现德胜门的净业湖与其南北一带，水木清旷，迥隔尘嚣，以之修建图书馆，最为相宜。学部拟于湖中央分建四楼，以藏《四库全书》，及宋元精椠。湖的南北岸，就汇通祠地方，另购民房，添筑书库二所，收藏官私刻本、海外图书，不用建造楼房。保存图书成为京师图书馆馆址选择的主要依据。不久，武昌首义，辛亥革命爆发，京师图书馆的筹备工作受到影响，一度停顿。

中华民国成立后，京师图书馆的筹备工作再度启动。1912 年 8 月，京师图书馆呈请开馆，同时提出："现在租借之广化寺房屋，不惟地址太偏，往来非便；且房室过少，布置不敷；兼之潮湿甚重，于藏书尤不相宜。虽暂时因陋就简，藉立基础，终非别谋建筑，不能完备"❷。交通不便、房屋过少、潮湿严重成为影响京师图书馆运转的主要因素。读者的反应，也是如此。1912 年，庄俞参观京师图书馆，对馆址的印象为："屋既不多，卑狭而简陋，决非适宜之藏书地"❸。

鉴于馆址偏远，1913 年 2 月，京师图书馆呈文教育部，拟择地设立分馆，内称："本馆地址太偏，拟先于正阳、宣武二门适中之地，设一分馆，略仿欧美通俗图书馆之制，除将馆内学者必须浏览之书分别择置外，再行添购各项杂志及新出图籍，既以引起国民读书之爱感，并藉副大部振兴社会教育之至意。……今于琉璃厂西门外前青厂地方，租妥民房一所，地势最为相宜，虽房间略少，然规画一切，尚属敷用。"❹1913 年 6 月，分馆试开馆。同年 12 月，京师图书馆停办。

教育部没有忘记继续筹备京师图书馆。1915 年 6 月，教育部指定前国子监南学地址设立京师图书馆筹备处。1917 年 1 月，教育部呈请大总统，请求划址办馆："京师图书馆为典册之渊薮，系中外之观瞻，筹备历年，

❶ 学部奏筹建京师图书馆折 [J]. 政治官报，1909（676）：4.

❷ 北京图书馆业务研究委员会编.北京图书馆馆史资料汇编1909—1949[M].北京：书目文献出版社，1992：35.

❸ 庄俞.我一游记 [M].上海：商务印书馆，1936：92.

❹ 北京图书馆业务研究委员会编.北京图书馆馆史资料汇编1909—1949[M].北京：书目文献出版社，1992：39-40.

只以地址难觅，尚未正式开馆。海内人士，企望良殷，亟宜早日观成，以振学风而兴文化。兹查有端门、午门一带地方，位置适中，门楼高敞，于设立图书馆，收藏观览，均极相宜。现在共和时代，此项宏伟建筑废弃无用，殊为可惜。拟请将午门、端门两门楼及端门内左右旧朝房，一并拨给教育部，略事修葺，以午门楼为京师图书馆，端门楼为历史博物馆。"❶ 大总统随即批复同意。1917 年 1 月 20 日，京师图书馆再次开馆。具体地点为安定门大街方家胡同。

不过，这一馆址也不被看好。京师图书馆停办期间，1914 年，庄俞表示："前清季年，曾由学部创设京师图书馆一所，僻居什刹海，不便交通，阅览者裹足不前，致类虚设，年耗经费不计也。今日教育部审其利弊，特将所藏图书之重复者及适于普通用者，别置分馆于前青厂。前青厂为宣武门出入要道，地位甚便。复将本馆移至国子监。因部款困难，至今尚未开办。但国子监亦非适中之地，他日开幕，观览者恐仍不能十分发达也。"❷庄俞一语成谶。时人曾说："近人著京师图书馆的批判，其第一条谓地点不适中，无怪看书人少。更观本馆考察表❸，京师图书馆因交通不便，每日阅览仅二十人。"❹

京师图书馆也注意到馆址问题。1925 年，该馆再次呈文教育部，建议迁址办馆。呈文称："本馆僻在京城东北一隅。年来阅览人数虽亦逐渐增加，而现在馆址究嫌偏僻，西南城一带学者，纵有志观光，辄以相隔弯远，有裹足不前之慨。查北京各图书馆所藏典籍，以本馆为最多，又为钧部直辖机关，处首都所在之地，观瞻所系，似宜力求振作，迁移交通便利之所，以慰人民之望。从前屡有斯议，辄以无适宜地点而止。今幸阁议通过，将北海改作公园。北海处四城之中，地方辽阔，官房綦多。乘兹改创

---

❶　教育总长兼署内务总长范源廉呈大总统请将端门午门一带地方拨归教育部设置京师图书馆文 [J]. 政府公报，1917（365）：10.

❷　庄俞. 参观北京图书馆纪略 [J]. 教育杂志，1914（4）：19.

❸　即《本学年考察京津济宁苏沪各图书馆事项表》，见《浙江公立图书馆第七期年报》，1922 年。

❹　来学年之整理进行计划 [R]. 浙江公立图书馆第七期年报，1922：2.

之时，允宜首先指定图书馆所在地，以示国家右文之旨。"❶京师图书馆一再迁址，因馆址问题而苦苦挣扎。

京师图书馆多被认为是国立图书馆。其实不然。国立图书馆是一种法律资格，不是社会认知。1925年11月26日，北京政府教育部第206号令发布，提出："原设方家胡同之京师图书馆，应改为国立京师图书馆，暂移北海地方。"❷如若京师图书馆之前已经为"国立"图书馆，则第206号令中不应该有"应改为国立京师图书馆"一说。从渊源看，京师图书馆也非按照国立图书馆标准进行筹备。1909年8月，学部奏请拨书，也只是说，"图书馆为学术之渊薮，京师尤系天下观听，规模必求宏远，搜罗必极精详，庶足以供多士之研求，昭同文之盛治"❸，没有显示出国立图书馆的独特地位，只是作为模范图书馆的建设目标。1910年，《图书馆通行章程》颁布，京师图书馆与各省图书馆纳于同一章程，除了细微区别外，并无独特之处。1915年11月，教育部通知京师图书馆及京师图书分馆："《图书馆规程》业由本部拟订呈奉大总统核准批令遵行在案。该馆设立已久，各项暂行规则虽经先后详报，现在《图书馆规程》既已订定，自应通行照办，以昭划一。用特抄录规程一份，发交该馆，仰即遵照详报，以凭查核。"❹换言之，京师图书馆、京师图书分馆和普通公立图书馆一样，也必须按照《图书馆规程》的要求，呈报年度工作报告等。而《图书馆规程》只是公立图书馆法规，而非国立图书馆法规，即京师图书馆并非国立图书馆。

不过，京师图书馆自认为是国立图书馆，或者说具有国立图书馆的性质。1916年2月，京师图书馆呈文教育部："寻常图书馆之宗旨，在于辅学校之教育而济其穷，矫社会之风气使归于正。……惟国立图书馆则有未

❶ 北京图书馆业务研究委员会.北京图书馆馆史资料汇编1909—1949[M].北京：书目文献出版社，1992：119—120.

❷ 北京图书馆业务研究委员会.北京图书馆馆史资料汇编1909—1949[M].北京：书目文献出版社，1992：127.

❸ 学部奏筹建京师图书馆折[J].政治官报，1909（676）：3.

❹ 饬京师图书馆，京师图书分馆奉准图书馆规程钞交该馆遵照详报文[J].教育公报，1915（10）：85.

能以此义相绳者……是以英法各国出版法中均规定全国出版图书报部立案者，应以一部交国立图书馆存贮"，该馆提出仿照各国"国立"图书馆的成例，于 1914 年颁布的《出版法》内，增加此条文。❶ 教育部随即呈文政事堂："国立图书馆为一国图书渊府，网罗宜广，规制务宏，……查英法各国出版法中均规定，全国出版图书依据出版法报官署立案者，应以一部送赠国立图书馆庋藏。……京师图书馆正在筹备进行，似可仿行此制。拟请饬下内务部，以后全国出版图书，依据出版法报部立案者，均令以一部送京师图书馆庋藏"。政事堂批复："令交内务部查照办理"。❷ 京师图书馆因此而获得接受呈缴图书的权利。虽然京师图书馆享有接受呈缴的权利，地位类似国立图书馆。然而，无论教育部或政事堂，都没有称其为国立图书馆，依然是"京师图书馆"。

三、中华教育文化基金董事会

近代中国国立图书馆的创设，在 1924 年因美国政府续退庚款而出现转机。1900 年，清政府向八国联军等国宣战，遭到失败。1901 年，清政府与俄罗斯等 11 个国家签订《辛丑条约》，赔偿白银 4.5 亿两，分 39 年还清。美国政府核算后，发现索赔过多，决定将多余部分退还中国。1909 年，美国政府退还庚子赔款的多余部分，与中国政府商议后创办了清华学堂，并以此款项为支持，派遣学生赴美留学。1917 年，我国对德宣战，与协约国商定，缓付赔款。第一次世界大战结束后，中美两国有识之士，为增进两国邦交及文化关系，倡议请美国政府将前次退款余存部分一并退还。是为第二次退还庚款运动，又称续退庚款运动。

续退庚款运动，得到了美国政界及社会各界的支持和赞同。同时，我国政府与社会上热心人士，也不惮烦劳，开诚商洽。经过各方努力，1924 年 5 月，续退庚款案在美国国会参众两院通过，并表示此款用于发展中国的教育及文化事业。同年 6 月，美国国务院将此议决案通知中国驻美公使：

---

❶ 李致忠 . 中国国家图书馆馆史资料长编（上）[M]. 北京：国家图书馆出版社，2009：115.

❷ 郭锡龙 . 图书馆暨有关书刊管理法规汇览 [M]. 北京：中国政法大学出版社，1995：67.

"兹谨检奉一九二四年五月二十一日国会通过之议案一份，此案授权大总统退还一九一七年十月一日起应付之庚子赔款于中国，由大总统认为适当之时期与情形中，依国会在该案并言内所表示之意旨，发展中国之教育及文化事业。"❶我国驻美公使施肇基向美国政府表示："此项赔款全用于教育文化事业，而又注意于科学之需要，将来拟委托一中美合组之董事会管理。"❷1924年9月，我国政府设中华教育文化基金董事会（以下简称"中基会"），为保管及处置此款的专门机关。会内中国董事10人，分别为颜惠庆、张伯苓、郭秉文、蒋梦麟、范源濂、黄炎培、顾维钧、周诒春、施肇基、丁文江（10月替补）。美国董事5人，分别为孟禄、杜威、贝克、贝诺德、顾临。这15名董事，多为中美两国教育界和外交界人士。美国董事均对我国表示同情，曾积极推动续退庚款。

1925年6月，中基会第一次年会在天津裕中饭店举行，议决："兹决议美国所退还之赔款，委托于中华教育文化基金委员会管理者，应用以（1）发展科学知识，及此项知识适于中国情形之应用，其道在增进技术教育，科学之研究，试验，与表证，及科学教学法之训练；（2）促进有永久性质之文化事业，如图书馆之类。"❸我国图书馆的建设从此有了雄厚的财力支持。

中基会之所以把图书馆列入资助范围，是美国政府对韦棣华女士的奖励，或者说对韦棣华女士努力的回报。韦棣华（Mary Elizabeth Wood，1861—1931），生于美国纽约，毕业于美国波士顿西门斯大学（Simmons College）图书馆学专科。1900年冒险到武汉，看望其传教的弟弟，从此留居中国。1910年，韦棣华女士在武汉创设了文华公书林。1920年在文华大学开设了图书科。我国较为系统的图书馆学教育从此开始。

韦棣华推动美国政府资助我国图书馆事业的发展，主要表现在以下三个方面：

一是设计了我国图书馆事业发展的宏伟计划。她认为："美国各处皆

❶ 教育部教育年鉴编纂委员会.第二次中国教育年鉴[M].上海：商务印书馆 1948：1568.

❷ 财政整理会.财政部经管有确实担保外债说明书[R].1928.

❸ 中华教育文化基金董事会.中华教育文化基金董事会第一次报告[R].1926.

设有图书馆，以开通民智，收效甚大，吾中国亦宜仿而行之。"❶韦棣华为图书馆学专业毕业，在美国担任过图书馆馆长。留居武汉后，创办文华公书林，开设图书馆学课程。但她不满足于在武汉取得的成绩，有宏伟的图书馆发展计划。她提出在中国各地先设立图书馆 14 所，其中在上海、汉口、北京、天津、广东 5 处，设 5 所大规模图书馆。在次要城市，设 9 所小规模图书馆。经费共需 400 万元，分 20 年完成。这项经费，拟要求美国政府由中国庚子赔款拨出，分 20 年，每年 20 万元。她将这项计划，著为呈文两件：一件由中国名人，如唐绍仪等 100 多人签名，一件由在美国有名的华侨签名。这两件呈文，她送至上海美国总领事馆转呈美国政府。她自己赴美，玉成此文化事业。1923 年 9 月，韦棣华回国，游说美国政府退还庚款，支持她的中国图书馆发展计划。

二是游说美国政要支持中国图书馆事业的发展。韦棣华回国后，每日到参众两院拜谒议员，寻求支持。很多议员知道中国政府腐败，痛恨中国军人，忧虑土匪横行，但他们都没有反对中国人民的私见，纷纷表示凡与中国人民有益的提案，都肯投票赞同。韦棣华拜谒参议院外交委员会主席时表示：中国人现有致美国参众两院的公函一件，请将庚子赔款的一部分扩充建设图书馆之用。后者表示要限制此款须用于教育事业。韦棣华随即将各种文书交给参议院外交委员会主席，包括黎元洪总统等人的签名信函、提议的计划书、中国人在该公函上签名的照相、中华教育改进社的建议等。❷

1924 年春，韦棣华出席了美国众议院外交委员会的听证会，继续力争退还庚款，并以一部分用于发展中国的图书馆事业。在听证会上，她说她参加了中华教育改进社的年会，这个中华教育改进社是哥伦比亚大学孟禄博士赞助组成的。她转达了中华教育改进社的计划，如果美国政府继续退还庚款，一要在中国设立一所实用科学的学校；二要将美国公共图书馆制度移植到中国。她说，一个中国人起草了请愿书，请求中国中央政府，"如果美国政府退还庚子赔款，请用一部在中国开办公共图书馆。"❸

❶ 韦女士建筑图书馆之运动 [N]. 申报，1923-09-16（15）.

❷ 美还庚款举办图书馆之运动 [N]. 时报，1924-05-07（3）.

❸ 美国退还庚子赔款余额经过情形 [M]. 上海：商务印书馆，1925：65.

三是劝说美国图书馆协会派人来华考察图书馆事业。在韦棣华等努力下，美国国会议决退还庚款，划归中国教育文化之用，但并未指明图书馆参与与否。她得知美国准备组织董事会，专门用于处理庚款事项。庚款的分配，需要另外邀请专家调查，才能确定用途。她立刻拜访美国图书馆协会会长鲍士伟博士，请他前往中国，实地调查中国图书馆事业的状况及需要，向庚款董事会报告，则图书馆或可分得部分庚款。❶

韦棣华的努力产生了效果。1925 年 4 月，鲍士伟博士以美国图书馆协会代表身份访问中国，任务是"提倡图书馆，引国人注意""灌输图书馆新智识""调查中国图书馆之现状及其需要""调查结果，拟就改进及发展图书馆之计划"。❷鲍士伟博士这次访问中国，受到了我国文教界（尤其图书馆界）的热烈欢迎，宣传了美国图书馆模式，推动了中华图书馆协会的成立，促进了国立京师图书馆的创设，影响深远。韦棣华的美国之行，把我国图书馆事业的发展推进到一个新的历史阶段。

中基会的成立，为国立图书馆的创设创造了良好的条件：一是政策支持。中基会第一次年会明确规定要促进图书馆的发展，包括国立图书馆的创设；二是经费支持。中基会解决了国立图书馆创设的经费问题，不用像大总统曹锟一样募集经费；三是外交支持。中基会是中美两国政府共同组建的组织，一旦有所变动，必须与另外一国商量，这样可以减少因我国政局变动而造成的不确定因素。我国国立图书馆的创设时机已经成熟。

四、《合办国立京师图书馆契约》

中基会 1925 年 6 月的决议为其和中华民国教育部合办国立京师图书馆提供了法律支持。董事会在 7 月和 9 月的两次谈话会上，提出"京师为人文荟萃之地，宜有规模宏大之图书馆，以广效用。又以教育部原有之京师图书馆所藏中文书籍甚富，其中且多善本，徒以地址偏僻，馆舍亦复简陋，致阅览者多感不便。如能两方合办，酌择适宜之地建筑馆舍，则旧馆

---

❶ 欢迎图书馆专家韦棣华女士 [N]. 新闻报，1925-01-11（7）.

❷ 欢迎美国图书馆协会代表鲍维士之筹备 [N]. 申报，1925-01-19（10）.

书籍既得善藏之所，而新馆亦可腾出一部分经费为购置他种图书之用" ❶。1925 年 9 月 28 日，董事会执行委员会议决，与教育部拟定合组京师图书馆契约。同年 11 月 3 日，教育部与中基会公布了《合办国立京师图书馆契约》(以下简称《契约》)。在中基会支持下，我国国立图书馆的建设踏上新的征程。

《合办国立京师图书馆契约》是我国第一部国立图书馆法规，因为是教育部与中基会合办，所以还带有国际契约的色彩。也就是说，如果修改《契约》，必须得到缔约的另一方同意。《契约》共 10 条，主要内容如下。

一是确立了图书馆委员会制。我国境内很早就出现了图书馆委员会制。1849 年，上海英租界中的外侨组织了上海图书馆。图书馆采取会员制，会员缴纳一定的年费，然后选出董事管理图书馆事务。该委员会运作正常。如 1872 年，该馆在图书馆委员会指导下重新编制了目录。❷ 不过，外侨中的这种图书馆委员会制对我国社会影响不大，没有注意到我国有人效仿。图书馆委员会是美国和欧洲各类图书馆的普遍现象。我国图书馆采取委员会制，远迟于欧美，影响较大者为 1920 年筹办的上海总商会商业图书馆。其第一任委员有穆藕初、钱新之、陆费伯鸿、高翰卿等 10 人。❸

按照《契约》规定，教育部与中基会合组的国立京师图书馆委员会，主持一切进行事宜 (第 1 条)。京师图书馆委员会由 9 人组成，教育部指派 3 人，中基会推定 3 人，双方合推 3 人。第一次委员提出后由教育部呈请任命。如果有必要，可以聘请顾问，顾问人数没有定额，由京师图书馆委员会推举对于图书馆事业有特殊贡献者担任。京师图书馆委员会设委员长副委员长、书记各 1 人，司库 2 人，执行委员 4 人，由委员投票互选产生；委员长为当然执行委员，司库 2 人应于教育部指派委员及中基会推定委员中各推 1 人担任。第一任委员任期 1 年、2 年、3 年者各 3 人，3 人中

---

❶ 中华教育文化基金董事会 . 中华教育文化基金董事会第一次报告 [R]. 董事会文化基金，北京：中华教育，1926：23.

❷ We have been favored with a copy of the new catalogue of the Shanghai Library re-arranged under the direction of the Committee[H]. The Shanghai Evening Courie，1872–11–21（3）.

❸ 上海市工商业联合会，复旦大学历史系 . 上海总商会组织史资料汇编（下）[M]. 上海：上海古籍出版社，2004：768.

教育部占 1 人，中基会占 1 人，双方合推者占 1 人，在第一次开委员会时抽签决定。第一任委员任满后，委员任期均为 3 年。

根据《契约》，1925 年，教育部与中基会分别指派推定范源濂、周诒春、任鸿隽、陈任中、高步瀛、徐鸿宝、胡适、翁文灏、马君武 9 人为委员，获得临时执政段祺瑞批准。委员中，前 3 人为中基会董事，中 3 人为教育部人员，后 3 人为中基会与教育部协商后推举产生，聘请梁启超、李四光为国立京师图书馆正、副馆长，以北海庆霄楼为筹备处。范源濂为委员长。

二是规定了国立京师图书馆委员会的职权。主要为："规定本图书馆之计划预算""向教育部及中华教育文化基金董事会提出关于馆长及副馆长之任免而征其同意""聘请建筑工程师并订定建筑合同""保管馆产""筹画经费""核定馆长推荐之职员""审定馆章""审核决算""其他关于本图书馆之重要事项"（第 5 条）。

为了进一步规范运作，国立京师图书馆委员会通过了《国立京师图书馆章程》13 条。其主要内容如下：委员长代表本会处理属于本会职权之一切事务，并为本会一切会议之主席。副委员长佐理本会一切事务。委员长因故不能出席时，由副委员长代行其职权；书记掌理本会一切文件及开会时之记录、通告等事；司库两人共同掌管本会款项之收存、保管与支付，但须受本会随时厘订规则之限制。每半年须将本会收支存放款项情形报告于本会；委员长及执行委员组织执行委员会于本会不开会时，得执行未经特别议决执行方法之案件，但如对外发生契约关系或有款项关系在一万元以上者，须经本会议决（以上为第 3 条内容）；本会委员皆属名誉职，如因会务有特别费时，得由本会酌给车马费或津贴（第 6 条）；本会至少每三个月开会一次，由图书馆馆长报告馆务经过情形，临时会无定期，由委员长召集（第 9 条）；每半年本会应将本会会务及图书馆办理情形报告于教育部及基金会（第 12 条）等。❶《国立京师图书馆章程》更多的是从程序上规范国立京师图书馆的运作。

---

❶ 北京图书馆业务研究委员会. 北京图书馆馆史资料汇编 1909—1949[M]. 北京：书目文献出版社，1992：1034-1037.

三是明确了四个关键问题。①馆址问题。《契约》第 6 条规定:"教育部与中华教育文化基金董事会会定馆址,并由教育部无偿拨为建筑图书馆之用。"这一规定试图解决长期困扰京师图书馆发展的馆址问题;②合并问题。第 7 条规定:"现在教育部直辖国立图书馆所有图书及设备,由教育部完全移交委员会处理。凡属于中央政府之图书,得由教育部设法陆续划归委员会处理。"这条实际上是中基会合并了京师图书馆的图书;③经常费问题。第 8 条规定:"教育部及中华教育文化基金董事会合任本图书馆之每年经常费……教育部担负本图书馆合任经常费二分之一,由教育部提出国务会议指定的款充之;中华教育文化基金董事会担任图书馆合任经常费二分之一,由资金利息充之。"该项规定明确了经常费问题,即教育部与中基会各分摊一半,甚至规定了经费来源。④建筑费问题。第 9 条规定:"中华教育文化基金董事会担任建筑设备费一百万元,分四年向委员会付清。"本条解决了国立京师图书馆新馆建筑费问题。

此外,《契约》第 10 条规定:"本约有效期限自双方签定之日起算,暂定为十年,届期满时再行商定。"此条可以约束缔约的双方,保证《契约》的稳定性,对国立京师图书馆的运作无疑具有积极意义。

《契约》是指向性非常明确的国立图书馆法规。它解决了长期困扰国立图书馆发展的痼疾,即经费短缺和馆址不当问题,并由对图书馆学颇有研究的梁启超担任馆长,图书馆委员会也是人才济济。然而,该《契约》没能立竿见影,推动国立图书馆的建设。

问题在于教育部无力履行《契约》。1926 年 1 月 13 日,中基会致函教育部,要求后者履行《契约》。其不满表现在三个方面:馆址方面,教育部会同勘定北海公园迤西御马圈及旧操场空地两块,作为建筑图书馆之用。按照《契约》,此地应由教育部向主管机关交涉,无偿拨归图书馆应用。但教育部没有交涉成功;经费方面,根据图书馆委员会的议决,经常费每月 5000 元。按照《契约》规定,中基会每月担任 2500 元,教育部每月担任 2500 元,然而,教育部没有拨付这 2500 元。接受书籍方面,国立京师图书馆已租定北海公园内房屋多间,预备接受旧馆书籍,全部移置该处,以便保存及供众阅览。不过,京师图书馆职员因欠薪关系,拒绝交出书籍,以此项书籍应作偿还欠薪担保之用。中基会表示,以上三项都与

《契约》信用有关。若不尽快解决，与馆务进行殊多滞碍 ❶，要求教育部履行《契约》。

教育部对履行《契约》并无决心。1926 年 1 月 26 日，教育部复函中基会，表示难以履约：馆址问题，教育部派庶务司员赴陆军部接洽。据称东边小操场业经首善医院领购，不能中止。西边操场要价过高，亦难洽购；经费问题，教育部因经费支绌，实难如期拨付；接受京师图书馆书籍问题，教育部表示："现由部员请求照上年国务会议通过缮校《四库全书》办法。查此项《四库全书》现既未能移入北海临时图书馆而将来移入新馆，本部员当然仍可照旧缮校。所有困难之处，总期设法免除。" ❷ 教育部的答复，避重就轻，虚与委蛇，没有决心履行《契约》。

中基会对教育部的答复非常失望，决定暂缓履行《契约》。1926 年 2 月 24 日，中基会执行委员会详加讨论后，致函教育部："贵部所拟办法，与《契约》所规定，仍有未符。唯以现下时局艰难，财政支绌，贵部于履行上项《契约》，不免发生困难，极为敝会所共谅，……贵部未能履行上项条件以前，此《契约》全体应予暂缓实行。" ❸ 中基会随即致函国立京师图书馆委员会，因教育部未能履行《契约》，暂时中止委员会职权。10 天后，即 3 月 4 日，国立京师图书馆委员会采取进一步行动，致函国立京师图书馆正副馆长，暂时中止职权："此次创办国立京师图书馆，实以教育部与基金会所订契约为依据。目下此项契约既经从缓实行，一切馆务亦应同时停止。" ❹ 喧嚣一时的中美两国合办国立京师图书馆之议遭遇空前危机。

半年后，教育部采取措施，力图继续履行《契约》。1926 年 10 月 2 日，教育部训令京师图书馆，"决将本部直辖京师图书馆改为国立京师图书馆。其原有图书及设备，现因国立京师图书馆委员会停止职权，应即直

❶ 北京图书馆业务研究委员会. 北京图书馆馆史资料汇编 1909—1949[M]. 北京：书目文献出版社，1992：134–135.

❷ 北京图书馆业务研究委员会. 北京图书馆馆史资料汇编 1909—1949[M]. 北京：书目文献出版社，1992：138–139.

❸ 北京图书馆业务研究委员会. 北京图书馆馆史资料汇编 1909—1949[M]. 北京：书目文献出版社，1992：142–143.

❹ 北京图书馆业务研究委员会. 北京图书馆馆史资料汇编 1909—1949[M]. 北京：书目文献出版社，1992：142–143.

接移交国立京师图书馆，责成馆长接受整理，以为将来履行契约地步。至该馆经费每月需洋四千元，应由财政部指定的款，从本年十月起按月拨给该馆领用"。[1]同时，教育部公函国立京师图书馆馆长梁启超，要求其"积极筹画，竭力进行，期与中华教育文化基金董事会早日履行合办契约，以符原案"。[2]教育部在经费拨付与图书移交方面采取措施，准备重启与中基会的办馆合作。

教育部准备履行《契约》，是梁启超等人推动的结果。1926 年 7 月 5 日，梁启超致函李四光与袁同礼，请他们拟"以国立京师图书馆馆长名义致一公事与教育部，（公事中略言与董事会契约为国际体面所关）请求提出阁议，弟当向各方面设法力促其成也"。而梁启超之所以力主履约，主要是担心日本方面有所举动，"颇闻日人之东方文化会眈眈于方家旧籍，吾观似不能不乘此时急起直追"。[3]同年 8 月 20 日，梁启超致函教育部部长任可澄、次长胡石青，商议京师图书馆问题："此馆馆长名义至今仍我尸之，然因部中无力履行契约，文化基金董事会所拨经费不能供新旧两馆之需，故方家胡同旧馆，仆事实上并未接收，仍由部中原派主任徐君主持。馆中国宝甚多，仆尸馆长之名，而未举其实，万一有疏虞，责将谁卸？半年以来，为兹事寝不安席。且美退庚款态度最为光明，全权付与董事会，一切不加掣肘。董事会自行经营之事业，惟在兹馆，以全权委诸静生[4]与我。今以部中无力践约，致大部分计画不能进行，对信用失坠而怀抱文化侵略野心之国家，将益有所借口，谓中国人任何事业皆不能独力建设。此于庚款前途影响甚大，不仅仆一人名誉所关而已。兹事非乘两公在职时，速图根本解决不可。在公义私情上两公必乐为尽力，固无待言。惟症结全在经费一事，两公无点金术，则亦爱莫能助。今为一时权宜之计，意欲请部中致财部一公事，略言兹事关系国际信用，部中不能不履行义务，而当开办

❶ 北京图书馆业务研究委员会.北京图书馆馆史资料汇编 1909—1949 [M].北京：书目文献出版社，1992：155-156.

❷ 北京图书馆业务研究委员会.北京图书馆馆史资料汇编 1909—1949 [M].北京：书目文献出版社，1992：153.

❸ 丁文江，赵丰田.梁启超年谱长编 [M].上海：上海人民出版社，1983：1082.

❹ 静生是范源濂字。

伊始，非经费到若干确实程度，不能令馆长安心办事，故咨请财部将十五年七月起至十六年六月止，一年内应给之经费每月四千元，（与董事会平分担任，其额如此）共四万八千元，一次发交该馆长，俾得从容布置云云。财部无力给此，固意中事，但能给我以中国银行支票一纸，我当自与公权交涉也。所以必要一次发给全年者，以政局无定，恐一、二月后并此空头支票亦不易到手耳。"❶梁启超表示，他会和财政部接洽经费问题。

在梁启超等人积极推动下，《契约》出现复活迹象。1926年10月7日，梁启超呈文教育部，报告派员接受京师图书馆情况。1926年11月10日，教育部致函中基会，通告京师图书馆改定为国立京师图书馆，并由馆长接受整理。该馆经费每月4000元，由财政部自本年10月起按月照拨。教育部采取种种措施，以备将来履行合办契约。不过，这种复活迹象没有维持多久。财政部始终不能如期拨付经费。1927年3月，梁启超两度辞国立京师图书馆馆长之职。同年8月，梁启超移交工作完毕。《契约》的复活奇迹没有出现。

五、《合组国立北平图书馆办法》

1927年4月，南京国民政府成立。1928年，国民政府形式上统一了全国。创设国立图书馆提上国民政府的议事日程。1929年9月，教育部与中基会《合组国立北平图书馆办法》（以下简称《办法》）公布。❷这是我国教育行政机构第二次与中华教育文化基金董事会正式签订合作协议，继续推动在北平设立国立图书馆的工作。与《合办国立京师图书馆契约》比较，《办法》的主要特点如下。

一是规定国立北平图书馆的基本宗旨。《办法》第1条规定："国民政府教育部为促进学术发展文化起见，特与中华教育基金董事会合组国立北平图书馆。"该条突出了国立北平图书馆的基本宗旨是"促进学术发展文化"。《契约》的第1条为"教育部与中华教育文化基金董事会合组国立京师图书馆委员会，主持一切进行事宜。"没有涉及宗旨问题。"促进学术发

❶ 丁文江，赵丰田.梁启超年谱长编[M].上海：上海人民出版社，1983：1085.

❷ 国民政府教育部　中华教育文化基金董事会合组国立北平图书馆办法[J].教育部公报，1929（10）：109–110.

展文化"宗旨的确立，为国立北平图书馆的发展指明了方向。

为贯彻促进学术发展文化，国立北平图书馆于 1929 年度提出了办馆政策："为国家庋藏重籍之图书馆""为供给科学（包括自然与人文科学）研究之图书馆"。从购书方面来说，"本馆对于中国旧籍实负有广为收存之责任，应就原有基础，尽量补充，以期造成中国唯一之图书馆。对于西文书籍，则特注重供给科学研究之方便，数年以后，即可为若干研究之中心"❶。

促进学术发展文化成为国立北平图书馆的建设指针。1931 年，国立北平图书馆举行新馆落成典礼，副馆长袁同礼进一步阐释了国立北平图书馆的历史使命：一是成为中国文化之宝库、中外学术之重镇。袁同礼强调："吾人于固有旧籍自当力为搜进，毋使远渡异国，有求野之叹；外国新书，亦应广事探求，庶几学术可与国家新运而俱进。其志在成为中国文化之宝库，作中外学术之重镇，使受学之士，观摩有所，以一洗往日艰阒之风。"二是通中外图书之邮、为文化交通之介。袁同礼指出："中外大通，学术界亦不闭关自守，是以欧战而还，国际联盟乃有国际知识合作委员会之设，盖所以谋万国知识之沟通，化除畛域之见，以跻世界于大同也。吾人深愿以此通中外图书之邮、为文化交通之介。"三是开通民智。他认为："一国民智之通塞，与其图书馆事业之盛衰相为表里。吾国今日图书馆事业已由爝火微光日即于黎明之境。然而发挥广大，尚复有待。吾人不敏，愿与全国同仁，互相提携，以期为国家树长治久安之基。"❷袁同礼的办馆方针，完全契合国立北平图书馆的基本宗旨。

《办法》关于基本宗旨的规定，为近代中国其他国立图书馆组织条例的制定，树立了榜样。1940 年 10 月 16 日公布的《国立中央图书馆组织条例》、1945 年 4 月 14 日公布的《国立西北图书馆组织条例》、1946 年 6 月 28 日公布的《国立北平图书馆组织条例》、1948 年公布的《国立兰州图书馆组织条例》和《国立罗斯福图书馆组织条例》草案，它们的第 1 条都是关于各国立图书馆基本宗旨的规定。

---

❶ 国立北平图书馆.国立北平图书馆馆务报告（民国十八年七月至十九年六月）[R]. 国立北平图书馆，1930：5.

❷ 袁同礼.国立北平图书馆之使命 [J]. 中华图书馆协会会报，1931（6）：3-4.

二是继续采用图书馆委员会制。《办法》规定："国立北平图书馆一切进行事宜，由教育部及董事会合组国立北平图书馆委员会主持之"（第2条）"委员会设委员九人，除国立北平图书馆馆长、副馆长均为当然委员外，其余七人之聘任方法，按照委员会组织大纲所规定办理"（第3条）"委员会委员任期及职务另定之"（第4条）"国立北平图书馆设馆长及副馆长各一人，由委员会推荐，经董事会同意，由教育部聘任之"（第5条）。

值得注意的是第5条。该条规定国立北平图书馆设馆长及副馆长各一人。这是近代中国国立图书馆法规的特例，其他国立图书馆组织条例都没有设副馆长一职。《办法》之所以设副馆长一职，有其历史渊源和现实考虑。1925年《契约》成立后，图书馆委员会聘梁启超、李四光为国立京师图书馆正、副馆长。梁启超事务较多，多数情况下是遥领馆务。李四光被聘为副馆长，据云为中基会董事丁文江推荐，为酬劳职。❶ 梁启超更为依赖图书馆学专家、图书馆部主任袁同礼。1927年6月，梁启超、李四光辞北京图书馆正、副馆长职。同年7月，中基会聘范源廉、袁同礼为北京图书馆、正副馆长。实际上，具体馆务由袁同礼负责。同年12月，范源廉病故。1928年2月，北京图书馆委员会委员长周诒春兼代馆长职务。1928年6月底，中基会推丁文江为北京图书馆馆长。但丁未到职，由袁同礼代理馆长。同年，北京图书馆应南京国民政府的要求，改名为北平北海图书馆。无论国立京师图书馆，或者北平北海图书馆，馆长一职一直由德高望重的著名学者担任，实际事务主要由袁同礼负责。1929年6月30日，教育部决定将北平图书馆合并于北海北京图书馆后，面临馆长人选问题。按照此前国立图书馆的传统，馆长由德高望重的人物担任，蔡元培最为合适。不过，蔡元培身为国民党元老，年老体弱，职务众多，而首都又在南京，所以不可能过问事务，具体馆务必须有专人负责。袁同礼凭借其图书馆学专业学识及与蔡元培等人关系，是副馆长较为合适的人选。因此，1929年8月29日，教育部聘请蔡元培、袁同礼为国立北平图书馆正、副馆长，具体事务由袁同礼负责，蔡元培挂名馆长。所以，副馆长之设，完

---

❶ 马胜云．李四光与丁文江的友谊[J].地质学史论丛（5），2009：241.

全是迁就事实，这是近代中国国立图书馆法规特有的现象。

　　1940年3月，蔡元培逝世。4月，国立北平图书馆委员会议决："建议教育部及中华教育文化基金董事会，以袁副馆长升任馆长，并取消副馆长一职。"❶ 1942年，袁同礼被任命为国立北平图书馆馆长，但没有任命副馆长。《合组国立北平图书馆办法》关于副馆长的条款，形同虚设。1946年6月，新的《国立北平图书馆组织条例》公布。其第3条第1款为"国立北平图书馆置馆长一人，简任"❷，删除了副馆长一职。国立图书馆法规设立副馆长的条款成为历史。3年后，南京国民政府崩溃，国民党败退台湾。国立图书馆退出历史舞台。

　　三是解决了移交和经费问题。

　　①图书及设备移交问题。《办法》规定："教育部直辖之北平图书馆所有图书及设备，由教育部完全移交于委员会处理之"（第6条）"董事会直辖之北海图书馆所有图书、设备、购书费、建筑费，馆址及建筑，由董事会完全移交于委员会处理之"（第7条）。1926年1月，国立京师图书馆委员会准备依法接受京师图书馆图书，然而遭到部分图书馆职员抵制。尽管北平图书馆委员会之前一直反对合并，然而合并之议确定后，北平图书馆积极配合，移交较为顺利。

　　《办法》第7条移交事项，包括"馆址及建筑"一款，较为独特。馆址及建筑是影响北京政府与中基会合办国立京师图书馆的症结之一，一直没能得到解决。1926年2月，《契约》暂缓实行后不久，月底，中基会议决原定计划中的图书馆，暂由董事会独立进行，并改名为北京图书馆，原定临时费100万元，仍分4年支付，并聘请梁启超、李四光为正、副馆长，袁同礼为图书部主任。董事会指派委员5人，组织图书馆委员会。北京图书馆于3月1日成立。

　　馆址及建筑是北京图书馆着力解决的问题。中基会与教育部商办契约之初，择定北海公园西墙外御马圈空地约40亩地与养蜂夹道迤西的公府操场约30亩地为新馆地址。该地本来属于官有，所以《契约》有无

---

❶ 北京图书馆馆史（1948年以前）档案选录（下）[J]. 文献，1984（1）：246.

❷ 国立北平图书馆组织条例 [J]. 教育部公报，1946（6）：1–2.

偿拨用的规定。其后《契约》既未实行，中基会出资 2 万元，于 1926 年
3 月底，购定御马圈空地，先行筹备。然而，这块地并不够用。1927 年
7 月 30 日，中基会致函教育部，要求将养蜂夹道迤西空地拨归中基会使
用："目下敝会对于是项图书馆建筑计划业已就绪，不久即可开工。查是
项图书馆，按照敝会与贵部所订契约，系属国立性质，自应有永久计划与
宏大规模，方足以垂久远。刻下开始建筑者仅属其一部分，将来发展完
备，势非御马圈现有之地所能敷用。值此动工伊始，尤不可不将地址先行
划定，以利进行。为此函请贵部查照原案提交国务会议，咨行军事部，请
将养蜂夹道迤西空地即行拨归本会，以供图书馆之用，文化前途实深刊
赖。"❶ 北京政府于 1927 年 9 月批复同意，但该地为奉军所用，迟迟不能动
工。1928 年 6 月，张作霖退出北京，北京图书馆收回奉军占用的建筑用
地。1928 年 9 月，南京国民政府财政部同意北平北海图书馆代理馆长袁
同礼呈请，将养蜂夹道迤西公府操场拨作将来图书馆扩充之用地。❷ 至此，
国立图书馆的馆址问题彻底解决。所以《办法》第 7 条移交馆址一项，至
此水到渠成。

②经费问题。《办法》一劳永逸地解决了困扰国立图书馆建设的经费
问题。其第 8 条规定"国立北平图书馆每年之经常费，由董事会担负，每
年分四期拨交委员会支用。但以曾经董事会核准之预算为限"。《合办国立
京师图书馆契约》时期，尤其 1926 年间，教育部无力履行《契约》，主要
原因之一为经费缺乏。财政部不能每月支付国立京师图书馆 4000 元经费。
梁启超绞尽脑汁，也没有能够解决经费问题。《办法》规定国立北平图书
馆的经费由董事会担负，且建筑费早已议决由中基会承担。这样一来，困
扰国立图书馆建设的经费问题完全解决。这对国立北平图书馆的日常运作
来说，至关重要。

作为配套法规，教育部同时公布了《国立北平图书馆委员会组织大
纲》，主要内容有：第 1 条："本委员会依据国府教育部、中华教育文化基

---

❶ 北京图书馆业务研究委员会. 北京图书馆馆史资料汇编 1909—1949 [M]. 北京：
书目文献出版社，1992：189-190.

❷ 北京图书馆业务研究委员会. 北京图书馆馆史资料汇编 1909—1949 [M]. 北京：
书目文献出版社，1992：244-245.

金董事会《办法》第二条第三条组织之"；第 2 条："本委员会委员皆属名誉职，其任期除当然委员外，第一任委员由教育部聘任之，并分别指定任期为一年、二年者各二人，三年者共三人。嗣后委员缺出，即由委员会自行推补，其任期均为三年"；第 3 条规定本委员会的职权为"审议图书馆办理方针及进行计划""推荐馆长及副馆长之人选于教育部及董事会""审核图书馆之预算决算""保管馆产""筹划经费""审定馆章""审查馆长推荐之职员""审定合同及契约""审议及提议其他关于图书馆之重要事项"；第 4 条："本委员会设委员长一人，副委员长一人，代表本会处理一切事务。书记一人，掌理本会一切文件。会计一人，掌理图书馆经费之收支存放。上项各职员皆由委员互选，任期一年"；第 6 条："本委员会开会时，以委员五人出席为法定人数。不能出席者，得用通信投票"；第 7 条："本委员会至少每三个月开常会一次，由馆长报告馆务经过。临时会无定期，由委员长召集"；第 8 条："本委员会每年应将会务经过报告于教育部及董事会"；第 9 条："本大纲经教育部及董事会核定施行"；第 10 条："本大纲经本委员会委员三人以上之提议，到会委员三分之二以上之议决，教育部及董事会之核定，得修改之。"❶

国立北平图书馆之所以采取委员会制，也是用心良苦。1929 年度《国立北平图书馆馆务报告》表示："国立图书馆虽归行政系统，但其事业实属专门科学。既为学术机关，自应与政治脱离关系。此次本馆改组，鉴于以往事实，特在馆长之上组织一委员会，设委员九人，主持一切进行事宜。除正副馆长为当然委员外，其余七人第一任由教育部聘任，嗣后委员缺出，即由委员会自行推补。而馆长、副馆长之产生，则须由委员会推荐，经董事会同意，再由教育部聘任。此项规定，原期图书馆行政避免政潮。在今日中国特殊情形之下，颇感其必要也。"❷换言之，委员会制可以避免图书馆受政治影响，保证其相对的独立性质。

1929 年 7 月，中基会与教育部商定图书馆委员会问题，由教育部聘任委员 4 人，中基会聘任委员 3 人，共同组织国立北平图书馆委员会。同年

---

❶ 国立北平图书馆委员会组织大纲 [J]. 教育部公报，1929（10）：110-111.

❷ 国立北平图书馆. 国立北平图书馆馆务报告（民国十八年七月至十九年六月）[R]. 北平：国立北平图书馆，1930：3.

8月，委员名单公布，分别为周诒春、刘复、马叙伦、陈垣、傅斯年、任鸿隽、孙洪芬7人。周诒春为委员长，刘复为副委员长，蔡元培为当然委员，袁同礼为当然委员兼书记。

国立北平图书馆委员会问题，从立法角度看，不免有因人立法的嫌疑。国立北平图书馆委员会的提议，出现在1929年7月。委员名单公布于1929年8月，而《国立北平图书馆委员会组织大纲》公布于1929年9月。从立法程序上看，应该先确定委员会制，进而颁布组织大纲，然后公布委员名单。实际顺序则颠倒了。当然，这只是瑕疵，不影响国立北平图书馆委员会委员的合法性。毕竟这些委员都是由教育部聘任。

《办法》属法律文件，是对北平北海图书馆与北平图书馆合并的法律确认。这两个图书馆的合并并非一帆风顺，遇到了强烈反对。反对合并的力量主要为北平图书馆筹备委员会。1928年6月，南京国民政府的二次北伐取得了胜利，接管了北京，并改北京为北平。1928年7月，大学院令京师图书馆改名为北平图书馆，并组织了筹备委员会，委员分别为陈垣、马裕藻、马衡、陈懋治、黄世晖5人。1928年7月28日，北平图书馆筹备委员会电告大学院院长蔡元培，反对与北海图书馆合并，表示："此馆与美款所办之北海图书馆宜分列，彼系新设，此系中国自立，决无合并之理，务求坚持，且同名亦不宜，拟求特令改名"。❶ 10月25日，北平图书馆筹备委员会又向教育部主管官员吴雷川表示反对合并，提出的理由是："国立图书馆开办已久，北海图书馆系属后起""一系完全中国自立，一系得外人之襄助始克成立""一系纯粹国学，一系多备各国文字之图籍。分之则两美，合之则两伤"。❷ 1928年12月4日，北平图书馆筹备委员会再次致函蔡元培和蒋梦麟，极力陈述不能与北海图书馆合并："本馆成立在前，历史较该馆为久，合并则先后倒置。且该馆系用中美教育基金之款，受委员会监督，会中董事有美国人。名为国款，实则支配权不在政府及人民。以原系完全由国家设立之事业并入，殊于国体有关。若云此系援照成

❶ 北京图书馆业务研究委员会.北京图书馆馆史资料汇编1909—1949 [M].北京：书目文献出版社，1992：231.

❷ 北京图书馆业务研究委员会.北京图书馆馆史资料汇编1909—1949 [M].北京：书目文献出版社，1992：258.

案办理，然案为段政府所定，当时即舆论哗然，引为失策。"❶

主张合并的关键人物为蒋梦麟。蒋曾代理北京大学校长，与蔡元培关系极为密切。1929 年 6 月底，中基会在天津举行第五届年会，引起文教界高度关注。这次年会上，中基会董事蒋梦麟以教育部长的资格提议，继续北洋政府教育部与中基会合办国立京师图书馆之契约，修订后履约。将北平图书馆合并于北平北海图书馆，改称国立北平图书馆，由教育部、中基会合聘蔡元培为馆长，袁同礼为副馆长。❷蒋梦麟的大力支持下，两馆的合作工作有序地展开。

《办法》在《契约》的基础上，把近代中国国立图书馆的法规建设推进到新的历史阶段，产生了近代中国第一所名副其实的国立图书馆——国立北平图书馆。

六、《国立北平图书馆组织大纲》

《国立北平图书馆组织大纲》是国立北平图书馆设立的基本规章制度，1929 年 11 月公布。1946 年 6 月，该组织大纲被《国立北平图书馆组织条例》替代。《国立北平图书馆组织大纲》和《国立北平图书馆组织条例》虽然都为规范国立北平图书馆运作的法规，但其实质与精神却有天壤之别，反映了不同时代国立北平图书馆的建设方针。

先看 1929 年《国立北平图书馆组织大纲》。为规范新国立北平图书馆的运行，1929 年 11 月 28 日，《国立北平图书馆组织大纲》14 条经由教育部核准后公布施行。❸国立北平图书馆的合并工作正式宣告结束。《国立北平图书馆组织大纲》主要内容如下。

一是明确国立北平图书馆受国立北平图书馆委员会的监督。《国立北平图书馆组织大纲》根据《办法》而产生，而后者为教育部与中基会合办国立北平图书馆的法律依据。《办法》第 2 条规定"国立北平图书馆一切

❶ 北京图书馆业务研究委员会.北京图书馆馆史资料汇编 1909—1949 [M].北京：书目文献出版社，1992：270.

❷ 本馆组织之变更 [J].北平北海图书馆月刊，1929（6）：559.

❸ 国立北平图书馆组织大纲 [J].国立北平图书馆馆务报告（民国十八年七月至十九年六月），1930：44–46.

进行事宜，由教育部及董事会合组国立北平图书馆委员会主持之"。所以，在行政关系方面，《国立北平图书馆组织大纲》首先强调国立北平图书馆受教育部与中华教育文化基金董事会合组之国立北平图书馆委员会之监督，庋藏图书，供众阅览（第 1 条）。国立北平图书馆的日常政务组织为：图书馆设馆长一人，副馆长一人，综理馆务（第 2 条）；国立北平图书馆设总务部、采访部、编纂部、阅览部、善本部、舆图部、期刊部等 8 部，每部设主任一人，分掌馆务（第 3 条）；各部分组办事，每组设组长一人，组员、书记各若干人，分别处理各该管事务。因学术上之必要，得设编纂委员会，以编纂委员若干人组织之（第 4 条）。

二是确立与其馆藏资源匹配的组织机构。国立北平图书馆的日常事务组织为 8 部及编纂委员会等机构。其具体机构职能大致如下：总务部设文书、会计、庶务三组，其职掌为：馆员事项；馆务会议、馆务报告及馆规事项；文书事项；会计事项；庶务事项；馆舍事项；出版物之发行事项（第 5 条）。采访部设中文采访、西文采访、官书三组，其职掌为：调查事项；采购事项；登录事项；校钞事项；装订、修补事项；入藏图书、杂志之统计事项；征求、交换事项（第 6 条）。编纂部设中文编目、西文编目、索引三组，其职掌为：编目事项；分类事项；考订、雠校及纂拟提要事项；出版物之设计及编纂事项（第 7 条）。阅览部设参考、阅览、庋藏三组，其职掌为：阅览事项；答复咨询事项；图书出借事项；书库保管事项（第 8 条）。善本部设考订、写经二组，其职掌为：善本图书之考订编目事项；善本图书之影印流传事项；善本图书之调查访求事项；写经之考订编目事项；陈列展览事项；善本书库及陈列室之保管事项；善本图书及写经之装潢修补事项（第 9 条）。金石部的职掌为：金石拓本之采购事项；拓本之整理编目事项；拓本之阅览及保管事项；拓本之装潢修补事项（第 10 条）。舆图部的职掌为：舆图之采购事项；舆图之整理编目事项；舆图之预览及保管事项；舆图之装潢修补事项（第 11 条）。期刊部设中文期刊、西文期刊二组，其职掌为：期刊之采购事项；期刊之整理编目事项；期刊之阅览及保管事项；期刊之装订修补事项（第 12 条）等。

《国立北平图书馆组织大纲》整合前《国立北平图书馆组织大纲》和中基会主办北京图书馆组织条例的合理内容，并根据现有图书资源整合而成。总务部为原有组织，没有变化；采访、阅览、编纂三部由原有采访科、图书部改组而成。旧时图书部析出善本书及《四库全书》、唐人写经，形成善本部；写经室分出古地图及两馆旧藏舆图，组成舆图部；普通书库析出各种期刊，组成期刊部。《国立北平图书馆组织大纲》确立的组织机构，依据北平图书馆和北海图书馆的资源而形成，与基于法规而形成的组织大纲，截然相反。

再看 1946 年《国立北平图书馆组织条例》。抗日战争结束后，1946 年 6 月，国民政府根据形势的变化，重新公布了《国立北平图书馆组织条例》。❶ 这次公布的《国立北平图书馆组织条例》，对 1929 年 11 月公布的《国立北平图书馆组织大纲》进行了修改，其中最主要的部分，是隶属关系的变更。1946 年《国立北平图书馆组织条例》第 1 条第 1 款规定："国立北平图书馆隶属于教育部"，删除了 1929 年《国立北平图书馆组织大纲》中"与中华教育文化基金董事会合组国立北平图书馆之监督"的条款，或者说，国立北平图书馆完全成为教育部所办文化事业，而非中美合办的文化事业。中基会退出了对国立北平图书馆的监管。

国立北平图书馆隶属关系的变更，是《中美新约》公布的结果。1943 年 1 月，中国政府与美国政府签订的《中美新约》公布，其第 2 条为"美利坚合众国政府，认为一九〇一年九月七日中国政府与他国政府包括美利坚合众国政府在北京签订之议定书，应行取消，并同意该议定书及其附件所给予美利坚合众国政府之一切权利，应予终止。"❷ 按照第 2 条的规定，中国政府停止向美国政府支付庚子赔款。中基会是管理退还赔款多余部分的专门机构，中国政府终止赔款，中基会也就没有存在的必要，地位岌岌可危。不过，经多方协调，中基会保存下来，以余留款项、息金及捐款为收入来源。中基会依然保持对国立北平图书馆的支持。如中基会编制的1946 年度的预算，其补助机关第一位即为国立北平图书馆，补助法币 100 万元，美金 3000 元，用于购书。❸1947 年至 1948 年，中基会补助的机构

---

❶ 国立北平图书馆组织条例 [J]. 教育部公报，1946（6）：1-2.

❷ 中美新约及双方换文 [J]. 中央党务公报，1943（5）：12. 该条宣布《辛丑条约》作废。

❸ 中华教育文化基金董事会. 中华教育文化基金董事会第十六次报告 [R].1947：8.

中，国立北平图书馆列于第一位。❶

1946 年《国立北平图书馆组织条例》第 1 条第 1 款删除了"受教育部与中华教育文化基金董事会合组之国立北平图书馆委员会之监督"条款，意味着与此关联的一切国际契约、法规随之失效。首当其冲的是 1929 年 9 月国民政府教育部与中基会签订的《合组国立北平图书馆办法》失效。其次是 1929 年公布的《国立北平图书馆委员会组织大纲》失效。既然《合组国立北平图书馆办法》失效在前，那么该《办法》第 2 条"国立北平图书馆一切进行事宜，由教育部及董事会合组国立北平图书馆委员会主持"也随之无效。因《合组国立北平图书馆办法》而产生的《国立北平图书馆委员会组织大纲》当然归于无效，国立北平图书馆不再接受国立北平图书馆委员会的监督。

1943 年 6 月 2 日，国立北平图书馆委员会在重庆资源委员会会议室召开会议，出席者有蒋梦麟、任鸿隽、叶企孙、袁同礼、翁文灏（临时因要公缺席）5 人。会议分报告事项和讨论事项两大部分。报告事项有本年度馆务报告、沪平藏书保管近况；讨论事项有组织购书委员会案、下年度经费案等 3 件，均议决通过。❷ 这是能够见到的国立北平图书馆委员会最后一次会议记录。这发生在《中美新约》公布后半年以内。国立北平图书馆委员会从此成为历史尘埃。

除了隶属关系变更外，1946 年《国立北平图书馆组织条例》其他条文也有变化，如第 2 条规定国立北平图书馆设采访组、编目组、阅览组、善本组、舆图组、特藏组、研究组、总务组 8 组，具体职能没有逐条罗列。再如第 3 条为"国立北平图书馆置馆长一人，简任；秘书二人，组主任八人，编纂八人至十二人，编辑十四人至二十人，均聘任；干事二十人至三十五人，委任。"人事任免完全纳入国民政府人事制度中。又如第 5 条"国立北平图书馆置会计员一人，委任，依国民政府主计处组织法之规定，办理岁计会计统计事务"、第 6 条"国立北平图书馆置人事管理员一人，委任，依人事管理条例之规定，办理人事管理事务"等内容，也都与文官

---

❶ 中华教育文化基金董事会举行廿届年会 [J]. 教育通讯，1948（9）：28.

❷ 北京图书馆业务研究委员会. 北京图书馆馆史资料汇编 1909—1949 [M]. 北京：书目文献出版社，1992：762-763.

制度关联。

创设国立图书馆一直是国人的苦苦追求。然而，清末民初政权更迭频繁，财政异常拮据，教育部无法凭一己之力单独设立国立图书馆。美国政府续退庚款，为国立图书馆的创设提供了机遇。经过不懈努力，1929年年底国立北平图书馆正式设立，这是近代中国第一所国立图书馆。国立北平图书馆法规体现了美国因素，无论《合办国立京师图书馆契约》，或《合组国立北平图书馆办法》，均源于美国政府1924年6月退还多余庚款的通知。国立北平图书馆法规又具有系统性特征，即以《合办国立京师图书馆契约》或《合组国立北平图书馆办法》为依据，又制定了《国立京师图书馆章程》或《国立北平图书馆组织大纲》等法规，国立北平图书馆法规体系逐渐形成。受美国图书馆模式的影响，国立北平图书馆及其前身国立京师图书馆均采用美国图书馆界通行的委员会制。国立北平图书馆法规，展现了中国与美国政府的合作关系，是近代中国与国际社会融合的标志之一，推动了近代中国图书馆事业的发展，影响深远。

第二节 《国立中央图书馆组织条例》

一、国民党部委的中央图书馆创议及筹备

国立中央图书馆法规是国立中央图书馆运作的法律依据。它的构建过程虽没有国立北平图书馆法规那么错综复杂，但也不是一帆风顺，同样经历了波折。1912年3月，南京临时政府教育部公开征购书籍，创建中央图书馆，但没有能够成功。此后创建中央图书馆的努力一直没有停止。不过，北京政府时期，直到1928年6月张作霖退出北京，中央图书馆始终没能设立。1927年4月，南京国民政府成立，创设中央图书馆之议再起。

国民党部委率先倡议设立中央图书馆。1927年11月15日，国民党中央青年部提议在中央特别委员会内设立中央图书馆。经国民党中央各部委员第八次联席会议讨论，决定由八部一处各推1人，共9人，合组中央图

书馆筹备委员会，筹备一切。❶青年部所谓中央图书馆，指为中央部委提供阅览服务的图书馆，属机关团体图书馆，而不是作为全国文化机关地位的中央图书馆。不过，青年部提议的中央图书馆筹备委员会是否运作，不得而知。可以明确的是，各种图书馆调查都没有该馆。

　　1928 年 6 月，北伐军占领北京，二次北伐结束。1928 年 11 月，国民党部委创设中央图书馆之议再起。1928 年 12 月 5 日，外交部长王正廷在国民党中央政治会议上提议设立中央图书馆筹备处，作为中央图书馆之准备。筹备处的职责如下：①整理各部院会已经接收北平方面的旧有档案及图书。该案认为，此次各院部会接收北平各机关，甚为仓促，对于档案及图书的整理，尚缺系统。而该项档案及图书，均为数百年或数十年所保留秘藏、征求购置，无限宝贵。封存北平，散失损毁，皆所堪虑。应由该筹备处派员赴平，全部装运南京，加以整理，较之各部院分别整理，更为迅速，而又节省经费。整理之后，既可供各院部会职员参考，又可作为将来中央图书馆基本图书的一部分；②联合各院部会分设的图书机关。各院部会大多设有图书机关。所藏图书，为数不多，专供职员参考研究都不敷应用。且因行政关系，不能全部购置专门书籍，势必多备普通书籍，以供参考。而各图书机关各自为政，所备图书，均欠精密而大都雷同。应由该筹备处联合各院部会的图书机关，互相交换刊物，流通书报，转借图书，分别购置专门书报，以节省经费而供众用；③集中各院部会现有及旧有图书。各院部会分设图书机关所购图书，每年合计，花费不菲，但图书设备仍不完善，且散置各处，不便统计。应由筹备处将各院部会现有及旧有图书，除必须保留外，全部集中一处，负责保管，分类编目，设置便利电话及输送车辆，办理借阅及索还图书；④征求图书。国内外作家、各大学校、各学会、各法定团体以及各机关等，对于国家图书馆向来有赠阅图书的传统，应由筹备处发起向国内外作大规模的征求图书运动，必可无偿取得大宗有价值的图书；⑤接洽购置图书的优待条件。中外各大书店，对国家图书馆购置图书，照例特别优待。应由该筹备处向国内外各大书店接洽购书优待条件，可以最廉价格购置大宗重要图书；⑥附设图书馆学研

---

❶　中央图书馆着手筹办 [N]. 新闻报，1927–11–16（12）.

究所。提倡图书馆学，编辑图书索引，培植中央图书馆及全国图书馆界服务人才；⑦刊印并流通重要及稀有图书；⑧附设管卷训练班，教授简易检卷方法。各院部会旧有档案应加以整理，新近交卷当亟用科学方法编目，以便易于检查。应由筹备处附设管卷训练班，由各院部会派员前往筹备处学习保管档案及简易检卷方法等。❶ 显然，该案所谓中央图书馆，是指为国民党中央各院部会服务的机构，与青年部的建议一脉相承，是机关团体图书馆，不是为公众提供阅览服务的文化教育机构。不过，该案中的建议，不能说没有价值。

为规范中央图书馆的筹备工作，王正廷拟订了《中央图书馆筹备处大纲》13 条，主要内容：国民政府为促成中央图书馆及早实现起见，先设中央图书馆筹备处（第 1 条）；筹备处为特设机关，直接受中央党部与国民政府的监督与领导（第 2 条）；筹备处设委员 13 人至 17 人，由中央政治会议提出，交由国民政府任命。筹备处委员至少应有三分之一为富有经验的图书馆学专家（第 3 条）；筹备处设常务委员 3 人至 5 人，处理日常行政事务（第 4 条）；筹备处根据事务需要，分设各组委员职员，以专责成（第 5 条）；筹备处委员会的职权有：主持本处行政方针、监督指导并任免本处职员、通过预算决算、规定设立中央图书馆的进行步骤、计划并监造中央图书馆舍、搜罗党国史料整理档案购置图书等（第 6 条）；调用监督及指导各院部会的管理档案及图书机关人员（第 7 条）；设立共同保藏档案图书场所，办理借索档案及图书事宜（第 8 条）；附设管卷训练所，教授保管档案及简易检卷方法（第 9 条）；设图书馆学研究所，培养中央图书馆与全国图书馆服务人才（第 10 条）等。❷

此外，王正廷还草拟了筹备处的开办费和经常费。开办费为 2 万元，其中房屋一所，由公家指拨，无须费用，但修理及设备费统计 1 万元；整理北平档案图书，并运至南京费用，约 1 万元。经常费每年 12 万元，其中委员及职员薪俸约 50%，图书购置费约 25%，办公费约 10%，出版及研究费约 15%。

---

❶ 王正廷提议设立中央图书馆筹备处 [N]. 申报，1928–12–07（8）.

❷ 王正廷提议设立中央图书馆筹备处 [N]. 申报，1928–12–07（8）.

1928 年 12 月 19 日，胡汉民、蔡元培、赵戴文、蒋梦麟、薛笃弼、王正廷代表黄仲苏在中央研究院总干事处开中央图书馆案审查会，蔡元培主持。审查结果："责成教部设计筹办""各机关旧有档案暂仍自行保管""各机关自行整理所有图书，设法扩充，并互订联合办法""王委员筹备意见书及组织大纲原案送教部参考"。❶ 审查会否决了王正廷提案，要求中央图书馆应由教育部筹办，反映了教育系统和党务系统之间的矛盾。

国民党系统没有放弃。半年后，国民党中央宣传部取代王正廷，再次提出筹设中央图书馆。1929 年 5 月 13 日，国民党中央宣传部拟具《中央图书馆计划书》，经国民党中央第十一次常会讨论通过。其要点有：①进行步骤：由中央常务会议指定 3 人至 5 人，组织中央图书馆筹备委员会，筹划经费，勘定馆址及建筑，向海内外募捐图书；中央各部处会所设图书室的图籍一并拨归宣传部分类整理；中央图书馆成立前，请国民党中央先拨购置图书经费 2 万元，以后每月拨给经常费 1000 元。②经费预算：开办费 50 万元，其中建筑费 25 万元，设备费 10 万元，图书费 15 万元；经常费，每年暂定 5 万元，分配比例为图书杂志及装订费 60%，生活费 30%，杂费 10%。③举办事业：设总理❷纪念堂，专搜集总理著作遗教；搜集国民党及国际民族运动史料；搜集国民党史料；筹划宣传品交换，以国民党学者的著作及国民党宣传品赠送国内外著名图书馆、出版处、著作家。④筹款办法：由中央于新加每月 10 万元活动费内，分期拨足 30 万元。定每月 2 万元，从 5 月份起，15 个月内付足；由筹备委员会向海内外私人劝募。《中央图书馆计划书》强调："中央图书馆无异为本党革命之文库。"❸ 该中央图书馆直属国民党中央宣传部，负有宣传之责，扩大了中央图书馆的职能范围。根据《中央图书馆计划书》，该中央图书馆更多属于宣传机构性质，而非一般意义上供众阅览的文教机构。

图书馆作为国民党宣传机构的设想不是国民党中央宣传部的首倡。1928 年，李小缘所著《全国图书馆计划书》一文，较早阐述了这一设想。《全国图书馆计划书》第三章为"国立中山图书馆"，设想按时分期在南

---

❶ 审查中央图书馆案 [N]. 新闻报，1928-12-20（7）.

❷ 总理，指孙中山。

❸ 中央图书馆计划书 [J]. 中央党务月刊，1929（11）：1.

京、北京、武昌、广州、成都 5 处设立，南京为总馆。国立中山图书馆举办的事业包括"设中山先生纪念特藏，专搜中山先生之著作遗教及论中山先生之一生事迹、革命事业之书画、杂志等，或其他与国民党党义有关之书籍""搜集关于民族运动之资料""搜集关于民众革命资料及民众文学、民众艺术种种书籍""保存整理历代官府之档案公文及相类似之中华民国与国民党之史料"❶ 等。比较发现，两者有不少共通之处。该文完成于 1927年。南京国民政府奠定初期，无论著名图书馆学者李小缘、国民党中央青年部，抑或国民党中央宣传部，均汲汲于筹备中央图书馆，个中原因，值得玩味。

作为机关团体图书馆，中央图书馆在国民党中央部委支持下，筹备工作有条不紊地推进。1929 年 8 月 2 日，《中央图书馆筹委会组织条例》由国民党中央常会通过，共 7 条。要点有：筹委会根据国民党中央第十一次常会议决案，由中央各处部各推筹备委员 1 人组织（第 1 条），公派兼任；筹委会的任务有中央图书馆的设备设计及办事事宜、中央图书馆各项规程的拟订、募集中央图书馆经费及编制预算（第 2 条）等；筹委会设常务委员 1 人，负责召集会议，保管文件及钤记（第 3 条）；筹委会每周至少开会一次（第 4 条）；筹委会重要议决案，必须经国民党中央常务委员会核准才能执行（第 5 条）等。❷ 不过，该中央图书馆的筹备工作，与中央青年部、王正廷等提议中央图书馆的筹备工作一样，最后都无疾而终。

国民党各部委筹划的中央图书馆，以解决北京政府遗留下的档案图书为起点，试图对国民党中央各院部会图书馆档案室进行整合，以更好地为国民党中央各院部会提供服务，甚至设想建设成为国民党的宣传机构。这些规划不无可取之处，有的建设甚至十分专业。不过，这个机关团体图书馆——中央图书馆——的筹备工作都没能持续很久。尽管如此，这些创议，丰富了中央图书馆建设思想，对推动近代中国图书馆事业的发展，不无积极意义。

---

❶ 李小缘 . 全国图书馆计划书 [J]. 图书馆学季刊，1928（2）：217.

❷ 中央图书馆筹委会组织条例 [N]. 中央日报，1929-08-02（9）.

二、教育界的国立中央图书馆创议及筹备

国民党中央各院部会积极创设中央图书馆时，我国教育界也积极行动，提出创设中央图书馆的计划。1928 年 5 月，国民政府第一次全国教育会议在南京召开，这是我国教育界的一次盛会。会上，3 件提案倡议设立国立中央图书馆。

安徽教育厅代表韩安提出"请大学院筹设国立中央图书馆案"。其理由有："国都所在，人文荟萃，观瞻攸关，故吾国历代都会，俱有藏书之所。石室兰台，崇文秘阁，史所绝称。……今南京为总理指定之首都，务建一大中央图书馆，广收图籍以供政府人员及学者之参考，而资外宾之观光，籍以表彰吾国文化，而增高国际声誉""现今国内各地图书馆，均感专门人才之缺失，自应从速设立图书馆学学校，培养此项人才；惟图书馆学术理论与实习并重，非有规模完备之中央图书馆，不足以供此项专门学校学生之实习，而宏其造就""目录未详，索引未精，参考困难，读书不便，此图书学所以注重编目录与制索引也。吾国对于二者，素鲜研究，故有图书而无图书学。如中央设有大规模之图书馆，加以专家之研究，则目录可详，而索引可精，既便于参考，即所以促进图书馆学术""近来外人重视东方文化，来华收买古籍者接踵而来，致奇书秘籍流入异域，国人之讲国故者，竟有求于外国图书馆之事，可谓奇耻大辱，此种保存文献之重任，不得不属望于强有力之中央图书馆"。❶ 韩安提案吸收了我国以往包括国民党中央青年部关于国立图书馆设想，兼采众家之长，极具吸引力。

王云五提出"请在首都筹办国立中央图书馆案"。其理由为："图书馆之有裨文化，不下于学校，而其效力之普遍，且有过之。现在国立大学已设有多所，而全国无一完备之国立图书馆，殊为遗憾。我国图书馆之不发达，实以缺少表率，为其重大原因。故未设图书馆者，不知如何办法，每逡巡而不前；即已设者，亦多囿于我国旧日藏书楼之习惯，不能充分达到现代图书馆之效用。现在大学院虽于文化事业处特设图书馆科，注意提倡，然与其徒事书面之指导，何如树以具体之模范，此中央图书馆有亟待

---

❶　中华民国大学院. 全国教育会议报告 [M]. 上海：商务印书馆，1928：606–608.

设立之必要也。"❶王云五的提案与罗振玉的见解颇为神似。

南京特别市教育局提出"请在首都筹办国立中央图书馆案"。其理由为："京都所在，为文化及学术之中心，应有设备最完善之国立中央图书馆，以供研究而壮观瞻。……际此训政开始，各国立大学，国立艺术学院，国立劳动大学，皆已先后成立，成绩斐然。人才出于学术，而学术须有充分的参考书籍及图表模型，方得研究。否则纵令大学教授私人藏书者日多，究非普通人可得随时自由借用浏览，囿于一隅，利不薄及。今为国家百年文化事业计，此项大规模建设，亟宜早定。"❷南京特别市教育局更为注重打造首都的文化中心地位。

全国教育会议审查这3件提案，并案处理，形成了"筹备中央图书馆案"。该案要点有："中央图书馆设于首都""中央图书馆建筑及设备费定为一百万元""请国民政府拨二五库券或其他款二百万元为基金，以其利息供常年购书费及行政费""中央图书馆于馆长及副馆长下设图书、研究、出版三部，图书部主本馆藏书及公开阅览事项，研究部主研究图书管理法及训练图书馆应用人才，出版部主印行孤本及编印各种目录及索引"。该案拟订了中央图书馆收集图书的办法："全国出版物于呈请著作权注册时，除照著作权法规缴呈部数外，应加缴两部，由主管机关缴存于中央图书馆""各公共机关之出版物，一律以其两部缴存于中央图书馆""一切公有之古本图书，于可能范围内收集之于中央图书馆""征集国内私人所藏佚本，规定名誉奖励办法""国际交换之出版品，一律缴存中央图书馆""征集国外学术团体出版物，以本图书馆影印佚本为交换""向国外各大图书馆，将我国流传彼处之孤本摄影或抄录""搜购国内孤本与国外富有价值之图书"。❸

这是近代中国教育界关于国立中央图书馆最为完整最为系统的设想。这一设想要点为国立中央图书馆设在南京，建设成为文化学术中心，彰显中国文化的窗口，全国图书馆事业的模范，保存传统典籍的机构，并赋予国立中央图书馆众多权利。教育界拟议的国立中央图书馆，更重视其文化

---

❶ 中华民国大学院.全国教育会议报告[M].上海：商务印书馆，1928：604-605.

❷ 中华民国大学院.全国教育会议报告[M].上海：商务印书馆，1928：608.

❸ 中华民国大学院.全国教育会议报告[M].上海：商务印书馆，1928：603-604.

性质、教育功能与师范作用，强调为民服务，与国民党党务系统的中央图书馆设想大异其趣。不过，全国教育会议结束后，该案和其他尝试一样，束之高阁，没有能够付诸实施。

图书馆界没有放弃，力促教育部从速设立国立中央图书馆。1929年1月，中华图书馆协会第一次年会在南京召开，通过了"由本会呈请教育部从速筹办中央图书馆案"，力促教育部筹备中央图书馆。该案由4个提案构成：①蒋一前的"促成中央图书馆早日实现案"。其理由为："政府曾有设立中央图书馆之决议，惟需要迫切，不容稍缓，既可增高国家之地位，且为中外观瞻之所系，急宜从速促成""训政开始之时，各院部无不急待各国图籍参考，以考订百年大计""各院部今已分别筹设，极不经济""档案不集中，不便各部参考""古版善本书籍，非国家图书馆不克搜集完全，且可积极地防止流落外洋之患"❶。蒋建议中华图书馆协会呈请教育部，从速召集专门人员计划一切。②顾天枢的"由本会呈请教育部从速筹办中央图书馆案"，其理由为"全国教育会议曾经议决筹设中央图书馆，但久未实行"。他提出应由本会具文呈请教育部，依据全国教育会议议决案，从速筹办中央图书馆。③民立中学图书馆的"督促政府速设中央图书馆于南京"，理由是："图书馆为文化中心，在训政开始时期，与各项建设在在有关。极宜及早设立。"提出根据全国教育会议议决案，并拟订切实可行的计划书，呈文教育部，督促实施。④陈钟凡的"请拨中华教育文化基金创办南京图书馆案"。其理由为：中基会已经在北平设立了北海图书馆，"南京为国民政府新建设之首都，中外观瞻所系，完美之中央图书馆尚付缺如。应请该董事会援北京图书馆例，创办一南京图书馆"❷。不难看出，中华图书馆协会会员提议从速设立中央图书馆，主要依据有二：一是要求教育部施行1928年全国教育会议通过的"筹备中央图书馆案"，二是打造新都南京文化中心的需要。

此外，还有不少文教团体呼吁设立中央图书馆。如1931年12月，留

---

❶　蒋一前.促成中央图书馆早日实现案 [R].中华图书馆协会第一次年会报告，1929：66–67.

❷　陈钟凡.请拨中华教育文化基金创办南京图书馆案 [R].中华图书馆协会第一次年会报告，1929：67.

日同学会组织中华学艺社在南京召开第四次年会。会上，雷震、马宗荣联合提出"建议中央设立中央图书馆案"。其理由为："金陵为自昔文物之邦，际此首都新建，自宜以文化建设为先，然欲使首都为学术文化之中心，非有治学之具不可。查东西各国皆有国立图书馆之设，今师其制而为之，学术之昌明，胥赖是也。"❶在南京创设中央图书馆成为社会各界的共同呼求。

无论是全国教育会议的创议，中华图书馆协会的呈请，还是其他学术团体的呼吁，中央图书馆的建设迟迟无法落到实处，一直停留在纸面上，具体原因不详。中央图书馆的设立转机来自国民党政要朱家骅。如果没有朱家骅的大力支持，国立中央图书馆也许永远是镜中花，水中月。朱家骅（1893—1963），字骝先，浙江吴兴人。他对创设国立中央图书馆的贡献主要有二：一是任用蒋复璁为国立中央图书馆筹备处主任，二是筹集国立中央图书馆建设所需浩大费用。

任用蒋复璁主持筹备工作。蒋复璁（1898—1990），字慰堂，浙江海宁人。先后在松坡图书馆、北海图书馆工作。1930年，留学德国，入柏林大学，专攻图书馆学。按照蒋复璁晚年的说法，他到德国留学，得益于朱家骅。❷担任国立中央图书馆筹备处主任前，已经发表了《中国图书分类问题之商榷》❸《英法德三国国立图书馆印象记》❹等论文。留学期间，他进入普鲁士邦立图书馆（即德国国立图书馆）实习，时间将近1年。在该馆不同部门的实习，蒋复璁获得了不同的经验：在目录部实习时，对普鲁士邦立图书馆的编目条例进行研究；在采购部实习，他特别注意期刊组工作；在东方部实习时，他细致了解德国人管理中文图书的方法；在舆图部实习时，他尤其注意东亚地图的收藏、采访及编制。除了在德国学习外，蒋复璁还利用假期参观欧洲其他国家的图书馆，特别是国立图书馆，如大

❶ 雷震，马宗荣.建议中央设立中央图书馆案[J].中华学艺社报，1931（1）：29-30.

❷ 蒋复璁.蒋复璁口述回忆录[M].台北：中央研究院近代史研究所，1990：45.

❸ 蒋复璁.中国图书分类问题之商榷[J].图书馆学季刊，1929（1/2）：1-42.

❹ 蒋复璁.英法德三国国立图书馆印象记[J].浙江省立图书馆月刊，1932（10）：9-20.

英博物院图书馆、法国国立图书馆、瑞士国立图书馆等，对这些图书馆的运行及各部门情况，了然于胸，对英法两国国立图书馆状况，尤其如此。这些在欧洲各大国立图书馆的学习和经历成为蒋复璁执掌国立中央图书馆的宝贵财富。1931 年年底，蒋复璁学成归国。1932 年 1 月 20 日，教育部长朱家骅以"首都为全国文化中心，此项国立中央图书馆之设立，实属刻不容缓"❶，重拾 1928 年 5 月全国教育会议议决的筹备中央图书馆案，以部令发表，派蒋复璁为国立中央图书馆筹备委员，即日赴北平接洽收集图书事宜。1932 年 4 月初，行政院议决通过筹设国立中央图书馆案。1932 年 4 月 8 日，正式任命蒋复璁为国立中央图书馆筹备处主任❷，展开筹备工作。在朱家骅的强力支持下，国立中央图书馆的筹备工作正式展开。

筹集国立中央图书馆的建设资金。资金短缺是中央图书馆筹建工作无法展开的主要原因之一，无论国民党党务部门的中央图书馆，还是教育部门的中央图书馆，都是如此。朱家骅深知此难。确定筹设事宜不久，朱家骅转任交通部长，但他没有坐视国立中央图书馆筹备工作不管，而是采取措施，积极支持筹备工作。1932 年年初，朱家骅克服"九一八"事变、"一·二八"事变等国难造成的财政困难，筹措资金，推进筹备工作。经行政院第 95 次会议议决，由交通部按月拨补助筹备费 2000 元。教育部事务由交通部补助费用，这是近代中国图书馆发展史上绝无仅有的现象。蒋复璁随即于 1932 年 4 月 21 日租定南京沙塘园 7 号新建民房，迁入办公，正式开始筹备工作。1932 年 9 月，中央政治会议核定 1933 年度筹备经费48 000 元，平均每月 4 000 元❸。筹备经常费有了保证。

经常费落实后，朱家骅又开始筹措国立中央图书馆馆舍的建设经费。朱家骅是管理中英基金董事会董事长。英国政府退还庚款，目标之一为推动我国文化事业的发展。1934 年，《中英庚款息金用途支配标准》向社会各界公布，其分配原则第 1 款为："中英庚款息金，以用于有永久纪念性之教育文化之建筑及有关全国之重要文化事业为原则，不得用以辅助任何机关之经常费及临时费。"用途第 1 项即为"建设大规模之中央图书馆及

---

❶ 教育部筹设中央图书馆 [N]. 中央日报，1933-01-21（7）.

❷ 部令 [J]. 教育部公报，1933（13/14）：4.

❸ 蒋复璁. 国立中央图书馆 [J]. 文华图书馆学专科学校季刊，1935（3/4）：559.

中央博物馆，完成后，其经常费及临时费，由中央政府担任之"。❶ 根据这个原则及办法，《第一届息金支配一览表》随即公布。按照该表，管理中英基金董事会补助国立中央图书馆建筑费 150 万元，第 1 年拨付 15 万元❷。国立中央图书馆馆舍的建设经费有了充分保障。

在朱家骅的支持下，国立中央图书馆筹备工作有条不紊地展开。图书方面，到 1935 年时，征集的图书有教育部拨给北平档案保管处所存图书 46 000 多册及满文 500 余册，国民党中央党部、各省市县党部及部分区分部等官书 8000 余册，各机关公报 800 余种。英美德法等国各类图书 1000 多册，中外报章 600 余种，国内外杂志 1300 多种等；接收呈缴的新出图书有 18 000 余册。❸ 馆址方面，1936 年筹备处看中南京市国府路实业部对面国立戏剧音乐院毗邻地块，40 多亩，为建筑基地。此地原系天主教主教蔡宁所有，准备建筑职业学校。筹备处与南京市政府接洽，另外用地交换。1937 年，《国立中央图书馆建筑委员会组织规则》公布，正式开始建筑工作。教育部聘请梁思成规划，戴季陶为主任委员，朱家骅等为委员，公开征集图案。其他筹备工作也都逐步推进。不久，抗战爆发，南京建馆工作搁置。在首都设立国立中央图书馆的计划再遭挫折。

然而，国难没有停止国立中央图书馆的筹备工作。1938 年，国立中央图书馆筹备处迁移到重庆后继续展开筹备工作。1940 年 7 月，该馆结束筹备工作。按照教育部的要求，1940 年 8 月，国立中央图书馆正式成立，随即任命蒋复璁为代理馆长。经国民政府批准，1940 年 10 月，教育部任命蒋复璁为国立中央图书馆馆长。1940 年 10 月 16 日,《国立中央图书馆组织条例》(以下简称《组织条例》) 13 条由国民政府公布施行。❹《组织条例》成为近代中国国立图书馆组织条例的范本，开创了近代中国国立图书馆立法的新纪元。

---

❶ 中英庚款息金用途支配标准 [J]. 管理中英庚款董事会年刊，1934（6）：1.

❷ 第一届息金支配一览表 [J]. 管理中英庚款董事会年刊，1934（7）：4.

❸ 蒋复璁. 国立中央图书馆 [J]. 文华图书馆学专科学校季刊，1935（3/4）：560–563.

❹ 国立中央图书馆组织条例 [J]. 教育部公报，1940（19/20）：2. 本节再次引用该《组织条例》时，不再注明出处。

三、《国立中央图书馆组织条例》

1. 国立中央图书馆的基本职责

《组织条例》第 1 条第 1 款明确了隶属关系"国立中央图书馆隶属于教育部"。这是国立中央图书馆的性质所在，即文化教育机构，其基本职责围绕性质而展开。第 2 款为：国立中央图书馆，掌理"关于图书之搜集编藏考订展览"。这是国立中央图书馆基本职责的表达。搜集、编藏、考订、展览是 4 种性质不同的工作，展现了图书馆学的专业特性，具有浓厚的研究色彩，体现了国立图书馆新的历史定位。图书的"搜集编藏考订展览"第一次写进国立图书馆法规，为此后我国所有国立图书馆组织条例所沿袭。

近代中国图书馆组织法规，早已有之。《图书馆通行章程》中即有组织条款。1916 年 12 月教育部公布了《京师图书馆暂行办事规则》，第 3、4、5、6 等条罗列了目录课、庋藏课，总务课等的基本职责❶，亦属组织条例范畴。不过，这一时期我国还没有名副其实的国立图书馆。因此，从逻辑上说，这些规章不是真正的国立图书馆规章制度。国立图书馆单行组织法规，始于南京国民政府时期。1929 年 5 月 18 日，教育部公布了《国立北平图书馆组织大纲》13 条。❷其第 1 条为"国立北平图书馆直隶于教育部"❸，没有规定其基本职能。该《国立北平图书馆组织大纲》详细列举了各部门的具体职掌，如文书股职掌印信保管、文书收发分配等，编订股职掌编辑目录、考订版本等，有其独特性质，但不能说是国立图书馆的基本职能。1929 年 11 月教育部公布的《国立北平图书馆组织大纲》，第 1 条为国立北平图书馆，"庋藏图书，供众阅览"❹，更多的是强调提供阅览服务。

---

❶ 北京图书馆业务研究委员会.北京图书馆馆史资料汇编[M].北京：书目文献出版社，1992：958-961.

❷ 该《组织大纲》中的"国立北平图书馆"源自于京师图书馆。1929 年 9 月，该馆与北平北海图书馆合并，形成新的国立北平图书馆。新的国立北平图书馆受教育部与中基会共同管辖。

❸ 国立北平图书馆组织大纲[J].教育部公报，1929（6）：80.

❹ 国立北平图书馆组织大纲[R].国立北平图书馆馆务报告，1933：44.

《组织条例》关于国立中央图书馆基本职能的规定，成为日后国立图书馆组织法规的范本。1945 年 4 月，国民政府公布了《国立西北图书馆组织条例》，其第 1 条为国立西北图书馆掌理"各种图书古物及地方文献之搜集编藏考订展览"。❶ 该条中"搜集编藏考订展览"措辞与《组织条例》完全一致。次年 6 月，《国立北平图书馆组织条例》在《国立北平图书馆组织大纲》基础上，进行了修改，重新公布。该《组织条例》第 1 条增加了国立北平图书馆掌理"关于图书之搜集编藏考订展览"的规定。❷ 1948 年 3 月，国民政府立法院通过了《国立兰州图书馆组织条例》，其第 1 条第 3 款为国立兰州图书馆掌理"各种图书古物及地方文献之搜集编藏考订展览。"❸ 1948 年 10 月刊布在《中央日报》上的《国立罗斯福图书馆组织条例草案》第 1 条规定国立罗斯福图书馆掌理"图书之搜集编藏考订展览"。❹ 从以上 4 部国立图书馆组织条例看，《组织条例》之后，图书的"搜集编藏考订展览"成为所有国立图书馆的基本职能。

国立图书馆为什么一定要掌理图书的"搜集编藏考订展览"呢？ 1943 年，蒋复璁表示，我国为世界文明古国，先民在文化学术上的伟绩，有赖书册参考。然而我国古代著作亡多存少，对国家文化影响很大，所以国立中央图书馆，"特藏善本，以保存文物。并且书经历代传刻，鲁鱼亥豕，舛错难免，应依据旧藏，从事校勘，撰成提要，印行丛书，以广流传""世界各国文化学术交往频繁，学术之进步，已无畛界可分。……仅只收藏本国人的著作，实在是缺而不完，……西洋科学，吾人只有全盘接受，更应迎头赶上，因此外国在水准以上之科学著作，应尽量搜集，以供国民之研究，而促科学之进步"。❺ 蒋复璁的意思是，国立中央图书馆应该搜集旧籍，从事校勘，传承文化；收集国外文献，供应学术研究。国立中央图书馆的研究性质或为研究提供服务的性质是其突出特点。

蒋复璁关于国立中央图书馆定位的认识，与袁同礼对国立北平图书馆

---

❶ 国立西北图书馆组织条例 [J]. 行政院公报，1945（5）：6.

❷ 国立北平图书馆组织条例 [J]. 教育部公报，1946（6）：1.

❸ 国立兰州图书馆组织条例 [N]. 甘肃民国日报，1948-03-14（4）.

❹ 国立罗斯福图书馆组织条例草案 [N]. 中央日报，1948-10-19（4）.

❺ 蒋复璁 . 国立中央图书馆之使命 [J]. 教育与社会，1944（12）：3.

定位的认识极其类似。1931 年，国立北平图书馆新馆落成之际，袁同礼表达了对国立北平图书馆使命的见解："迩来世乱日殷，故家旧藏散佚者多，而在外国则学术进步一日千里，典籍纷出，美不胜收。吾人于固有旧籍自当力为搜进，毋使远渡异国，有求野之叹；外国新书，亦应广事探求，庶几学术可与国家新运而俱进，其志在成为中国文化之宝库，作中外学术之重镇。"❶ 简言之，国立北平图书馆应该保存我国旧籍，收集国外新书，促进学术发展。1943 年，袁同礼表示："本馆为国立图书馆，与普通图书馆，性质略有不同。职司所重，一在文献典籍之搜藏，以供专家学者之研究与参考；二在中外文化之交流，以促进国家文化之发展与提高"❷，与1931年的见解大同小异。

国立西北图书馆筹备处主任刘国钧认为："国立图书馆之性质究与一般之普通图书馆稍有不同，对于汇集专门资料供给学者研究，以促进学术发展，实为其主要之职责"❸，国立图书馆目的是"保存文献，提高文化，促进学术，以增加人民知识而协助国家政策之推行"。❹刘国钧认为国立图书馆应该搜集各种文献，促进学术发展。

以上为三大国立图书馆负责人对本馆地位的认识，尽管在细节上有所区别，但定位是一致的，那就是搜集各国文献，尤其是保存我国旧籍，促进学术发展。也就是说，国立图书馆更应注重为学术研究提供便利。为了促进学术发展，国立图书馆的基本职能为掌理图书的"搜集编藏考订展览"，理所当然。

他们的认识也反映了当时我国国立图书馆思潮的主要观点。1920 年，叶恭绰建议设立国立图书馆，其理由包括保存我国旧籍，传承传统文化。1924 年，曹锟要求各省捐款建设国立图书馆，也是为了保存古籍，弘扬文化。1927 年，李小缘所著《全国图书馆计划书》，对国立图书馆的基本职能也进行了阐释。他说："国立图书馆重保存、发挥、创造，其事业上之重要工作，如收回流落东西洋之敦煌遗书、永乐大典、禁止古板书出

❶ 袁同礼. 国立北平图书馆之使命 [J]. 中华图书馆协会会报，1931（6）：3.
❷ 袁同礼. 国立北平图书馆工作概况 [J]. 社会教育季刊，1943（4）：10.
❸ 国立西北图书馆筹备概况 [J]. 社会教育季刊，1943（4）：13.
❹ 刘国钧. 国立西北图书馆筹备计划书 [J]. 社会教育季刊，1943（3）：90.

洋……设国际图书交换局，设博物院，种种，皆宜勉力进行者也。"❶ 省立图书馆与公共图书馆等则是教育机关，提供阅览服务。他罗列了国立图书馆应举办的事业 18 条，归纳起来，就是图书的搜集、编藏、考订与展览。

如果继续追溯，保存我国旧籍，收集国外新书，为学术研究提供参考，也是京师图书馆创设的基本宗旨。1909 年，学部筹建京师图书馆，其动力之一在于"士子近时风尚，率趋捷径，罕重国文，于是秘籍善本，多为海外重价购致，捆载以去。若不设法搜罗保存，数年之后，中国将求一刊本经史子集而不可得，驯至道丧文敝，患气潜滋。此则臣等所惴惴汲汲，日夜忧惧而必思所以挽救之者也"。❷ 当然，学部也不排斥西学。1910年公布的《图书馆通行章程》第 11 条规定："海外各国图书，凡关系政治学艺者，均应随时搜采，渐期完备。惟宗旨学说偏驳不纯者，不得采入。"❸ 京师图书馆具有国立图书馆的某些职能，也基于这种考虑。

所以，《国立中央图书馆组织条例》关于图书的"搜集编藏考订展览"的规定，是对近代中国国立图书馆思想的高度概括和肯定，尤其对我国典籍的搜藏考订，是这一基本职能的核心所在；同时，这一规定又为其他国立图书馆组织法规的制定，确立了范本，影响深远。

2. 辅导全国图书馆的主要职责

《组织条例》第 1 条第 3 款规定国立中央图书馆掌理"全国图书馆事业之辅导事宜"。为了实现辅导之责，《组织条例》第 9 条规定："国立中央图书馆设图书馆事业辅导委员会，由馆长及各组主任组织之，以馆长为主席，承教育部之命，研究及实施全国图书馆事业辅导事宜。"❹

关于掌理全国图书馆辅导事宜的规定，蒋复璁的解释是：政府想通过国立中央图书馆，"解决一部分省县图书馆感觉到难于解决的问题，特别是一些比较重要而使经济上苦于负荷过重的问题，此全属于技术方面的，与行政及人事毫无关涉。"❺ 不过，对于辅导的具体事项，《组织条例》没有

❶ 李小缘. 全国图书馆计划书 [J]. 图书馆学季刊，1928（2）：211.
❷ 学部奏筹建京师图书馆折 [J]. 政治官报，1909（676）：4.
❸ 图书馆通行章程 [J]. 政治官报，1910（813）：7.
❹ 国立中央图书馆组织条例 [J]. 教育部公报，1940（19/20）：2.
❺ 蒋复璁. 国立中央图书馆之使命 [J]. 教育与社会，1944（12）：3.

规定，蒋复璁也没有说清楚。

按照《中央图书馆史料》的记载，国立中央图书馆根据教育部的要求，组织了图书馆事业辅导委员会，用来提高全国图书馆工作的效能。❶这个辅导委员会由哪些人组成，讨论了什么问题，解决了哪些问题，不是很清楚。然而，《中央图书馆史料》的编者认为，作为国立中央图书馆的下属机构，辅导委员会与设在国立中央图书馆的教育部出版品国际交换处一样重要。这表明辅导委员会发挥了辅导作用。

根据记载，截至1943年，国立中央图书馆采取的辅导措施主要有：应教育部的要求，视察图书馆，整理四川板片，视察及计划文渊阁四库全书的安置，编制图书馆辅导丛书（如编目规则、分类法等），草拟关于图书馆之规程计划，办理图书馆补习学校等，并为各省各机关及各学校设计图书馆（如代四川省筹设四川省立图书馆、为中央训练团筹设图书馆等）。❷从这些零星的记载看，国立中央图书馆确实发挥了辅导作用。

《组织条例》关于国立中央图书馆辅导全国图书馆事业的规定，在近代中国各种国立图书馆组织法规中，尚属首次。1929年公布的两个《国立北平图书馆组织大纲》，都没有关于辅导事宜的规定。《组织条例》关于辅导全国图书馆事宜的规定，标志着近代中国图书馆横向辅导体系雏形已现。

图书馆辅导问题由来已久。1912年，谢荫昌提出，教育部视学考察各地办学成绩时，不应只注意省立图书馆的状况，也应注意"全省县乡图书馆之如何普及"。他建议："各省司立高等图书馆当设图书馆教育讲习会，令各县之曾习师范愿充图书馆员者入馆研习图书馆教育三月"。❸按照这一建议，省立高等图书馆应承担辅导县图书馆馆员的责任。不过，该建议没有能够付诸实施。

浙江省立图书馆较早开展辅导活动。1930年，浙江省教育厅公布了《浙江省立图书馆暂行章程》。其第1条规定："浙江省立图书馆以储集图书保存文献公开阅览兼辅导本省各县市图书馆为宗旨"；第3条第4款为

❶ 中央图书馆史料 [J]. 江苏图书馆学报，1987（6）：74.

❷ 蒋复璁. 国立中央图书馆概况 [J]. 社会教育季刊，1943（4）：8-9.

❸ 谢荫昌. 图书馆改组系统办法议 [J]. 通俗教育研究录，1912（4）：14.

推广组，其职责是："关于图书之巡回县市图书馆之辅导及其他推广事项属之"❶，并对省立图书馆的辅导事项——明确规定。不久，安徽等省也先后明确规定省立图书馆辅导本省各类图书馆。

浙江等省立图书馆的辅导活动无疑为图书馆立法工作提供了借鉴。1939 年 7 月，教育部公布了《修正图书馆规程》。其第 8 条规定省市立图书馆须设置"研究辅导部"，"调查、统计、研究、实验、视察、辅导、图书馆工作人员之进修与训练，及各项推广事项属之"❷，在法律层面确立了省立图书馆辅导县市立图书馆的基本原则。

全国图书馆辅导事宜的倡议开始于 1933 年。那年，中华图书馆协会第二次年会在北平国立清华大学召开。安徽省立图书馆馆长陈东原提出"设立全国圕事业辅导所案"，其理由为：我国图书馆事业，因人才缺乏，困难重重，以内地为尤甚，如卡片购置、著者排列、分类法引用等，都有问题。他建议中华图书馆协会应设立一个"全国圕事业辅导所"，指导全国各地的图书馆事业。❸这一提案没能议决通过。

七年后，陈东原提案的精神列入了国立图书馆法规之中。《组织条例》就全国图书馆辅导事务，明确规定国立中央图书馆担任全国图书馆辅导之责。经过不懈努力，近代中国图书馆辅导体系初步形成：国立中央图书馆负责全国图书馆辅导事宜，省立图书馆负责辅导各该省县市图书馆。

此后，随着区域性国立图书馆的相继设立，图书馆辅导也列入了各区域性国立图书馆组织条例。1945 年 4 月，《国立西北图书馆组织条例》公布施行，其第 1 条第 3 款为国立西北图书馆掌理"西北各省图书文化事业之辅导"。❹为实现辅导目标，《国立西北图书馆组织条例》还设置了"辅导组"，专门用于推广辅导事宜。国立西北图书馆在图书馆辅导方面颇具特色。1943 年，刘国钧筹备国立西北图书馆期间，详细列举了辅导工作的内容：宣传现代图书馆在社会教育中的重要地位；派员视察各大城市图书

---

❶ 浙江省立图书馆暂行章程 [J]. 浙江省政府公报，1930（972）：2.

❷ 修正图书馆规程 [J]. 浙江省政府公报，1939（3179）：6.

❸ 陈东原. 设立全国圕事业辅导所案 [R]. 中华圕协会第二次年会报告，1933：71-72.

❹ 国立西北图书馆组织条例 [J]. 行政院公报，1945（5）：6.

馆，予以方法上之指导；筹办短期图书馆人员训练班，以培养人才；编印辅导丛书丛刊，以资社教人员参考；设法与各省图书馆取得联络，组织图书馆协会，并举行图书馆员座谈会；举办各种专门事业参考图书馆，如公路事业图书馆、卫生医药图书馆等，以利各行各业人士阅读；在重要城市设立图书分馆以为示范；举行各种学术讲演；举办各种展览会；用巡回书库及寄存办法，供给各地学校或图书馆以必要之参考书。❶筹备期间，刘国钧如其设想，展开了各种筹备活动。《国立西北图书馆组织条例》是近代中国第一部区域性国立图书馆组织条例，开创了区域性国立图书馆辅导事业的先河。

1948 年 2 月，《国立兰州图书馆组织条例》公布，其第 1 条第 2 款规定国立兰州图书馆掌理"西北各省图书文化事业之辅导"。❷1948 年 10 月，《国立罗斯福图书馆组织条例草案》公布，第 1 条规定国立罗斯福图书馆掌理"辅导西南各省图书文化事业之发展事宜"❸，在组织机构方面，专门设立了"推广辅导组"，以利辅导事宜的展开。区域性国立图书馆成为各大区图书馆辅导事业的具体承担者。

值得注意的是，1945 年，《国立中央图书馆组织条例》重新公布，其第 1 条修改为国立中央图书馆掌理全国图书馆事业之"研究事宜"❹，取代了 1940 年《组织条例》中的"辅导事宜"一词。即，国立中央图书馆辅导全国图书馆事宜一款被取消。这一职责由国立中央图书馆转移到区域性国立图书馆。国立西北图书馆、国立罗斯福图书馆等区域性国立图书馆承担辅导本区图书馆事务之责。我国图书馆辅导事宜开启了新模式：区域性国立图书馆辅导本区各省立图书馆，各省立图书馆辅导本县市图书馆。区域性国立图书馆更贴近各省，它们分区承担辅导事业，较之国立中央图书馆辅导全国图书馆事业，更为切实科学。从这个意义上说，国立中央图书馆放弃辅导事宜，是国立图书馆分工的需要，适应了国立图书馆差异化的发展需要。国立中央图书馆统筹全国图书馆，负责全国图书馆事业之研究

❶ 刘国钧.国立西北图书馆筹备计划书 [J].社会教育季刊，1943（3）：91.

❷ 国立兰州图书馆组织条例 [N].甘肃民国日报，1948-03-14（4）.

❸ 国立罗斯福图书馆组织条例草案 [N].中央日报，1948-10-19（4）.

❹ 国立中央图书馆组织条例 [J].教育部公报，1945（10）：27-28.

事宜。

1945 年《国立中央图书馆组织条例》的公布，意味着国立中央图书馆进行了职能调整，放弃辅导全国图书馆事业之责，国立图书馆差异化发展模式雏形初具。1945 年抗日战争结束后，我国各国立图书馆分工变化很大：国立中央图书馆负责"全国图书馆事业"的研究事宜，国立北平图书馆掌理"图书馆事业"的研究事宜，其措辞与国立中央图书馆相比，少了"全国"两个字；图书馆辅导分区进行，分别由国立西北图书馆、国立罗斯福图书馆等区域性国立图书馆负责。位于首都的国立中央图书馆的地位日益突出。

蒋复璁晚年表示，他在抗战期间图书馆事业各项发展中，有两件事情值得一提："其一为民国二十八年《修正图书馆规程》及《图书馆工作大纲》之制订，另一则为民国二十九年《国立中央图书馆组织条例》之颁布。这些法令的制定不但使近代中国图书馆事业发展的传统精神具体化，有了其发展之路向，并且明确规定了图书馆在国家政制中的地位，也使各级图书馆相互间纵的隶属关系，横的辅导关系清楚起来。"❶ 这一评论，从图书馆辅导方面来说，较为符合历史的本来面目。1940 年公布的《组织条例》在一定程度上使近代中国图书馆的横向辅导关系建立起来。

3. 国立中央图书馆的人事条款

《组织条例》关于人事条款的规定，颇具特色，主要有以下几个方面。

（1）适用《公务员任用法》。

1940 年《国立中央图书馆组织条例》人事条款共有 5 条，分别为第 3、第 5、第 6、第 9、第 10 条。第 3 条涉及馆长、主任、编纂等职员，为基本条款。其内容为："国立中央图书馆设馆长一人，简任；组主任五人，荐任；编纂十四人至二十人，内六人聘任，余委任。干事二十人至三十人，委任。"❷ 按照这一规定，国立中央图书馆职员的任用，主要为简任、荐任和委任 3 种方式，这 3 种任用方式属公务员的任用方式。换言之，国立中央图书馆主要职员的任用方式，适用于《公务员任用法》，开

---

❶ 蒋复璁. 蒋复璁口述回忆录 [J]. 台北：中央研究院近代史研究所，2000：59.

❷ 国立中央图书馆组织条例 [J]. 教育部公报，1940（19/20）：2.

启了国立图书馆职员任用的新时代。

简任、荐任等任用方式，起初是文官任用方式。1913 年 1 月，北京政府公布了教令第十号关于文官任免执行令，其中包括《文官任用法草案》。该法第 1 条为，文官分为特任、简任、荐任、委任 4 种❶，并规定了相应的任职资格等配套条款。同时公布的《秘书任用法草案》第 2 条规定"秘书得不依文官任用法任用之"。❷ 文官从此获得独特的法律地位。

1915 年《图书馆规程》第 6 条规定："公立图书馆馆长及其他馆员关于任职、服务、俸给等事项，准各公署所属教育职员之规定。"教育职员的任用方式查找不到。不过，可以确定，图书馆职员的任用方式，无论京师图书馆，还是公立图书馆，都没有明确适用《文官任用法草案》。1915 年，《政府公报》刊载了一则图书馆职员的任用消息，内有："除该馆馆长仍由社会教育司司长夏曾佑兼任外，应派本部主事戴克让兼充图书馆馆员，办理庶务会计一切事宜；并派办事员周溥、纪清檷专充图书馆馆员，分任管理图书馆事宜，以专责成"。❸ 这 3 人的任用方式为"兼任""派""兼充"，它们均非公务员任用方式。需要注意的是，这些职员，尤其社会教育司司长夏曾佑、主事戴克让，属公务员编制。他们在教育部的任用方式分别是荐任和委任。❹ 他们这些公务员在京师图书馆兼职，意味着京师图书馆职员不再被允许兼职而只能专职时，可能采取公务员任用方式，除非这种任用传统被打破。

历史确实朝这个方向发展。1923 年，《京师图书馆暂行办事规章》经教育部修改后公布。其第 2 条为："本馆设馆长一人，馆长之下设主任一人，主任之下分设三课：一总务课，二目录课，三庋藏课。每课设课员若干人"，第 3 条为："馆长定为名誉职，由部聘任。主任视荐任职，由部令派。课员除由部员兼充者由部令派外，其余一律由部属派。"❺ "主任视荐任

---

❶ 关于文官任免执行令 [J]. 政府公报，1913（243）：32.

❷ 关于文官任免执行令 [J]. 政府公报，1913（243）：34.

❸ 教育部饬第二一四号 [J]. 政府公报，1915（1121）：33.

❹ 各部官制通则 [J]. 政府公报，1912（80）：6–7.

❺ 北京图书馆业务研究委员会 . 北京图书馆馆史资料汇编 [M]. 北京：书目文献出版社，1992：999–1000.

职"，表明京师图书馆专任职员任用开始比拟公务员任用法。不过，这并不是真正适用《文官任用法草案》。

南京国民政府成立后，以"公务员"一词取代"文官"，1929 年公布了《公务员任用条例》。公务员任用分为特任、简任、荐任、委任 4 种形式。根据 1935 年 11 月修正公布的《公务员任用法》规定，简任职公务员，应该具备的资格之一为"现任或曾任简任职，经甄别审查或考绩合格者""现任或曾任最高级荐任职三年以上，经甄别审查或考绩合格者""曾任政务官二年以上者""曾于中华民国有特殊勋劳，或致力国民革命十年以上，而有勋劳，经证明属实者""在学术上有特殊之著作或发明，经审查合格者"（第 2 条）。荐任职公务员，应该具备的资格之一为"经高等考试及格，或与高等考试相当之特种考试及格者""现任或曾任荐任职，经甄别审查或考绩合格者""现任或曾任最高级委任职三年以上，经甄别审查或考绩合格者""曾于中华民国有勋劳，或致力国民革命七年以上，而有成绩，经证明属实者""在教育部认可之国内外大学毕业，而有专门著作，经审查合格者"（第 3 条）。委任职公务员的资格之一为"经普通考试及格，或与普通考试相当之特征考试及格者""现任或曾任委任职，经甄别审查或考绩合格者""现充雇员，继续服务三年以上，而成绩优良，现支最高薪额者""曾致力国民革命五年以上，而有成绩，经证明属实者""在教育部认可之专科学校毕业者"（第 4 条）。不同的任用形式，任用程序也不一样："简任职公务员之任用，由国民政府交铨叙机关审查合格后任命之。荐任职、委任职公务员之任用，由该主管长官送铨叙机关审查合格后，分别呈荐委任之"（第 7 条）。❶

根据 1940 年《组织条例》，国立中央图书馆馆长为简任，组主任为荐任，全部干事及部分编纂为委任，没有特任职员。这一任用方式表明国立中央图书馆人事任用主要为公务员的任用方式。根据第 3 条计算，公务员编制人员至少为 24 人，占国立中央图书馆编制人员的绝对多数。

1945 年《国立中央图书馆组织条例》第 3 条的人事条款对 1940 年《组织条例》第 3 条进行了修改："国立中央图书馆置馆长一人，简任；组

---

❶ 公务员任用法 [J]. 立法院公报，1935（75）：11–13.

主任五人，编纂十四人，编辑十五人至二十五人，均聘任；干事二十五人至四十人，委任。"❶ 这次修改，最为引人注目的变化是组主任改为聘任，而非荐任。同时，职员类型增加了"编辑"一类，并规定了人数的变动范围。馆长和干事的任用方式没有变化，依然是简任和委任。从总体上看，国立中央图书馆职员中，简任和委任类型职数呈减少趋势。

1940 年《国立中央图书馆组织条例》明文规定职员采取公务员的任用方式，这是近代中国国立图书馆人事制度的重大改革，具有里程碑意义。1929 年 5 月教育部公布的《国立北平图书馆组织大纲》，其人事任用为聘任和委派两种形式。同年 11 月 28 日重新公布的《国立北平图书馆组织大纲》，第 2 条为"国立北平图书馆设馆长一人，副馆长一人，综理馆务"；第 3 条为"国立北平图书馆设左列各部，每部设主任一人，分掌馆务"；第 4 条为"国立北平图书馆各部分组办事，每组设组长一人，组员、书记各若干人，分别处理各该管事务。因学术上之必要，得设编纂委员会，以编纂委员若干人组织之"。❷ 按照这 3 条的规定，合组的国立北平图书馆，其人事任用，无论馆长，各部主任，抑或组长，全部为"设"，完全没有公务员的任用痕迹。而 1929 年《教育部公报》第 11 期刚刚转载了国民政府于 1929 年 10 月 29 日公布的《公务员任用条例》。❸ 也就是说，在新的《国立北平图书馆组织大纲》公布前，《公务员任用条例》已经生效。在这种情况下，国立北平图书馆没有采用公务员任用办法，表明国民政府没有视国立图书馆为行政系统的组成部分。所以 1940 年《组织条例》是我国第一部适用《公务员任用法》的国立图书馆组织条例。

1940 年《国立中央图书馆组织条例》所确立的人事任用方式，即适用《公务员任用法》，为其他国立图书馆的人事任用树立了榜样。此后，所有国立图书馆的人事任用，都适用《公务员任用法》。1945 年 4 月国民政府公布的《国立西北图书馆组织条例》第 3 条规定："国立西北图书馆置馆长一人，简任；组主任六人，荐任；……干事十八人至二十四人，会计员一

---

❶ 国立中央图书馆组织条例 [J]. 教育部公报，1945（10）：27.

❷ 国立北平图书馆组织大纲 [R]. 国立北平图书馆馆务报告，1933：44–45.

❸ 公务员任用条例 [J]. 教育部公报，1929（11）：90–93.

人，人事管理员一人，助理干事十人至十六人，均委任。"❶1946 年 6 月公布的《国立北平图书馆组织条例》第 3 条规定："国立北平图书馆置馆长一人，简任；……干事二十人至三十五人，委任"❷。1948 年《国立兰州图书馆组织条例》第 3 条规定："国立兰州图书馆置馆长一人，简任；……干事十二人至十八人，委任。"❸1948 年的《国立罗斯福图书馆组织条例》草案第 3 条为："国立罗斯福图书馆设馆长一人，简任；秘书一人，组主任六人，编纂四人至六人，编辑六人至八人，均荐任；干事十一人至十三人，委任"❹，完全适用《公务员任用法》，没有其他任用方式。

人事任用纳入公务员任用体系是国立图书馆的专利，其他各种类型的图书馆未见有如此规定。1915 年《图书馆规程》、1927 年《图书馆条例》、1930 年《图书馆规程》等相继公布，但人事任用方面，均非公务员性质。1939 年公布的《修正图书馆规程》，适用对象为省、市、县、地方自治机关设置的图书馆，其人事条款是："图书馆设馆长一人，综理馆务。省立者由教育厅遴选……，提请省政府会议决定后派充之，市（行政院直辖市）立者由市教育行政机关遴选合……，呈请市政府核准后派充之……。县市立者由县市政府遴选……，呈请教育厅核准派充之，但教育厅于必要时，得直接遴选合格人员派充之。地方自治机关设立者，由设立之机关遴选合格人员，呈请县市政府核准后派充之。"❺设、遴选、派充等，均非公务员任用方式。国立图书馆是图书馆的国家队，在图书馆系统的地位由此可见一斑。

（2）兼采聘任方式。

聘任、聘请条款是 1940 年《组织条例》的又一特色。其第 3 条包括"编纂十四人至二十人，内六人聘任，余委任。"国立中央图书馆采取公务员任用和聘任的混合人事制度。

聘任一般是专业技术人员与用人单位之间签订的人事契约关系，在近

---

❶ 国立西北图书馆组织条例 [J]. 行政院公报，1945（5）：6.
❷ 国立北平图书馆组织条例 [J]. 教育部公报，1946（6）：1.
❸ 国立兰州图书馆组织条例 [N]. 甘肃民国日报，1948-03-14（4）.
❹ 国立罗斯福图书馆组织条例草案 [N]. 中央日报，1948-10-19（4）.
❺ 修正图书馆规程 [J]. 浙江省政府公报，1939（3179）：6-7.

代中国颇受重视。聘任制在我国出现较早。清末新政时，已经有所探讨。中华民国建立后，聘任现象普遍出现。1912 年，海军部即聘任石瑛为顾问。❶ 1922 年 7 月召开的浙江教育行政会议上，有人提出"请改校长委任制为聘任制案"。其主要理由为：委任制无以保师道之尊严，聘任制为官厅所尊崇；委任制易受政治之影响，聘任制利于教育之独立；委任制无以维系人才，聘任制可保持名誉礼貌。❷ 聘任制的优点逐渐成为教育界的共识。1925 年，在中华教育改进社年会上有人提出"官立学校校长教员一律改为聘任制案"，其理由为："教育为高尚事业，非特示尊崇，不足以养士风。吾国官立学校校长向由行政官厅委任，而县立学校教员亦由县长委派，以尊严之师儒视同僚椽，加以驱使，自好者多耻而不为，而夤缘者得以厕身其列。此诚教育不能进步之一大原因"，国立大学校长近年来已多改为聘任，江苏等省省立学校校长也改为聘任，"今宜取统一办法，由本社建议教部，通令各省，将国省道县立学校校长教员一律改为聘任制度，与行政官吏不相统属。"❸ 该案议决通过。聘任不属于公务员的任用系列，隐含尊崇专业技术人员之意。

聘任制在图书馆职员领域的运用，较早出现在江苏。1914 年，江苏巡按使韩国钧致函叶昌炽，内有："先生以经学名流，为儒林泰斗。……苏人士倾向风采久矣……现拟就苏州可园藏书楼改为省立图书馆，……谨拟聘任先生出为馆长"❹ 函件发表在《江苏教育行政月报》上，颇为郑重其事。这种礼遇学者的现象极为少见。1923 年《京师图书馆暂行办事规章》公布，其第 3 条规定"馆长定为名誉职，由部聘任"。聘任制出现在京师图书馆馆长的任用上。1929 年 5 月教育部公布的《国立北平图书馆组织大纲》，其人事任用条款为"国立北平图书馆，设馆长一人，由教育部聘任之，主持馆务"（第 2 条）"国立北平图书馆，分总务、图书两部，各设主任一人，由馆长聘任，或委派之，商承馆长，办理主管事务。馆员若

❶ 海军部部令第五号 [J]. 政府公报，1912（208）：2.
❷ 浙江教育行政会议之议案 [J]. 时报，1922-07-26（5）.
❸ 官立学校校长教员一律改为聘任制案 [J]. 新教育，1925（2）：220.
❹ 致叶昌炽函（聘任省立图书馆馆长由）[J]. 江苏教育行政月报，1914（14）：18.

干人，由馆长分别聘委，办理各该馆事务"（第3条）。[1] 按照这两条规定，国立北平图书馆的人事任用主要为聘任，间以委派。这种人事任用制度，显示了国立北平图书馆的学术机构性质。不过，该组织大纲并未实施多久即为1929年11月公布的新《国立北平图书馆组织大纲》所取代，而新组织大纲废弃了聘任制的人事任用关系，措辞为"设"，所以旧大纲的人事任用制度没有传之久远。

按照1940年《国立中央图书馆组织条例》的规定，国立中央图书馆6人为专职聘任，且均为编纂。换言之，这6名编纂在馆内应为专业技术人员，地位崇高。那么，编纂的职责是什么呢？该《组织条例》没有列出编纂的具体职责。近代中国国立图书馆设编纂一职，始于国立北平图书馆。1929年11月《国立北平图书馆组织大纲》第3条规定国立北平图书馆设八部，第三部为编纂部。编纂部设中文编目、西文编目、索引三组，其职掌为"编目事项""分类事项""考订、雠校及纂拟提要事项""出版物之设计及编纂事项"。分类、考订、雠校、纂拟等事务，专业性极强，属专业技术工作，非一般人员所能胜任。第4条规定，国立北平图书馆"因学术上之必要，得设编纂委员会，以编纂委员若干人组织之"。[2] 根据这两条规定，不难看出，编纂主要从事学术研究，为专业技术工作，所以采用聘任制，合情合理。1929年5月公布的《国立北平图书馆组织大纲》，内设编订股，职掌为"编辑目录""考订板本""雠校及撰拟提要""补辑装订"[3]，与编纂职责较为相近，但没有编纂这一法定名称。1943年，国立中央图书馆馆长蒋复璁撰写的《国立中央图书馆概况》一文发表。该文列举了国立中央图书馆编纂了中文图书分类表、馆藏善本书志、编行善本目录、编全国图书总目等。[4] 从内容看，国立中央图书馆编纂与国立北平图书馆图书馆的编纂职责大体一致。即，《国立中央图书馆组织条例》设立的编纂一职，确系专业技术工作。

为规范聘任人员的管理，1944年4月，国民政府公布了《聘用派用

---

[1] 国立北平图书馆组织大纲 [J]. 教育部公报，1929（6）：81.

[2] 国立北平图书馆组织大纲 [R]. 国立北平图书馆馆务报告，1933：45.

[3] 国立北平图书馆组织大纲 [J]. 教育部公报，1929（6）：82-83.

[4] 国立中央图书馆概况 [J]. 社会教育季刊，1943（4）：7-8.

人员管理条例》。其主要内容有："中央及地方机关依组织法聘用或派用之人员，其管理适用本条例之规定"（第1条）；"本条例所称聘用人员，以相当于简任或荐任职务之有给专任者为限"（第2条）；聘用人员的名称，"须能表示其职务性质并等级"（第4条），名额"应于组织法中规定"（第5条）；聘用人员的学识经验，"应与其职务相当。其资格标准，除法律另有规定外，由考试院会商主管院或直隶国民政府之主管机关定之"（第6条）；聘用人员的薪给，"由考试院会商主管院或直隶国民政府之主管机关定之"（第8条）等。❶1945年6月，《聘用派用人员管理条例实施办法》公布，细化了聘任人员的标准、程序、薪俸等具体问题，如聘用人员除无给职者外其适用资格标准（第2条）、聘用人员任用程序（第7条）、聘用人员薪俸（第10条）等。❷《聘用派用人员管理条例》有利于规范包括国立图书馆在内的人事聘任工作。

《聘用派用人员管理条例》生效后，聘任制成为国立图书馆组织条例最为重要的人事制度。1945年，《国立中央图书馆组织条例》重新公布，第3条内有："组主任五人，编纂十四人，编辑十五人至二十五人，均聘任"。组主任改为聘任。聘任人员数量呈增加趋势，国立中央图书馆职员构成朝专业化方向发展。1945年《国立西北图书馆组织条例》第3条有"编纂六人至八人，聘任"；1946年《国立北平图书馆组织条例》第3条规定："秘书二人，组主任八人，编纂八人至十二人，编辑十四人至二十人，均聘任"。聘任人员成为国立北平图书馆职员的核心部分；1948年《国立兰州图书馆组织条例》第3条："组主任六人，编纂四人至六人，编辑八人至十二人，均由馆长聘任之"，明确聘任由馆长执行。聘任职员也成为国立兰州图书馆的核心部分。《国立罗斯福图书馆组织条例》草案没有采用聘任制，而是采用简任、荐任和委任方式，均适用于《公务员任用法》。不过，《国立罗斯福图书馆组织条例》只是草案。1948年，教育部提交立法院讨论，但没有通过❸，原因不详。也就是说，1940年以后所有的国

❶ 聘用派用人员管理条例 [J]. 教育部公报，1944（6）：30–31.
❷ 聘用派用人员管理条例实施办法 [J]. 国民政府公报，1945（渝字第786号）：16–17.
❸ 严文郁. 国立罗斯福图书馆筹备纪实 [J]. 传记文学，1970（4）：51.

立图书馆组织条例均对特定职员采用聘任制。1945 年《国立中央图书馆组织条例》之后，聘任制职员逐渐成为国立图书馆职员的主要构成部分。

除了专职聘任外，《组织条例》中还有"聘请"一类的人事任用方式，颇值得注意。1940 年《国立中央图书馆组织条例》第 9 条规定："国立中央图书馆设图书馆事业辅导委员会，由馆长及各组主任组织之，以馆长为主席，承教育部之命，研究及实施全国图书馆事业辅导事宜。前项委员会，得由馆长聘请馆外专家一人至五人为委员，但应呈报教育部备案。"第 10 条规定："国立中央图书馆得聘请中外图书馆及目录学专家为顾问。前项顾问为无给职。"❶ 这些专家和中央图书馆之间的关系是"聘请"。聘请是兼职，聘任是专职，两者并不完全相同。聘请条款首次正式列入国立图书馆组织法规。

1945 年修正《组织条例》对聘请条款进行了完善。第 10 条为"国立中央图书馆设图书馆事业研究委员会，由馆长及各组主任组织之，以馆长为主席，研究图书馆之改进事宜。前项委员会得由馆长聘请馆外专家三人至七人为委员，并呈报教育部备案"；第 11 条为"国立中央图书馆得聘请中外图书馆学及目录学专家一人至五人为顾问，或通讯员。"❷ 图书馆事业研究委员会取代了辅导委员会，部分委员为聘请关系，所聘请中外图书馆学及目录学专家的数量有了限制。

为进一步规范国立中央图书馆的聘任工作，1947 年，《国立中央图书馆聘任人员遴聘规则》由行政院和考试院联合公布施行。主要条款有："本馆之聘任人员分主任、编纂、编辑、图书馆事业研究委员会委员及通讯员，但顾问、图书馆事业研究委员会委员及通讯员均为无给职。"（第 2 条）主任及编纂应具资格之一为"国内外图书馆学专科以上学校毕业，有特殊著作，经审核认为与所聘职务相当者""曾任大学教授或副教授，有特殊著作，经审核认为与所聘职务相当者"等 5 项条件（第 3 条）；编辑应具资格之一为"国内外图书馆学专科以上学校毕业，曾在图书馆事业服务三年以上，成绩优良者""国内外专科以上学校毕业，曾在学术文化界

---

❶ 国立中央图书馆组织条例 [J]. 教育部公报，1940（19/20）：2.

❷ 国立中央图书馆组织条例 [J]. 教育部公报，1945（10）：27.

服务二年以上，有专门著作，经审核认为与所聘职务相当者"等4项条件
（第4条）；顾问及图书馆事业研究委员会委员，"须就具有主任及编纂资
格之一者遴聘之"（第5条）；通讯员，"须就具有编辑资格之一者遴聘之"
（第6条）；聘任人员的薪给，"依照聘用派用人员管理条例第八条之规定
订定之"（第7条）。❶可以发现，国立中央图书馆聘任人员遴聘极为重视
专业水平，尤其图书馆学专业。这一倾向与聘任制度的初衷一致。

我国图书馆聘请国内外顾问，始于国立北平图书馆。1929年10月，
该馆函聘俞樾园、吴其昌等4人为名誉编纂委员，函聘庄严等2人为名誉
调查员。❷同时，为了沟通中外文化，该馆聘请数人为国外特约通讯员。❸
这些国内外编纂委员、调查员或特约通讯员均为学术造诣深厚者，蜚声学
界。随后这一做法成为传统。如1930年7月，该馆聘伯希和等为国立北
平图书馆通讯员。❹不过，1929年11月公布的《国立北平图书馆组织大
纲》没有把聘请国内外顾问条款列入其中。

1940年《国立中央图书馆组织条例》公布后，其他国立图书馆沿袭
了这一做法。《国立西北图书馆组织条例》第6条规定："国立西北图书馆
得聘国内外图书馆学或目录学专家为顾问。前项顾问为无给职。"1946年
《国立北平图书馆组织条例》第8条规定："国立北平图书馆得聘请中外学
者为顾问或通讯员。前项顾问及通讯员为无给职"。《国立兰州图书馆组织
条例》第8条："国立兰州图书馆得聘国内外图书馆学或目录学专家为顾
问。前项顾问为无给职"。1948年《国立罗斯福图书馆组织条例》草案第
8条："国立罗斯福图书馆得聘请中外图书馆学及目录学专家为顾问或通讯
员。前项顾问及通讯员均为无给职"。以规范公立图书馆为主的《图书馆
规程》中则无此条文。"聘请中外学者为顾问或通讯员"成为国立图书馆

---

❶ 国立中央图书馆聘任人员遴聘规则 [J]. 教育部公报，1948（1）：4.

❷ 北京图书馆业务研究委员会. 北京图书馆馆史资料汇编 [M]. 北京：书目文献
出版社，1992：309-310.

❸ 国立北平图书馆. 国立北平图书馆馆务报告（民国十八年七月至十九年六月）[R].
北平：国立北平图书馆，1930：40.

❹ 北京图书馆业务研究委员会. 北京图书馆馆史资料汇编 [M]. 北京：书目文献
出版社 1992：324.

组织条例的标配。

（3）适用关联法律。

1940 年《组织条例》第 5 条规定："国立中央图书馆设会计员一人，依《主计处组织法》之规定，办理会计岁计事务。"[1] 该项规定很笼统，没有说明会计员的任用方式。1945 年《组织条例》有所完善。其第 5 条为"国立中央图书馆设会计室，置会计主任一人，荐任；佐理员二人，委任，依《国民政府主计处组织法》之规定，办理岁计会计统计事项"。[2] 这一规定显示国立中央图书馆会计人员数量增加，从 1 人变为 3 人，并形成了会计室，业务范围也从会计岁计拓展到统计。

这两部《组织条例》均提及《国民政府主计处组织法》（1940 年《组织条例》简写为《主计处组织法》）。该法由南京国民政府于 1930 年 11 月公布。主要内容有："国民政府设主计处，掌管全国岁计会计统计事务"（第 1 条）；主计处分设岁计、会计、统计 3 局（第 4 条）；岁计局办理"筹划预算所需事实之调查""各机关概算预算及决算表册等格式之制定""预算内款项依法流用之登记"等事务（第 6 条）；会计局办理"各机关会计表册书据等格式之制定""各机关会计事务之指导监督""各机关会计报告之综核记载及总报告之汇编"等事务（第 7 条）；统计局办理"各机关统计图表格式之制定颁行及一切编制统计办法之统一""各机关编制统计范围之划定及统计工作之分配"等（第 8 条）；全国各机关主办岁计会计统计人员分为三等：会计长、统计长，均简任；会计主任统计主任，均荐任；会计员统计员，均委任。前项主办人员及佐理人员，均由主计处按其事务需要设置任用（第 12 条）；第 12 条办理岁计会计统计人员，直接对主计处负责，并依法受所在机关长官指挥（第 13 条）等。[3] 此后，该法常有修改。1940 年《组织条例》会计员条款即依据此组织法。

1944 年 1 月 5 日，修正《国民政府主计处组织法》公布。1944 年组织法与 1930 年组织法比较，与国立图书馆组织条例密切关联者，为第 15 条。该条内容为："全国各机关主办岁计会计统计之人员，分为左列等次：

---

❶ 国立中央图书馆组织条例 [J]. 教育部公报，1940（19/20）：2.

❷ 国立中央图书馆组织条例 [J]. 教育部公报，1945（10）：27.

❸ 国民政府主计处组织法 [J]. 司法公报，1930（100）：1–4.

一、会计长统计长均简任；二、会计处长统计处长简任或荐任；三、会计主任统计主任荐任或委任；四、会计员统计员均委任。前项主办人员及其佐理人员，均由主计处按其事务之需要，分别设置。"❶ 1945 年《组织条例》即依据此组织法。根据《国民政府主计处组织法》，国立图书馆必须设置法定会计员。会计人员的任用权不在国立图书馆，而在主计处。

此后，国立图书馆组织条例均设有会计员条款。1945 年《国立西北图书馆组织条例》第 3 条内含"会计员一人……委任"；1946 年《国立北平图书馆组织条例》第 5 条："国立北平图书馆置会计员一人，委任，依《国民政府主计处组织法》之规定，办理岁计会计统计事务。"1948 年《国立兰州图书馆组织条例》第 5 条："国立兰州图书馆，设会计室，置会计主任及佐理员各一人，均委任，依法律之规定，办理岁计会计统计事务。"1948 年《国立罗斯福图书馆组织条例》草案第 5 条规定："国立罗斯福图书馆设会计室，置会计主任一人，佐理员一人，均委任。依主计法规之规定，办理岁计会计事宜。"

国立图书馆组织条例设会计员条款，意味着国立图书馆组织条例与《国民政府主计处组织法》的联系已经建立，不再是某部国立图书馆组织条例单行法，已经成为国民政府法治体系的重要构成部分。

国立中央图书馆的人事条款，还有一种编制以外的工作人员——雇员。1940 年《组织条例》第 6 条为"国立中央图书馆因事务上之需要，得酌用雇员"。雇佣方式，产生较早，普遍存在。1910 年《图书馆通行章程》第 6 条规定："图书馆应设监督一员、提调一员。其余各员，量事之简繁，酌量设置。"其中"其余各员……酌量设置"即包含雇佣方式。1929 年 5 月《国立北平图书馆组织大纲》第 12 条规定："国立北平图书馆，为缮写文件及修理书籍，得酌用雇员。"❷ 此后，所有的国立图书馆组织法规均设有雇员条款。雇员是一种雇佣关系，而不是人事关系，没有编制，不能与简任、委任、聘任等任用方式比较。

1940 年《国立中央图书馆组织条例》确立的聘任与简任、委任等混合

❶ 修正国民政府主计处组织法 [J]. 行政院公报，1944（3）：14.
❷ 国立北平图书馆组织大纲 [J]. 教育部公报，1929（6）：83.

的人事任用制，有一定的科学性：一方面，图书馆的国立性质，意味着图书馆具有公务机关的色彩，所以简任、荐任、委任人员是国立中央图书馆人事任用的构成部分；另一方面，图书馆事务又具有较强的专业性质，没有专业人员不能解决问题，因此聘任又是图书馆专业性质所必须。混合的人事任用制度，为解决行政管理与学术研究之间的矛盾提供了可能。

1940 年《国立中央图书馆组织条例》确立的混合制人事任用制度，公务员任用类的职员数量较多，1945 年 4 月《国立西北图书馆组织条例》也是如此。不过，自 1945 年 10 月《国立中央图书馆组织条例》公布后，各国立图书馆各组主任、编纂、编辑均为采取聘任方式，国立北平图书馆更为激进，秘书也采取聘任方式。聘任职员已经成为国立图书馆职员结构的中坚部分。这一特征凸显了国立图书馆的文教性质，公务机关的色彩在淡化。

4. 办理出版品国际交换事宜

《国立中央图书馆组织条例》第 8 条规定："国立中央图书馆兼办教育部出版品国际交换事宜，其办法由教育部拟订，呈请行政院核定之。"出版品国际交换是国与国之间的出版品交换行为，所以需要行政院核定，而图书、期刊等出版物属教育部的管辖范围，因而交换办法由教育部拟定，教育部是行政机构，没有专职专业人员从事出版品的国际交换，遂委托国立中央图书馆办理，所以国立中央图书馆是"兼办"出版品国际交换事宜。

国立中央图书馆兼办出版品国际交换事务由来已久。实际上，《组织条例》第 8 条是对此前国立中央图书馆从事出版品国际交换事务的法律确认。国立中央图书馆在从事出版品国际交换事宜方面，有天然优势。1925 年，北洋政府决定加入国际交换出版品公约组织，并于 9 月公布了《出版品国际交换局官制》。根据《国际交换出版品公约》的要求，出版品国际交换局于次年 1 月公布了由北京大学图书馆编制的政府出版品目录。1926 年 4 月，出版品国际交换局委托北京北海图书馆继续从事出版品国际交换业务。

1927 年，政权更迭，南京国民政府成立。1928 年，南京国民政府统一全国。8 月 24 日，南京国民政府大学院致函北海图书馆，称："出版品之国际交换，为沟通文化而起。前北京政府所设办理该项事务之专局停办后，该馆能继续执行其职务，交换事业赖以不断，深堪嘉慰。至交换事业本与图书馆事业相同，在中央图书馆未成立以前，上项事务由该图书馆继续办理，尚属可行。"❶ 国立中央图书馆还没有成立，大学院已经准备把出版品国际交换事宜交由其处理。这一规定突出了国立中央图书馆在新政权中的优势地位。9 月 4 日，大学院指令北海图书馆，出版品国际交换事宜由中央研究院图书馆暂为接管。随后，北海图书馆与中央研究院图书馆办理了业务交接。

然而，国立中央图书馆的设立历经波折。1928 年 5 月，也就是二次北伐时期，大学院召集国民政府第一次全国教育会议，讨论并通过了设立中央图书馆的提案。次年 1 月，即南京国民政府统一全国后，中华图书馆协会第一次年会通过决议，建议国民政府在首都南京设立中央图书馆。然而，因种种原因，南京国民政府没有顺应吁请，设立国立中央图书馆。1933 年 1 月，在交通部长兼教育部长朱家骅的积极支持下，国立中央图书馆筹备工作正式启动。不久，蒋复璁被教育部正式任命为国立中央图书馆筹备处主任。

国立中央图书馆的筹备工作因朱家骅的积极支持而进展神速。1934 年初，中央研究院致函教育部，认为"中央图书馆正在筹备，业具规模，实为办理此项事宜及庋藏国际官书最适当之所"❷，提出将出版品国际交换事务移交国立中央图书馆筹备处。中央研究院的提议得到了教育部同意。1934 年 7 月，移交工作顺利完成，国立中央图书馆筹备处接手出版品国际交换工作。教育部长王世杰表示："中央图书馆筹备未竣前，定名为教育部出版品国际交换处。"❸ 这是国立中央图书馆"兼办"出版品国际交换事务的由来。

出版品国际交换事务从中央研究院移交教育部，表面上看，这是行政院内院部之间的业务转移。然而，这种业务转移，显属草率。中央研究院直隶国民政府，与教育部平级。从法律上看，行政院各部门之间的职

❶ 大学院致北海图书馆指令第八〇三号 [J]. 中央时事周报，1935（15）：64.
❷ 大学院致北海图书馆指令第八〇三号 [J]. 中央时事周报，1935（15）：64.
❸ 大学院致北海图书馆指令第八〇三号 [J]. 中央时事周报，1935（15）：65.

权，由法律规定，不能随意变更。如果变更，应该经由立法院批准，方才有效。中央研究院移交出版品国际交换事务给国立中央图书馆筹备处，有私自相授意味。不过，中央研究院与教育部均属蔡元培系统，向来关系密切，所以没有异议。

国立中央图书馆筹备处接管交换事宜后，随即展开工作，主要成绩有：公布《教育部出版品国际交换处交换规则》，借以促进出版品国际交换事宜。该规则 1934 年 7 月公布，共 17 条，内容有：凡公私机关及个人有多量出版品赠送国外机关及个人或交换者，均可寄交换处代为分别登记转寄；国外赠送国内各公私机关及个人或交换的出版品寄到交换处时，由交换处整理登记，然后分别寄运；国内寄件人委托交换处寄件时，寄件人寄至南京的费用自理，由南京寄往各国的费用由交换处担负；因未挂号而遗失的物件，交换处概不负责等。❶

优化交换出版品手续。这种优化从两个方面入手：委寄书件到国外者，寄件人最好先与国外收件人函洽妥当，然后书件交给交换处；书件封套装好后，贴上坚韧的地址单，字迹须清楚，套口不要密封，以便放入交换处编号回卡，也可寄件人放回卡；书件不要卷，包装不要污损等。收受国外寄赠的书件者，收件人应填写回卡，签字寄回；收件人通讯处如有变更，随时通知交换处及国外寄件人；查询书件时，须附注收件人的英文姓名地址；国际交换时间长，须耐心等待等。❷

教育部出版品国际交换处为增加互相交换的数量，致函国内各机关，希望它们寄交出版物。如 1935 年 4 月，交换处致函海军部表示："各机关原送交换刊物，不敷分转。我国自加入国际交换出版品公约，负有履行交换义务，嘱将单列刊物各检二份，嗣后关于公报及其他出版物按期各送二十份"❸，用于国际交换。又如 7 月，交换处致函国立北平研究院，称："敝处本负有汇发我国政府机关出版品于各国政府出版品国际交换处庋藏之义务，请将贵院出版品中文本，各检寄二十份，西文本各检寄三十八

❶ 徐觉.教育部出版品国际交换处概况 [J].中央时事周报，1935（15）：59.

❷ 徐觉.教育部出版品国际交换处概况 [J].中央时事周报，1935（15）：60.

❸ 签函教育部出版品国际交换处 [J].海军公报，1935（71）：333.

份，随出随寄，以资分转，事关国际交换，敬希察注。"❶ 出版品国际交换处致函各大文教机构，希望寄交出版品，增加出版品国际交换数量。

1936 年，出版品国际交换处公布了《教育部出版品国际交换处章程》，修改了《教育部出版品国际交换处交换规则》等内容，强调交换处的三大任务 "代表我国政府接受各协约国公报，编目庋藏，以供众览""搜集我国政府出版品，分送各协约国，以为我国政府与各协约国政府交换之需""转递国内外学术团体互相交换之书件"。❷ 出版品国际交换工作有条不紊地推进。

全面抗战爆发后，1937 年 11 月，出版品国际交换处随国立中央图书馆迁到重庆，办事处设在上清寺，通告各国及全国各机关，恢复交换工作。书件仍然照常往来。为便利起见，出版品国际交换处在战时文教中心之一——昆明设立出版品国际交换处分处，以加快外国挂号出版品和分配出版品的接受及我国出版品的集中邮寄等工作。太平洋战争发生后，海道不通，对外寄件，只有美国方面维持不断。初用邮寄，后则托美国驻华使馆转寄。

为了补充因日军摧毁而失去的西方图书，1939 年 1 月，我国文教界在重庆组织了战时征集图书委员会，其发起机构包括国立中央大学、国立中央研究院、中国教育学术团体联合办事处等 47 个国内文化机关，"图书之征集，则交由教育部出版品国际交换处昆明办事处担任收掌与分发"❸。战时征集图书委员会工作方案的内容主要有：编印宣传小册子，并按期以函件形式分发给国外各学术机关团体，使国外明了我国学术文化损失及现时需要援助的情形；在各国委托中心组织，办理征集事宜；将我国各大学所最需要的图书杂志名单分寄国外征集等。❹ 出版品国际交换处为国内各学

❶ 函送出版品国际交换规则由 [J]. 国立北平研究院院务汇报，1935（4）：159.

❷ 教育部出版品国际交换处 . 教育部出版品国际交换处章程 [R]. 国际交换处 . 南京：教育部出版品，1936：2.

❸ 中国社会科学院近代史研究所中华民国史组 . 胡适来往书信集（中）[M]. 北京：中华书局，1979：404.

❹ 战时征集图书委员会第一届执行委员会议 [J]. 国立四川大学周刊，1939（18）：6.

术机关转寄图书，任重道远。

从 1934 年接手出版品国际交换事宜，到 1940 年《组织条例》的公布，教育部出版品国际交换事务一直由国立中央图书馆执行，时间长达 6 年之久。1940 年国立中央图书馆成立后，特别是《组织条例》正式公布，从法律上为国立中央图书馆获得出版品国际交换授权，提供了绝佳机会。1940 年《组织条例》专门规定国立中央图书馆"兼办"出版品国际交换事宜，自然在情理之中。

《国立中央图书馆组织条例》于 1945 年修改后重新公布，其中"兼办"一词取消，直接改为"国立中央图书馆设出版品国际交换处，办理出版品国际交换事宜，其办法由教育部拟订，呈请行政院核定之"❶。出版品国际交换业务从此成为国立中央图书馆的基本职责，国立中央图书馆的领导地位得到了进一步巩固。

从 1934 年开始，出版品国际交换工作一直由国立中央图书馆负责，战争年代也不例外。出版品国际交换处加强了中外文化的合作与交流，为我国的文化抗战做出了巨大努力。战争结束后，又推动了国际文教合作的深度发展，影响深远。

国立中央图书馆从 1933 年 1 月开始筹备，到 1940 年 7 月正式成立，历时 7 年半，《国立中央图书馆组织条例》就是这 7 年半筹备经历的经验总结，开创了国立图书馆组织法规立法的新时代。当然，《组织条例》并非十全十美。有人认为《组织条例》存在组织不健全、没有注重阅读推广活动、偏重高等程度、馆长应该得到监督和帮助等问题。❷ 尽管如此，《组织条例》是民国时期国立图书馆组织法规的典范之作，推动了近代中国国立图书馆的法治建设，在我国国立图书馆法治现代化过程中影响深远。

---

❶ 国立中央图书馆组织条例 [J]. 教育部公报，1945（10）：27.

❷ 董月庵. 评《国立中央图书馆组织条例》[J]. 中华图书馆协会会报，1940（5）：4.

第三节 《国立西北图书馆组织条例》

一、区域性国立图书馆法规

近代中国国立图书馆思想萌芽于 20 世纪初。1920 年 2 月，叶恭绰建议设立国立图书馆。1924 年，大总统曹锟建议各省捐款建设国立图书馆。1925 年，教育部与中基会订立《合办国立京师图书馆契约》，开始建设国立京师图书馆。1929 年，国民政府教育部与中基会订约，共建国立北平图书馆。不久，《国立北平图书馆组织大纲》公布。1940 年，《国立中央图书馆组织条例》公布施行。国立北平图书馆和国立中央图书馆的职责没有按照区域进行划分，都是全国性的国立图书馆。

按照区域设立国立图书馆的设想较早由李小缘提出。1927 年 5 月，南京国民政府成立仅月余，李小缘即拟定《全国图书馆计划书》一文，就全国图书馆事业的发展，提出建议。关于国立图书馆部分，他设想在南京、北京、武昌、广州、成都 5 处各设 1 所国立图书馆，以国民政府所在地——南京为总馆，并就国立图书馆的组织机构、经费、建筑、举办事业等方面提出了建议。李小缘的设想得到了陈席山、赵叔愚、过探先、陈钟凡等学者的支持。❶ 按照区域设立国立图书馆，不只是李小缘一个人的设想。1935 年，沈祖荣表示："若以我国地域与欧洲国家地域相比拟，我国国立图书馆应有十余个，至少在东南西北及中央等区设立五个，方供应用。此既期望于政府，又须仰望于国人，群力协助之功。"❷ 然而，这一设想仅停留在字面，没有引起讨论。

西北地区设立国立图书馆之议开始于南京国民政府时期。1928 年 5 月，国民政府召开了第一次全国教育会议。会上，有人提出设立西北中央图书馆案，理由主要为：西北交通不便，外来印刷品搜集不易，应该由中

---

❶ 李小缘.全国图书馆计划书 [J]. 图书馆学季刊，1928（2）：234.

❷ 沈祖荣.序言 [J]. 文华图书馆学专科学校季刊，1935（3/4）：319.

央设立图书馆，搜集图书，以便参考；西北地方贫苦，士子多无力购买贵
重书籍，所以应由公家设备，以资应用；西北出版业不发达，固然由于人
才缺乏，但也因为没有大规模图书馆，无法参考，所以应该从速设立，以
促进步；西北知识不开，一方面因为教育不普及，另一方面也因为缺乏文
化机关；西北地区没有实力举办大规模图书馆，只能借助于中央设立大规
模文化机关。❶ 该提案中的"大规模图书馆"，即国立图书馆。这是较早在
西北地区设立国立图书馆的建议。该议案得到了重视，表决通过。不过，
国民政府没有采纳这个建议。

　　1931 年"九一八"事变后，我国兴起开发西北地区的热潮，图书馆
建设亦是其重要内容。如 1934 年 3 月，国民政府行政院秘书长褚民谊等，
"鉴于西北地处边陲，文化幼稚，兹欲开发西北，振兴边疆实业，应开启
民智为先务"❷，分头筹募捐款，推动西北地区的图书馆建设。在推动西北
地区图书馆建设的潮流中，西北促进会发挥了积极作用。1934 年 12 月 29
日，西北促进会在兰州省府召开会员大会，到会者 40 余人，包括朱绍良、
胡宗南、邓宝珊、马鸿逵等。大会决议数案，重要者包括呈请中央拨庚款
扩充甘、青、宁三省图书馆，暨创立西北图书馆。❸

　　1935 年 1 月，西北建设促进会致函中英庚款委员会，请拨庚款，创
建西北图书馆。内云："西北疆域，远连蒙古新疆，近则秦陇青宁，广袤
无垠，宝藏丰富。……现值国际多事、危机四伏之秋，在此茫茫大地从事
开发，实为国家之生命线。惟开发大业，经纬发端，若不建筑于教育文
化基础之上，则一切设施本末倒置，殊难期有彻底之效果。今欲推广教
育、提高文化，莫重于教育文化中心之建树；欲建树教育文化之中心，尤
莫急于图书馆之设置。盖西北民族庞杂，迭经灾乱，兼以交通梗塞，经济
凋敝，民间鲜藏书之家，学校乏图书之用，以致民族思想，永难默化。文
化事业，任其迟滞，所以在西北适中之地设置图书馆，系事实上之迫切要
求，不容少缓者也。……（兹拟）创设规模较大之西北图书馆，以供各地
文化之需。惟此事体重大，非甘肃财力所能有济，亦非目前西北各省所能

---

❶　中华民国大学院.全国教育会议报告 [M].上海：商务印书馆 1928：614.

❷　西北图书馆 [N].西京日报，1934-03-29（6）.

❸　中国文化建设促进会昨举行会员大会 [N].甘肃民国日报，1934-12-30（3）.

顾及。"❶ 因事关文化建设，请求中英庚款委员会依照庚款息金用途支配标准原则，拨款 20 万元，建设西北图书馆。该建议没有被接受。甘肃党政军领导的高度重视，为后来国立西北图书馆设于兰州创造了良好条件。

1939 年 3 月，第三次全国教育会议在重庆召开。会上，陕西省教育厅厅长王捷三提出"请在西北较安全地区筹设大规模科学馆及图书馆案"。其理由为："军兴以来，后方各地时被敌机轰炸，尤以各大都市为甚，所有各该地之科学仪器，与珍贵图书，并具有文化历史价值之古物古迹，均择地移蔽，闭而不用。其他较安全地区，不但现状得以维持，且因教育机关及其他团体之集中，人烟稠密，学校林立，科学仪器与典籍之需要，最为急切。拟请筹设大规模科学馆与图书馆，以应抗战建国之需。"❷ 具体方法是：在西北较安全地区，如汉中及天水等地，筹设大规模科学馆与图书馆；将各地移藏的科学仪器与书籍古物，收集一处，不必另行增置。既便保存，又免糜费。经审查，案由改为"请在西北较安全地区筹设大规模科学馆、图书馆及古物保存所案"，送请教育部斟酌办理。该案的目的，是建议中央政府在西北地区设置较大规模的图书馆，亦属西北区域性的国立图书馆。不过，这一提案没有下文。

1942 年 10 月，国民参政会第三届会议在重庆召开。这是中国与美、英等国结盟后首次召开的国民参政会。社会各界对这次会议充满了期待。第三届国民参政会共议决提案 226 件，关于教育文化等事项者为 44 件，次于财政经济事项案（85 件）和内政事项案（62 件），高于外交及国际事项、军事及国防事项和一般事项三类提案，表明西北地区的文化事业受到了高度重视。这次国民参政会正式通过了陕西省参政员赵和亭等提出的"请创建国立西北图书馆以资保存文物发扬文化案"。❸ 该案最终促成了国立西北图书馆的创设。

根据国民政府 1940 年 9 月 26 日修正公布的《国民参政会组织条例》，国民政府设立国民参政会，目的是"集思广益，团结全国力量"。国民参

---

❶ 西北建设促进会请拨庚款息金卅五万扩充甘肃图书馆创建西北图书馆 [N]. 西北文化日报，1935-01-02（5）.

❷ 第三次全教会通过有关图书馆之议案 [J]. 中华图书馆协会会报，1939（6）：16.

❸ 孟广涵. 国民参政会纪实（下卷）[M]. 重庆：重庆出版社，1985：1140.

政会的职权包括"得提出建议案于政府"（第 7 条）、"有听取政府施政报告暨向政府提出询问案之权"（第 8 条）"促进业经成立决议案之实施，并随时考核其实施之状况"（第 12 条）等。❶ 国民参政会是战时国民政府的民意机关，对政府有一定的约束力，因而国民参政会通过的决议案，国民政府不能不重视。1943 年 2 月 20 日，教育部根据国民参政会通过的决议案，组织了国立西北图书馆筹备委员会，聘定刘季洪、袁同礼、刘国钧、蒋复璁等 9 人为委员，刘国钧为筹备主任。国立西北图书馆的筹备工作正式开始。

　　1945 年 3 月 31 日，立法院第 4 届第 275 次会议通过了行政院提交的《国立西北图书馆组织条例》❷，共 9 条。4 月 14 日，《国立西北图书馆组织条例》（本节简称为《组织条例》）由国民政府公布，正式生效。《组织条例》第 1 条第 1 项为："国立西北图书馆隶属于教育部"。国立西北图书馆的性质与隶属关系由此确定。

　　《组织条例》是近代中国第一部区域性国立图书馆法规，丰富了我国国立图书馆法律体系。这样，从 1928 年开始，经过两次全国教育会议和社会各界的不断呼吁，国立西北图书馆的创设建议经国民参政会通过后，终于付诸实施。15 年时间虽然漫长，毕竟开花结果。《组织条例》，是对 15 年来社会各界努力的最好回报。

二、促进西部地区文化事业的发展

　　《组织条例》第 1 条国立西北图书馆职责的第 2 款为"西北各省古物文献及有关边疆史料之保藏"。该款包含两方面内容：一是收集西北各省古物文献，体现了国立西北图书馆的区域性质；二是收集有关边疆史料，表明了国立西北图书馆独特的职能设定。这款内容是国立西北图书馆区别于此前国立北平图书馆和国立中央图书馆的主要特征。

　　收集西北古物文献及边疆史料，发扬西北文化，这是国立西北图书馆的主旨之一。创设西北图书馆的动机，见仁见智，或认为西北地区文化

---

❶　孟广涵.国民参政会纪实（下卷）[M].重庆：重庆出版社，1985：768-770.

❷　国立西北图书馆组织条例[J].立法专刊，1946（24）：41.本节引用该条内容时，不再注明出处。

落后，需要发展；或为了转移珍贵文献，保护典籍，而《组织条例》则立足西北，收集西北古物文献及边疆史料，发扬西北文化。1943 年，刘国钧拟定了《国立西北图书馆筹备计划书》，筹备工作重点有 5 点，其中第 1、2 点分别为"配合开发西北之方针，汇集有关资料，以供学者及从事人员之研究""访求西北各省之文献古物，加以整理、保存与展览，以引起公众对西北文化之认识与爱好"❶，核心是发扬西北文化。刘国钧的这个计划，与教育部的精神是一致的。根据《甘肃民国日报》的报道，教育部创办国立西北图书馆，主要目的为"搜罗有关开发西北之文献资料，以供有关各机关人士之参考，而利事业之推进""搜集并保存西北各省之地方文献史料，以为研究西北文化之佐证，而表彰西北在我国文化史上之地位"。❷

《组织条例》之所以有发扬西北文化的愿景，追根溯源，原因主要有二：从文化角度看，西北地区是我国文化的发源地，建设新中国，应该从发源地开始。1931 年，国民党元老戴季陶表示，发展西北文化，"把我们的老祖宗文化发源的地方的人民唤起来，以作基础。把这古今几千年、纵横数万里的中国各个民族，一同努力，建设一个新生命，造成新文明新文化"❸，这是中国立足于世界民族之林的根本所在。曾养甫也认为，中国古代文化的策源地在西北，"假使今日全国人民，都能如秦人的尚武，勇于公战，怯于私斗，人人有急公义、勤远略的精神，中国的民族地位，还怕不能恢复吗？"❹《国立西北图书馆筹备计划书》强调"引起公众对西北文化之认识与爱好"，与戴季陶等人的认识大同小异，均以发扬西北文化为基础。强调发扬西北文化，是《组织条例》特有的内容。

从法律角度看，国立西北图书馆也应该重视收集西北地区的文献古物。1910 年学部公布的《图书馆通行章程》、1915 年教育部公布的《图书馆规程》和《通俗图书馆规程》都没有图书馆应收集地方文献的条文。1916 年 11 月，教育部通饬各省县图书馆注意搜集保存乡土艺文，"收藏既

---

❶ 刘国钧 . 国立西北图书馆筹备计划书 [J]. 社会教育季刊，1943（3）：90.

❷ 国立西北图书馆积极筹备中 [N]. 甘肃民国日报，1943–08–01（3）.

❸ 戴季陶 . 开展西北文化与建设新中国 [J]. 新亚细亚，1932（6）：1.

❹ 曾养甫 . 建设西北为本党今后重要问题 [J]. 云南建设公报，1931（11）：A2.

多，使来馆阅览者直接以生其爱乡土之心，间接以动其爱国家之观念，于社会教育裨益实非浅鲜"❶，要求各地方图书馆遵照办理。此后，教育部将收集地方文献列入公共图书馆法规。如 1927 年 12 月，大学院公布了《图书馆条例》，其第 6 条为"公立图书馆除汇集中外各书籍外，应有收集保存本地已刊未刊各种文献之责"❷。国立西北图书馆虽是国立图书馆，但也是区域性图书馆，因而其《组织条例》列入收集西北各省古物文献的规定，合情合理。不仅第 1 条第 2 款为收集西北古物文献内容，《组织条例》第 1 条第 1 款为"各种图书古物及地方文献之搜集、编藏、考订、展览"，也有涉及收集"地方文献"的规定。这里的"地方文献"，结合刘国钧筹备期间的种种工作，指的是陕、甘、宁、青、新五省的地方文献，而不是其他地区的地方文献。

收集西北古物，是《组织条例》的鲜明特色。《组织条例》规定国立西北图书馆掌理内容包括"古物"的收集与保藏。这是其他国立图书馆组织条例没有的内容。刘国钧特地解释了"古物"一词："古物可以为读书之佐证。故各国国立图书馆对于古物均在收集之列。西北为吾国文化发祥之地，古物随处可遇。然因保存无术，致流落损坏者，所在多有。本馆尤宜特辟专部，酌予以购。除随时购求外，并拟派员往各地调查、捶拓、摄影，以利传播。其有因营缮修建而致发现之古物，亦可由地方机关移送本馆保存。"❸ 国立图书馆是否应该收集"古物"，可以讨论。毕竟古物的收集与保藏，更多的是博物馆的专业和职责所在，图书馆从事古物的收集与保藏，难免有越界之嫌，但在西北地区大规模博物馆建立前，国立西北图书馆从事古物的收集与保藏，也无可厚非。实际上，我国图书馆有收集古物的先例。南京国民政府成立之初，浙江基础建设兴盛，不少古物因而被发现。浙江省立图书馆馆长杨立诚深恐那些古物损毁，建议省政府由省馆保存。浙江省政府委员会议决：凡各属筑路发现的古物，悉交浙江省立图书

---

❶ 咨各省区请通饬各省县图书馆注意搜集保存乡土艺文 [J]. 教育公报，1917（1）：59–60.

❷ 图书馆条例 [J]. 大学院公报，1928（1）：33.

❸ 刘国钧. 国立西北图书馆筹备计划书 [J]. 社会教育季刊，1943（3）：90.

馆保存。❶ 同时，浙江省政府公布《浙江省立图书馆附设古物征存所简章》9 条，规范古物征集和保存，"以供学术上之研究"❷。从这个意义上说，《组织条例》规定国立西北图书馆有收集古物之权，有先例可循。

收集边疆史料，是《组织条例》又一特色。在 20 世纪 30 年代开发西北热潮中，有人提出边疆民族文化问题："西北民族复杂，言文各异，文化幼稚，教育毫无。因之一切落伍，且与汉族往往发生隔阂，甚至与地方政府冲突，酿成惨案，……今欲开发西北，需先免除隔阂，求各民族之智识精进，文化均等，则教育尤为重要。"❸ 刘国钧对促进西北地区不同民族文化共同发展的观点，深有同感，力图将国立西北图书馆打造成促进西北地区不同民族文化融合的优良平台，因此其筹备工作计划第 4 点内容为"采集境内如蒙、藏、回等各民族之著作，加以研究与翻译，以增进各民族间之认识，而沟通各民族之感情"❹。他的思路很清晰：为谋求西北各民族"知识上之便利，汇集各族之语言文字，及有益之书籍供其阅览，以培植正确之国族观念，而增进其现代意识。且进一步聘请专门学者，翻译各宗族之著作，以增进相互间之了解，而加强各族间之团结"❺。刘国钧的设想非常宏远。

《组织条例》关于收集边疆史料的规定，不仅具有现实价值，也极具远见。1944 年，也就是国立西北图书馆筹备的次年，教育部边疆教育委员会第四届会议决议关于"国立图书馆应充实东方图书"一案，教育部发出第 22654 号训令，要求国立北平图书馆、国立中央图书馆、国立西北图书馆筹备委员会就该馆力量所及注意办理。案称："西人注意我国边疆，约始于康熙年间。二百年来，代有严正记载与研究。海通以后，英俄德法日本等国谋我益急，对我边陲亦益加注意，或遣探险队实地考察，或奖励学者作专门研究，于是旅行记载研究报告遂汗牛充栋，蔚成专科，日人为后

---

❶ 浙江省立图书馆搜存古物 [J]. 中华图书馆协会会报，1928（1）：16.

❷ 浙江省立图书馆附设古物征存所简章 [J]. 浙江大学教育周刊，1928（20）：6.

❸ 马鹤天. 开发西北之步骤与方法 [C]. 抗战前国家建设史料：西北建设（二）. 台北：中央文物供应社 1981：155.

❹ 刘国钧. 国立西北图书馆筹备计划书 [J]. 社会教育季刊，1943（3）：9.

❺ 刘国钧. 国立西北图书馆筹备概况 [J]. 社会教育季刊，1943（4）：16.

起之强，对我国边陲文籍及西人二百年来工作成绩，尤搜求不遗余力。今吾国筹设专馆虽已难求全备，然竭泽而渔犹非甚晚。战后开发边疆之士，行见增多，窃以为欲收事半功倍之效，国立图书馆宜及早成立，或充实东方部，以为一切建设事业之基础。"❶ 建议东方部内应分三库：一是国文书库，专门搜集与边疆及邻邦有关之古今图书；二是边文书库，专门搜集蒙藏及他种边文之古今图书；三是外文书库，专门搜集西人及日人刊行有关东亚诸国之书籍。

教育部边疆教育委员会关于"国立图书馆应充实东方图书"的议决案，反证了《组织条例》的预见性，也暗示了当时边疆，尤其西北边疆的潜在危险。关于收集边疆史料的条文，只出现《国立西北图书馆组织条例》中，两大著名的国立图书馆——国立北平图书馆、国立中央图书馆的组织条例中都没有这么明确的条文。但这并不是说教育部对其他国立图书馆没有收集边疆史料的要求。第 22654 号训令同时要求国立北平图书馆和国立中央图书馆注意办理。不仅如此，1946 年 12 月，国立北平图书馆复员后，教育部派员视察了该馆，提出 6 条视察意见❷，要求国立北平图书馆遵办。不管教育部如何要求，在各国立图书馆组织条例中，只有《国立西北图书馆组织条例》才有收集边疆史料的明文规定，这是《组织条例》的鲜明特色。

三、辅导西北各省图书文化事业

《组织条例》第 1 条国立西北图书馆职责的第 3 款为"西北各省图书文化事业之辅导"。该项规定，开创了国立图书馆分区辅导图书文化事业的新时代。

图书馆辅导的观念在我国萌芽已久。1912 年，谢荫昌即提出省立图书馆应该承担辅导县图书馆馆员的责任。1930 年，浙江省立图书馆被赋予辅导本省各县市图书馆的权利。此后，其他省立图书馆法规也陆续确立了省立图书馆辅导本省图书馆事业的原则。

---

❶ 教育部训令　第二二六五四号 [J]. 教育部公报，1944（5）：55.

❷ 教育部训令　社字第三六三三三号 [J]. 教育部公报，1947（1）：37.

抗战期间，辅导事项被列入中央政府颁布的图书馆法规之中。1939 年 7 月，重庆国民政府教育部颁布了《修正图书馆规程》，其第 8 条规定省市立图书馆须设置"研究辅导部"，职能为"调查、统计、研究、实验、视察、辅导、图书馆工作人员之进修与训练，及各项推广事项属之"，从公共图书馆层面确立了省立图书馆的具体辅导事项。1940 年 10 月，《国立中央图书馆组织条例》公布，其第 1 条为："国立中央图书馆隶属于教育部，掌理关于图书之汇集、编藏、考订、展览及全国图书馆事业之辅导事宜"❶，从国立图书馆层面确立了图书馆辅导事项。至此，我国图书馆的纵向专业辅导体系完全形成。

《组织条例》规定国立西北图书馆掌理西北各省图书文化的辅导职责，是教育部的主要目标之一。1943 年，教育部部长陈立夫为配合建设西北计划及推进西北文化起见，决定设立国立西北图书馆，其目的除了发扬西北文化外，是希望该馆"协助西北各省及地方图书馆，以及其他社教机关，推进其原有工作，以求图书教育之普遍开展，俾文化建设得以迅速完成"❷。刘国钧秉承教育部的精神，展开工作。他在《国立西北图书馆筹备计划书》第 5 方面的内容是："辅导各地方图书馆及其他社教机关，或指导其方法，或供给其图书，以图推进图书教育而提高民众程度"❸。这一内容，就是对教育部要求的回应，也是刘国钧的认识。他的解释是："国立图书馆之性质究与一般之普通图书馆稍有不同，对于汇集专门资料供给学者研究，以促进学术发展，实为其主要之职责，而对于社教之直接设施，要以协助区内之社教机关，使之能尽其职责为要图。换言之，国立图书馆办理社会教育之方针，实当以辅导其他社教机构为主，而以自行办理为辅。国立西北图书馆将来对于推行社会教育之方针，即拟以此原则为基础，则又为当然之结论"❹。

刘国钧的筹备工作中，辅导事项占有异常重要的地位。根据《国立西北图书馆筹备计划书》，刘国钧拟定了易于实行的事项，主要有：调查

---

❶ 国立中央图书馆组织条例 [J]. 教育部公报，1940（19/20）：2.

❷ 国立西北图书馆积极筹备中 [N]. 甘肃民国日报，1943–08–01（3）.

❸ 刘国钧. 国立西北图书馆筹备计划书 [J]. 社会教育季刊，1943（3）：90.

❹ 国立西北图书馆筹备概况 [J]. 社会教育季刊，1943（4）：13.

西北各省区内各级图书馆的情况并进行统计，调查先从陕、甘着手，次及宁、青、新三省；举行图书馆员座谈会以及讲习会，以交换专门智识，促进事业发展；派员视察各地图书馆及民众教育馆图书部。必要时，可以按照西北图书馆所拟举办之书报巡回供应办法，供给书报；举办书报供应站，分发转借书刊给本区内各重要图书馆，并得接受各图书馆或私人委托，代向书局或其他图书馆订购书报，并得将本站书报分为数份，巡回寄存各地方图书馆；协助兰州市各小学办理阅览事宜。如果兰州施行有效，此后可推行各地；编制辅导书刊及用品。拟于馆中设立辅导部，接受并答复各地方社教机关关于推进图书馆教育的各种咨询，并派人员赴各地视察指导外，拟编制各种书刊及图书馆用品转售或分赠各机关，以推进事业进行。这些事项大多是辅导事项，协助其他社教机关，推行图书馆教育。正因为刘国钧对国立西北图书馆的辅导事项极为重视，随后公布的《组织条例》中加入此条，亦在情理之中。

为了更好地履行辅导职责，《组织条例》第 2 条组织机构中特设"辅导组"，与采访、编目、阅览、特藏、总务 5 组并列。❶1929 年 5 月，教育部公布了《国立北平图书馆组织大纲》，将国立北平图书馆组织机构分为总务与图书两部，总务部分文书、庶务、会计 3 股；图书部分庋藏、阅览、编订 3 股。❷1940 年公布的《国立中央图书馆组织条例》把国立中央图书馆组织机构分为总务、采访、阅览、编目、特藏 5 组。❸1945 年修订后的《国立中央图书馆组织条例》，其组织机构没有变化，只是在顺序上，总务放在最后。1946 年修订后的《国立北平图书馆组织条例》，其机构比此前都大幅度调整，分为采访、编目、阅览、善本、舆图、特藏、研究、总务 8 组。❹通过比较，不难发现，"辅导组"首次出现在《组织条例》中。1948 年公布的《国立罗斯福图书馆组织条例草案》规定该馆分采访、编目、阅览、参考、推广辅导组、总务组 6 组，承担了辅导西南地区社教事业的职责。这是继《组织条例》之后，辅导机构再次出现在国立图书馆

❶ 国立西北图书馆组织条例 [J]. 立法专刊，1946（24）：42.

❷ 国立北平图书馆组织大纲 [J]. 教育部公报，1929（6）：80–82.

❸ 国立中央图书馆组织条例 [J]. 教育部公报，1940（19/20）：2.

❹ 国立北平图书馆组织条例 [J]. 教育部公报，1946（6）：1.

法规中。从这个意义上说，《组织条例》开创了国立图书馆分区辅导的先河，国立图书馆的差异化发展趋势日益明显。

国立西北图书馆在法律上承担了西北各省图书文化事业的辅导事宜，国立图书馆分区的辅导方式由此开始。1948年10月19日，《国立罗斯福图书馆组织条例草案》发布在《中央日报》上，其第1条规定，国立罗斯福图书馆掌理："辅导西南各省图书文化事业之发展事宜"。❶这一规定，进一步完善了横向区域辅导体系，国立图书馆的职能分工逐渐明晰，分区的辅导方式日趋成熟。

更为重要的是，《国立西北图书馆组织条例》公布后不久，我国国立图书馆组织条例内容发生重大变化。1945年，《国立中央图书馆组织条例》经修改后公布，其第1条为，国立中央图书馆"掌理关于图书之汇集、编藏、考订、展览及全国图书馆事业之研究事宜"❷，以"研究事宜"4个字取代了1940年条例中掌理全国图书馆事业"辅导事宜"的规定，取消了负责全国图书馆事业辅导的规定。辅导各省图书馆事项完全由区域性国立图书馆代替，而《组织条例》则是开端。这样，民国时期图书馆辅导体系完全形成：省立图书馆负责各省图书馆的辅导事宜，区域性国立图书馆负责各省图书文化事业的辅导事宜。这一切从《组织条例》开始。

四、国立图书馆的通用条款

除了这些特色条款外，《国立西北图书馆组织条例》还有国立图书馆所具有的通用条款，主要有以下几项。

1. 人事管理员条款

《组织条例》第3条规定："国立西北图书馆置馆长一人，简任；组主任六人，荐任；编纂六人至八人，聘任；干事十八人至二十四人，会计员一人，人事管理员一人，助理干事十人至十六人，均委任。并得酌用雇员。"其中"人事管理员一人……委任"的规定，夹杂在馆长、组主任、编纂等图书馆专业人员任用方式中，文字表述略显简单，极容易被忽略。

❶ 罗斯福图书馆组织条例草案 [J]. 中央日报，1948–10–19（4）.

❷ 国立中央图书馆组织条例 [J]. 教育部公报，1945（10）：27.

然而，该款是国立图书馆组织条例设立人事管理员的开始，值得关注。

国立图书馆组织条例人事管理员条款的出现，是国民政府人事制度的要求。为健全人事行政管理，1940 年 12 月 20 日，国民政府公布了《各机关人事管理暂行办法》。❶ 该办法公布于 1940 年 12 月，所以没有被吸收在同年 10 月公布的《国立中央图书馆组织条例》中。1942 年 9 月 2 日，国民政府公布了《人事管理条例》，同时废止《各机关人事管理暂行办法》。《人事管理条例》主要内容有："国民政府各处局各部会署附属机关各省政府厅处局各县市政府等设置人事室或人事管理员"（第 3 条）；人事管理机关的职掌有"本机关有关人事规章之拟订""本机关职员送请铨叙案件之查催及拟议""本机关职员考勤之记录及训练之筹办""本机关职员考绩考成之筹办""本机关职员抚恤之鉴拟及福利之规划""本机关职员任免迁调奖惩及其他人事之登记""本机关职员俸级之签拟"等（第 4 条）；"人事处处长，简任；人事室设主任，荐任或委任；人事管理员，委任。人事处得分科人事室得分股办事，科长荐任，科员助理员均委任。人事处处长人事室主任及人事管理员为主管人员，余为佐理人员"（第 5 条）；"人事主管人员之任免由铨叙部依法办理，佐理人员之任免由各该主管人员拟请铨叙部，或铨叙部依法办理"（第 8 条）；"国立省立中等以上学校及国营省营事业机关之人事管理，准用本条例之规定"（第 9 条）等。❷ 值得注意的是，国立图书馆人事主管人员的任免由铨叙部依法办理，佐理人员的任免由各该主管人员拟请铨叙部，或铨叙部依法办理。这一规定，是国立图书馆组织条例加入人事管理条款的主要原因，表明国立图书馆完全纳入当时法治体系中，图书馆的法治化水平越来越高。

《国立西北图书馆组织条例》公布后，人事管理员条款遂成为国立图书馆组织条例的通用条款。1945 年《国立中央图书馆组织条例》第 6 条规定："国立中央图书馆置人事管理员一人，佐理员一人，均委任，依《人事管理条例》之规定，办理人事管理事务。"1946 年《国立北平图书馆组织条例》第 6 条规定："国立北平图书馆置人事管理员一人，委任，依

---

❶　各机关人事管理暂行办法 [J]. 浙江政治，1941（12）：129.

❷　人事管理条例 [J]. 行政院公报，1942（10）：11.

《人事管理条例》之规定，办理人事管理事务。"1948年3月《国立兰州图书馆组织条例》第6条为"国立兰州图书馆，置人事管理员一人，委任，依《人事管理条例》之规定，办理人事管理事务。"《国立罗斯福图书馆组织条例》草案第6条规定："国立罗斯福图书馆置人事管理员一人，委任。依《人事管理条例》之规定，办理人事管理事务。"国立图书馆法规与其他法规关系越来越紧密，成为南京国民政府法治体系的重要构成部分，推动了我国国立图书馆事业的发展。

2. 组织机构条款

《组织条例》第2条规定国立西北图书馆设采访、编目、阅览、特藏、辅导、总务6组。除了辅导组外，其他5组为国立图书馆的通用条款。这些机构之间的关系为（第4条）："馆长综理馆务，各组主任及编纂承长官之命，分掌各组事务，干事承各组主任及编纂之命，办理所任事务。"这种分工关系参考了《国立中央图书馆组织条例》，体现了国立图书馆公务员人事制度的特性。不过，该条的表述并不严谨，其中"馆长综理馆务，各组主任及编纂承长官之命，分掌各组事务"1款中"长官"一词不明确。"长官"是宽泛的表述，只要比各组主任及编纂行政级别高的人员均可称为长官。实际上，他们应该承馆长之命，分掌各组事务，没有对其他高级别行政人员负责的义务。1948年《国立兰州图书馆组织条例》第4条则改为"承馆长之命"，回归图书馆本位。

3. 业务推广条款

《组织条例》第5条为"国立西北图书馆为便利阅览起见，经教育部之核准，得于西北各省设巡回文库、图书站，并得协助各级学校办理图书阅览事宜"❶。该条为推广事项。南京国民政府极为重视图书馆推广事业，颁布的图书馆法规几乎每部都有推广条款。《图书馆条例》第7条规定："图书馆为便利阅览起见，得设分馆、巡回文库及代办处，并得与就近之学校订特别协助之约。"1930年《图书馆规程》第7条规定："图书馆为便利阅览起见，得设分馆、巡回文库及代办处，并得与就近之学校订特别协助之约。"《修正图书馆规程》第8条规定省市立图书馆应设置研究

---

❶ 国立西北图书馆组织条例[J].立法专刊，1946（24）：42.

辅导部，其职责包括"各项推广事项"；第 9 条县市立图书馆应设置推广组，"演讲、播音、识字、展览、读书指导、补习学校及普及图书教育事项属之"；第 20 条图书馆应举行辅导或推广会议，"由馆长、各主任及各该地方内有关之教育行政机关代表组织之，以馆长为主席，讨论图书馆办理辅导或推广事业之兴革事项，每半年开会一次"。1947 年颁布的《图书馆规程》也有类似规定。不仅省市县图书馆应该开展推广活动，国立图书馆也是如此。1940 年《国立中央图书馆组织条例》第 7 条规定："国立中央图书馆得在各地设立分馆，其组织另以法律定之。"国立图书馆组织条例大多有推广条款。西北地区图书馆事业有广阔的发展空间，所以《组织条例》重视推广工作，也是现实使然。

4. 年度工作报告条款

《组织条例》第 7 条为："国立西北图书馆应于每年度开始前一个月内，造具下年度事业进行计划及经费预算书。至年度终了后两个月内，造具上年度工作报告及经费计算书，分别呈报教育部备案。"我国图书馆年度工作报告制度开始于公立图书馆。1912 年，《浙江图书馆章程》第 8 条规定："本馆每年年终出统计表一册，将全年所采购图籍及观书人数，详细造表，呈送教育司备查。"❶ 这是我国较为明确的图书馆年度工作报告制度。稍后于 1915 年公布的《图书馆规程》第 7 条规定："图书馆馆员每届年终，应将办理情形报告于主管公署，列入地方学事年报。附设之图书馆报告主管之团体，学校转报于主管公署。"教育部确立了图书馆的年度工作报告制度。国立图书馆年度工作报告制度开始于国立北平图书馆。1929年国立北平图书馆合并后，每年公布年度工作报告。不过，1929 年《国立北平图书馆组织大纲》中没有提交年度工作报告的条款。1940 年《国立中央图书馆组织条例》第 12 条规定："国立中央图书馆每届年度终了，应将全年工作概况及下年度工作计划，分别造具报告书及计划书，呈报教育部备案。"此后，所有国立图书馆组织条例都保有这一条，《国立西北图书馆组织条例》如此，其他国立图书馆组织条例也是如此，如《国立罗斯福图书馆组织条例》草案第 9 条规定："国立罗斯福图书馆每届年度终了，应

---

❶ 浙江图书馆章程 [J]. 浙江公报，1912（133）：15.

将全年工作概况及下年度工作计划，分别造具报告书及计划书，呈报教育部备案。"

除了以上条款外，国立图书馆的通用条款还有如"国立西北图书馆得聘国内外图书馆学或目录学专家为顾问。前项顾问为无给职"（第6条）、国立图书馆"办事细则，由馆拟订，呈请教育部核定""本条例自公布日施行"等，不再一一详述。

《国立西北图书馆组织条例》的公布，是我国图书馆事业发展的一座丰碑。它公布于抗日战争时期。当时时局艰难，尤其西北边疆地区各种矛盾错综复杂，迫切需要凝聚共识，共同发展，文化事业的建设势在必行。《国立西北图书馆组织条例》适应了形势发展的需要，又力图影响西北地区形势的发展，是战时西北标志性文化事业之一。

《国立西北图书馆组织条例》是我国第一部区域性国立图书馆法规。它关于西北地区文献古物的收集、西北各省图书文化的辅导等规定，都是区域性内容，在国立图书馆法规中具有开创性，特别是刘国钧发扬西北文化的办馆宗旨，具有鲜明的文化复兴意味，为西北地区文化的发展指明了方向。

《国立西北图书馆组织条例》的公布，标志着我国以中央图书馆为核心，以各大国立图书馆为辅翼的国立图书馆体系悄然形成，我国国立图书馆的建设渐入佳境。《国立西北图书馆组织条例》是一部重要的国立图书馆法规，尽管因为时局变化，政权更替，该条例实施时间不长，然而，它促进了西北地区图书馆事业的发展，影响深远。

第四节 《国立罗斯福图书馆组织条例》草案

一、国立纪念性质

1948年10月19日，《中央日报》刊载了《国立罗斯福图书馆组织条例》草案11条❶（以下简称《草案》），标志着近代中国又一个国立图书

---

❶ 国立罗斯福图书馆组织条例草案 [N]. 中央日报，1948–10–19（4）. 本节引用《草案》内容时，不再注明出处。

馆即将成立。国立罗斯福图书馆（以下简称"罗斯福图书馆"）是国立图书馆与纪念图书馆的奇妙结合，在近代中国图书馆发展历程中具有独特地位。

《草案》第1条为："为纪念美国故大总统罗斯福，在战时首都重庆设立国立罗斯福图书馆，隶属于教育部，掌理图书馆之搜集编藏考订展览及辅导西南各省图书文化事业之发展事宜。"该条包含了罗斯福图书馆的性质、地点、基本职能、主要职能等内容，是《草案》的关键所在。

《草案》第1条揭示了罗斯福图书馆的国立纪念性质。《草案》开篇宣示"为纪念美国故大总统罗斯福"。国民政府创设图书馆纪念美国已故总统，这在近代中国图书馆事业中尚属首次，在世界历史上也极为罕见。国民政府之所以这么做，实出于对美国总统罗斯福的尊敬之情。1945年5月18日，国民党第六次全国代表大会第十七次会议通过了主席团提出的"纪念美国罗斯福总统设置罗斯福图书馆案"，交由行政院办理。该案表示："为纪念罗斯福总统对近代文明之贡献，及其对吾中国深挚之友谊，特提议设置罗斯福图书馆，期以充实建国之学术，发扬中美之邦交，增进人类之福祉"。❶ 按照提案者的意思，设立罗斯福图书馆，既是纪念其对"近代文明之贡献"，也是纪念其对我国"深挚之友谊"，更希望该馆能"发扬中美之邦交"。

国民党第六次全国代表大会没有对该案理由进行具体的阐述。1947年1月8日，《新闻报》对筹备罗斯福图书馆的理由有清晰的解读。该报称，第二次世界大战爆发后，纳粹德国和法西斯日本，凶焰横暴，不可一世。如果罗斯福总统不宣布"美国为民主国兵工厂"，不参加联合国战争，则德、日两国的崩溃决不会如此迅速，其有功于世界和平，谁也不能否认。罗斯福总统对于中国抗日，更寄予同情，在经济、物资、军事各方面，都以全力援助，使中国能缩短战争时间，赢得最后胜利。不但如此，罗斯福总统在同盟国的国际会议上，处处照顾中国。如：1942年1月1日，同盟国在华盛顿签订《联合国家宣言》，反对德、日等国的侵略，罗斯福总统

---

❶ 纪念美国罗斯福总统设置罗斯福图书馆案 [N]. 中国国民党第六次全国代表大会日刊, 1945-05-19（2）.

对于中国加入签字，格外重视，中国于此乃被列入四强之一。1943 年的开罗会议上，罗斯福总统还支持中国收回台湾失土，所以，我们对于罗斯福总统，"追思其生前之勋绩和厚谊，应当作一个最崇高而最永久的纪念"❶。《新闻报》的解读，不仅仅是舆论认识，也可当作国人的认识，包括国民政府。这亦是设立罗斯福图书馆的主旨所在。

根据《中央日报》的说法，以适当方式纪念罗斯福总统创议于蒋介石。❷蒋介石和罗斯福总统公谊私交甚笃。1945 年 4 月 12 日，罗斯福总统不幸逝世，蒋介石"深为恸悼"，特电唁罗斯福夫人，并至美军驻华总部，吊唁罗斯福总统之丧，又通令自 14 日起，全国下半旗致哀 3 日❸，表达悲痛之情。1945 年 5 月，国民党第六次全国代表大会召开，蒋介石念念不忘罗斯福总统，授意提出"纪念美国罗斯福总统设置罗斯福图书馆案"，完全可以理解。该案通过时，距离罗斯福总统逝世仅 1 月有余，速度不可谓不快。

代表们在讨论纪念罗斯福总统的方式时，提出创设一所大学或设置似图书馆一类文化机关的两种方案。经讨论后决定以设立图书馆的方式进行纪念。署名"心丝"的《中央日报》评论员认为设立图书馆是较好的纪念方式，"因为用图书馆来纪念罗总统，可说是最富有民主的意义，科学的意义，也最契合于国际文化合作的精神，而这三者正是他一生所致力，也是新时代文化的动向"❹。该评论员认为，图书馆的对象是全社会，每一本书对每个人都机会均等，每个人对所有藏书都各取所需，体现了自由、平等的意义；图书馆是一切科学的宝库，也是科学家诞生之地；近代图书馆规模宏大，书库里并肩陈列着各国文字图书，是各民族国家文化合作最和谐的体现。所以，设立图书馆是更为合适的纪念方式。

---

❶ 筹备罗斯福图书馆 [N]. 新闻报，1947-01-08（9）.

❷ 心丝. 一个新时代的文化事业——祝罗斯福图书馆的诞生 [N]. 中央日报，1945-05-21（5）.

❸ 秦孝仪. 总统蒋公大事长编初稿：卷五（下）[M]. 台北：中正文教基金会，1978：696.

❹ 心丝. 一个新时代的文化事业——祝罗斯福图书馆的诞生 [N]. 中央日报，1945-05-21（5）.

图书馆是国民政府为纪念美国总统罗斯福而设，体现了国民政府的意愿，这也是图书馆"国立"的缘由所在。20世纪以来，中国政府较为重视图书馆建设，并且鼓励私人或私法人支持图书馆事业的发展。1910年，学部颁布《图书馆通行章程》，奖励支持图书馆事业的私人。此后由学部或教育部颁布的各种图书馆规程或条例，均有褒奖图书馆事业的私人或私法人的规定。在政府的鼓励下，近代中国涌现出一批纪念性的图书馆，如松坡图书馆、东南大学孟芳图书馆等。这些图书馆都是个人或团体纪念个人或团体的行为，而不是国与国之间的行为，因此，其性质多为"私立"或"公立"，而非"国立"。罗斯福图书馆是国民政府为纪念外国首脑而创设的第一所图书馆，也是近代中国唯一的一所国立纪念性图书馆。

通过设立图书馆纪念美国罗斯福总统的并非只有中国一个国家。罗斯福总统逝世后不久，1945年4月30日，澳大利亚内阁代理总理吉夫莱宣布，将为美国故总统罗斯福设立纪念设施，其中包括"在关于美国文学的国立图书馆设一个特别部门"。❶ 不过，以国家名义专门设立图书馆纪念罗斯福总统，中国是唯一的一个国家。国民政府对罗斯福总统的情怀由此可见一斑。

二、办馆地点争议

《草案》第1条规定"在战时首都重庆设立国立罗斯福图书馆"，这一馆址规定是其他国立图书馆组织条例所没有的内容，如国立中央图书馆、国立西北图书馆的组织条例都没有指明办馆地点。罗斯福图书馆为什么会有这样明确的规定呢？这是由当时馆址风波造成的结果。国民党第六次全国代表大会通过"纪念美国罗斯福总统设置罗斯福图书馆案"时，只是表明国民党和国民政府对罗斯福总统的敬意，并没有明确办馆地点。

馆址问题由陕西方面率先提出。陕西省教育厅厅长王友直有意推动西安作为罗斯福图书馆馆址所在地。1945年6月4日，他在教育厅就此问题召开座谈会，参加者有西安市参议会、各报社通讯社、专科学校及西安

---

❶ 为纪念罗斯福澳拟在国立图书馆特设部门 [J]. 中华图书馆协会会报，1945（1/2/3）：12.

211

市教育会、市党部、省商联会、市商会等 20 余单位，与会代表有李贻燕、郑自毅、赵愚如、富保昌、马在天、蔡屏藩等。与会代表当场一致议决，先行建议国民政府，请将罗斯福图书馆设于西安，并推定专家学者和新闻界，开辟专论，"俾唤起全国注意，促成建议之实现"❶。

在教育厅的推动下，陕西省社会各界迅速行动起来。1945 年 6 月 7 日，有记者透过《西北文化日报》，提出罗斯福图书馆的办馆地点，应该设在西安。其主要根据是：西安是中华民族的发祥地；西安是抗战的起点；南京有中央图书馆，北平有北平图书馆，杭州有浙江图书馆，上海有东方图书馆，都具有全国第一等的规模。在各主要城市中唯有西安还缺少这样大规模的图书馆。为了使全国文化获得普遍发展的机会，他们主张将罗斯福图书馆设立在西安。❷

1945 年 6 月 11 日，陕西省临时参议会召集在省参议员举行谈话会，决定建议中枢将拟议中的罗斯福图书馆设于西安，并请监察院院长于右任，就近主张，促其实现。该会致电国民党中央党部执监委员会、最高国防会议、国民政府主席蒋介石及行政院，内称："西安为我中华民族文化策源地，向者东方文化沟通亦将此为交流基点，周秦汉唐建都于斯，辉煌史册。于此设施用以纪念国际上划时代之伟人，洵堪媲美。且言国防为西北重镇，远于海岸线，高屋建瓴，控制因应，无往不宜。言交通，战后为西北空陆基地，地势雄伟……。在具有今后重要性之地方树立文化中心基础，发扬本党主义，博采民主精神，正义揭示，焰火已熄，其功效当尤为弘著。"❸

1945 年 6 月 14 日，国立北洋工学院西京分院院长李书田及陕西省立 3 所专科学校校长李洵等联名电呈中枢，请将拟议中之罗斯福图书馆设于西安。电文表示："闻中枢拟择地设一罗斯福纪念图书馆，用意至善，窃以为馆址所在地最低限度须适合两种标准：①须该地能代表真正中国文化；②须该地图书之需要最为迫切。查全国各大都市惟西安最适合此种条件，敢乞俯顺舆情，将该馆设于西安，一则使罗斯福之名与周秦汉唐古都并垂

❶ 罗斯福图书馆建议设于西安 [N]. 西北文化日报，1945–06–05（3）.
❷ 罗斯福图书馆应设西安 [N]. 西北文化日报，1945–06–07（2）.
❸ 省临参会建议中枢罗斯福图书馆设于西安 [N]. 西北文化日报，1945–06–11（3）.

不朽，二则使西北文化藉以能突飞猛进，庶开发西北不至徒托空言，是否有当，敬请钧裁。"❶

1945 年 9 月初，西安市教育会致电重庆国民参政会，建议将罗斯福图书馆设于西安。该会表示："罗斯福图书馆，为美国沟通世界文化，启迪我国民智之善举，其设立地点，应就全国文化闭塞之区域，方能发挥效用。陕西居四关之中，交通不便，接受欧美文化，甚感困难。且抗战以来，西安形成重要都市，而当中苏国际路线之枢纽，人民思想，亟待开拓，以上与周秦汉唐固有之文化印证，罗斯福图书馆设于西安，最为得宜。"❷ 并分电陕西籍的监察院院长于右任、参政员王普涵，请求协助。

陕西省主席祝绍周顺应民情，吁请中枢将罗斯福图书馆设于西安。1945 年 7 月下旬，蒋介石对罗斯福图书馆设于西安的建议，批交行政院核议 ❸，结果没有下文。1945 年 8 月 15 日，日本政府宣布无条件投降，抗日战争结束。国民政府随即开始战后复员工作，罗斯福图书馆的筹备工作暂时搁置。

不过，教育部部长朱家骅恪尽职守，没有忘记筹备罗斯福图书馆。1945 年 11 月 4 日，国民党中央社刊发了一条新闻："罗斯福图书馆决定设于上海"❹。馆址问题再次浮出水面。与此同时，上海市教育局局长顾毓琇表示："中央为纪念中国挚友之美故总统，将设罗斯福图书馆，现已决定建于本市"❺。两相印证，罗斯福图书馆设在上海，绝非空穴来风。然而，这条消息很快被覆盖。1945 年 11 月 10 日，中央社改口称"罗斯福图书馆将在首都设立"，并表示："筹备委员会组织章程及筹备计划业经行政院核准，筹备委员将聘由专家及有关人士九人担任，并将延聘驻华美大使馆高级人员为筹备委员会顾问"❻，言之凿凿。

---

❶ 罗斯福图书馆宜设于西安，陕教界请中央核定 [N]. 西京日报，1945-06-15（3）.

❷ 罗斯福图书馆：市教育会主张应设西安，电重庆国民参政会建议 [N]. 秦风日报工商日报联合版，1945-09-05（4）.

❸ 罗斯福图书馆设于西安之建议，蒋主席批交政院核议 [N]. 西京日报，1945-07-27（3）.

❹ 罗斯福图书馆决定设于上海 [N]. 大公报（重庆版），1945-11-05（3）.

❺ 纪念中国挚友，设罗斯福图 [N]. 大公报（上海版），1945-11-05 日（3）.

❻ 罗斯福图书馆将在首都设立 [N]. 大公报（上海版），1945-11-11 日（2）.

尽管权威媒体中央社已经宣称罗斯福图书馆将在首都南京设立，但上海方面没有放弃。1945 年 12 月 17 日，上海新闻界向国民党中央文化运动会驻沪代表虞文及国民党中央宣传部驻沪代表冯有真等提出："我国为纪念美国故大总统罗斯福为中国之挚友，建立罗斯福图书馆，先议决定于上海，后又改在南京。南京虽为政治中心，但上海究为文化中心，况上海之人口实数倍于南京，故请求中央务必将该一富有历史与文化意义罗斯福图书馆设立于上海，俾作育大众，切符纪念之意义。"❶ 然而，上海新闻界的要求如石沉大海，没有得到回应。此后，创设罗斯福图书馆之议再次沉寂。

1946 年，朱家骅再次启动罗斯福图书馆的筹备工作。1946 年 7 月 6 日，教育部设立了筹备委员会，由朱家骅任主任委员，翁文灏、陈立夫、王世杰、蒋梦麟、蒋廷黻、胡适、傅斯年、吴有训、袁同礼、蒋复璁 11 人任委员，国立社会教育学院图博系教授严文郁任秘书。下午，筹委会召开了第一次会议，出席会议者有朱家骅、翁文灏、吴有训、蒋复璁，其他委员或请人代表，或未出席。在这次筹委会会议上，有人建议将罗斯福图书馆设在上海。不过，因为出席代表不足法定人数，只是交换意见，没有议决。会议推定蒋复璁会同严文郁起草筹备计划，备下次会议讨论。❷

罗斯福图书馆将设在上海的消息得到了上海方面的积极响应。1946 年 7 月 26 日，顾毓琇邀请上海各大专院校校长开会，议决电呈蒋介石及朱家骅，请将罗斯福图书馆设在上海，嘉惠士林。1946 年 8 月 1 日，上海市各大高校校长，如国立交通大学校长吴保丰、国立复旦大学校长章益、私立东吴大学代理校长盛振为等，分别致电蒋介石及朱家骅，称："本市学校众多，甲于全国，中外文化斯萃，国际观瞻所系，中央为纪念美国总统罗斯福，决议设置一大规模图书馆，并已由教育部着手筹备进行，无任钦佩。兹经本各院校、各文化团体集议，请将该馆设于上海，并就市中心区原有市立图书馆，着手筹备，俾可迅速有功""上海为中外文化交流之地，乃国际观瞻所系，中央现有筹备罗斯福图书馆之举，……兹经上海各大学

---

❶ 文运会驻沪代表虞文昨日招待本市新闻界 [N]. 前线日报，1945-12-18（4）.

❷ 国立罗斯福图书馆筹备计划草案 [A]. 重庆市档案馆馆藏档案，全宗号 0115，目录号 1，案卷号 2.

校院及学术文化团体集议，拟请将该馆设于上海。"❶

上海还有读者投书报纸，建议将罗斯福图书馆设在上海。该读者认为，"上海为世界著名都市，国际观战所系，尚无一全国性质、规模较大之国立图书馆。而战前沪上大小图书馆，大半均毁于炮火，复员之各大学，甚感缺乏图书，参考不易。不如就市中心区上海市立图书馆，更名扩充，经费省而成效宏"❷。

上海的新闻界也一如既往地支持罗斯福图书馆设在上海。1946 年 9 月 5 日，《东南日报》发表社论《罗斯福图书馆应设上海》，提出罗斯福图书馆的馆址，应该选择具有 4 个条件的都市："必须具有国际性的""必须是全国性的""必须是学术文化的中心""又必须恰合当地的需要"。符合这 4 个条件的都市，只有南京、北平、上海 3 处。南京已有国立中央图书馆，北平有国立北平图书馆，只有上海最需要。❸《新闻报》等报纸大都持相同态度。

朱家骅一直倾向于将罗斯福图书馆设在上海。1945 年 11 月 5 日，有媒体刊载了中央社 4 日电，直接表示："朱部长对教育文化事业，极为重视，已决将罗斯福图书馆设于此间"❹。1946 年 7 月，罗斯福图书馆设在上海的论调再次出现，也与朱家骅有莫大关系。《申报》表示：罗斯福图书馆，"各方对馆址之地点，颇多争议。兹据记者所悉，为顾全事实，颇有在沪成立可能。盖上海人口近六百万，学校较南京为多，出版家、文化人，亦多集中该地。上海文化学术团体及市府，并曾分电蒋主席、朱教长，请求在沪建设馆址。闻朱部长已将此意签呈蒋主席"❺。严文郁也倾向于将罗斯福图书馆设在上海，1946 年 8 月 2 日，《新闻报》称："该馆筹备处主任严文郁，……近已来沪，勘察可能使用之馆址，经与上海市政府接洽，已由市政府允将江湾市中心区建筑完美之市立图书馆大厦借用，惟一

---

❶ 各大学校长等建议罗斯福图书馆设上海 [N]. 新闻报，1946-08-02（9）.
❷ 罗斯福图书馆应设于上海 [N]. 新闻报，1946-08-09（11）.
❸ 罗斯福图书馆 [J]. 见闻，1946（13）：31.
❹ 罗斯福图书馆决设于上海 [N]. 中央日报，1945-11-05（2）.
❺ 国立罗斯福图书馆拟择定上海建设馆址 [N]. 申报，1946-08-17（6）.

切须待主席批示遵行。"❶上海地区的其他报纸，如《民国日报》等，也都报道了类似消息。

除了西安、上海、南京 3 地外，东北等地也都有竞争罗斯福图书馆馆址的声音。围绕馆址问题，议论沸沸扬扬。舆论界也注意到"罗斯福图书馆馆址竞争烈"❷。1946 年 9 月，朱家骅奉谕："罗斯福图书馆应设陪都重庆"❸。1946 年 9 月 20 日，《申报》称："蒋主席于出席青年团会议旅次，即以代电令知南京教育朱家骅部长，决定罗斯福图书馆设在重庆市，并望妥速筹设，以期早日完成。"❹馆址问题就此尘埃落定。

罗斯福图书馆设在重庆，蒋介石没有说明缘由。舆论推测其原因，有人谓"馆址初拟设于南京或上海，沪市方面欢迎尤切。惟为表彰罗斯福总统在第二次世界大战运筹致胜之伟功，追怀我国在东亚负重抗战之往事，则我战时首都更为适宜，故经最高当局指定国立罗斯福图书馆设于重庆。本馆（指中央图书馆）既随政府还都，其所遗之房厦地基，装修器用，即让与罗斯福图书馆"。❺有人谓蒋介石指示设在重庆，"一则纪念罗总统对我抗战之帮助，兼以筹答陪都在抗战期中之贡献。现决以重庆国立中央圕为馆址，中央圕除善本图书运还南京外，其余书籍悉数转赠罗斯福圕"。❻归纳起来，原因主要有 3 个：一是罗斯福总统与重庆时期的国民政府关系最为密切；二是答谢重庆人民对抗战的贡献；三是可以利用国立中央图书馆留下的馆址和书籍。

罗斯福图书馆的馆址问题虽然解决了，但毕竟引起了有关方面的不快。教育部采取措施，安抚各方。1946 年，《教育通讯》载："现因西北文化，亟待推进，教育部特拟在西安设立国立西安图书馆"❼，聘请国立西北大学校长刘季洪为筹备委员会主任。1946 年 11 月 28 日，《申报》刊载了中央社的消息：外交部发言人王敬称，国立图书馆，正式成立者，有国

❶ 罗斯福图书馆决设于上海 [N]. 中央日报，1945–11–05（2）.

❷ 罗斯福图书馆馆址竞争烈 [N]. 新闻报，1946–08–07（9）.

❸ 严文郁. 国立罗斯福图书馆筹备纪实 [J]. 传记文学，1970（4）：52.

❹ 蒋主席决定罗斯福圕设渝 [N]. 申报，1946–09–20（6）.

❺ 镜宇. 罗斯福图书馆筹备概况 [J]. 国立中央图书馆馆刊，1947（1）：59.

❻ 祺. 罗斯福圕决设重庆 [J]. 教育通讯，1946（4）：17.

❼ 吴. 筹设国立西安图书馆 [J]. 教育通讯，1946（4）：17.

立中央图书馆和国立北平图书馆。筹备中者，有位于兰州的国立兰州图书馆、位于西安的国立西北图书馆、位于重庆的国立罗斯福图书馆，最近又成立国立沈阳图书馆筹备委员会。❶教育部的一系列举措，意在平息各方的不满情绪，客观上推动了国立图书馆的建设。

罗斯福图书馆的馆址风波，涉及西安、上海等城市，牵动文教界、政界等社会各界，关乎中美两国外交、文化等方面的发展，同时深化了国人对国立图书馆的认识，在争议中普及了现代图书馆观念。

三、藏书要求

《草案》规定罗斯福图书馆的基本职责是"图书之搜集编藏考订展览"。这是近代中国国立图书馆组织条例的通用条款，也是国立图书馆的基本职能，没有体现出罗斯福图书馆的特色所在。这是《草案》文本的不足之处。

在这点上，此前颁布的《国立西北图书馆组织条例》显然值得借鉴。《国立西北图书馆组织条例》第 1 条规定了国立西北图书馆掌理"各种图书古物及地方文献之搜集编藏考订展览""西北各省古物文献及有关边疆史料之保藏" ❷，体现了国立西北图书馆的区域特色，即西北边疆古物、史料。

其实，教育部对罗斯福图书馆的馆藏是有期待的。1945 年 11 月初，教育部启动筹备工作时表示，罗斯福图书馆"将侧重搜集罗斯福生平事迹之各国文字之书籍及照片，国际问题之图书杂志以及世界各国提倡和平思想之书籍，并得接受各国之捐赠及注意研究工作"。❸1946 年 7 月 6 日，罗斯福图书馆筹备委员会召开第一次会议时，筹委会委员、行政院副院长翁文灏表示，罗斯福图书馆的任务及其藏书为"（一）有关罗氏刊物（二）中美文化关系（三）世界大战资料及永久和平办法"。❹国民政府希望罗斯福图书馆的藏书围绕罗斯福总统、中美关系及世界和平而展开。

关于罗斯福图书馆藏书的看法，见仁见智。有人认为应该搜集有关

---

❶ 国立图书馆多数在筹备中 [N]. 申报，1946-11-28（8）.

❷ 国立西北图书馆组织条例 [J]. 立法专刊，1946（24）：41.

❸ 罗斯福图书馆将在首都设立 [N]. 大公报，1945-11-11（2）.

❹ 罗斯福图书馆开始筹备工作 [N]. 中央日报，1946-07-07（3）.

罗斯福总统及国际关系的书刊文献、收藏我国重要典籍、收罗近代科学书籍。❶ 有人则认为应侧重搜集关于罗斯福总统的记载、储藏关于美国的记载、收集中国道德哲学图书、收集关于第二次世界大战的记载、收藏关于国际公法与国际关系、国际组织及世界和平方案的图书等。❷ 如此等等，不再一一列举。

有人建议罗斯福图书馆平等地收藏各类书籍：不希望这所图书馆存在偏见，对于出版物作过严的审查与选择，更不希望这所图书馆对于文化界的各派理论，明显地露出爱憎好恶的面目。图书馆的职务一面是让读者自由选择其爱读的书籍；同时给"诸子百家"的著作以同等的收藏陈列的机会。罗斯福一生的目标是宽容民主，罗斯福图书馆也应该以其藏书的宽容与选书的民主为其特色，倘以为，只有某些书是可以让公众阅读，另有某些书是不可接触的，像有些图书馆似的，将鲁迅的书籍都扔入地窖，永不许其露面，这种偏见是不配作为罗斯福总统的纪念的。❸

罗斯福图书馆筹备委员会在吸收各方观点的基础上，形成了较为清晰的收藏思路："罗斯福总统勋业彪炳，理想崇高，其言论著作及生平事迹，关系世界和平人类幸福者至深且钜，故凡罗斯福先生自著及其有关之文献均在征集收藏之列，俾后之览者得充分之认识，受无尽之感诏""中美邦交素称敦睦，自海约翰主张门户开放逾四十年，至罗斯福总统就任而关系益密。今后太平洋两岸及举世界和平有赖于两国之密切合作者尤多。故凡有关两国文化，两国邦交之书刊均应尽量收集，俾注重中美关系者有所取资，得所成就""两度大战，人类元气大丧，如何顾及人群幸福，维持永久和平，自属当今最崇高之理想，最切要之课题。罗斯福总统对于促进世界和平，创置联合国机构等工作，鞠躬尽瘁，致力特多。兹者战事虽告结束，而如始何能达到永久之和平，尚待无尽贤者之努力与研究，故凡有关

---

❶　国立罗斯福图书馆筹备计划草案 [A]. 重庆市档案馆馆藏档案，全宗号 0115，目录号 1，案卷号 2.

❷　谨拟罗斯福图书馆筹备纲要 [A]. 重庆市档案馆馆藏档案，全宗号 0115，目录号 1，案卷号 2.

❸　赵超构 . 赵超构文集（第 3 卷）[M]. 上海：文汇出版社，1999：63.

此等问题之资料，均应力求充实，明供考览"。❶ 也就是说，所有罗斯福总统的著作及有关文献、中美两国文化的著作以及有利于人类和平的研究著作，都应该在收藏范围之内。这种收藏思路与教育部创设该馆的思路高度一致。可惜的是，这些收藏原则并没体现在《草案》中，没能凸现罗斯福图书馆的收藏特色。

罗斯福图书馆筹备委员会也尝试将这些收藏原则付诸实施。1947 年 6 月至次年 1 月，筹委会秘书严文郁在美国考察图书馆事业，其中一项内容是收集有关罗斯福总统的各种材料。1947 年 9 月，他拜会了罗斯福总统的遗孀埃莉诺·罗斯福，转交了教育部长朱家骅和重庆市长张笃伦的致敬函。埃莉诺·罗斯福表示，将"代表罗氏家族，以故总统罗斯福之照片及若干纪念品敬赠该图书馆"❷，但赠送的具体类型和数量不详。

需要明确的是，罗斯福图书馆的前提是中国的图书馆，其藏书依然以汉文图书为主。根据媒体的报道，1947 年底，该馆藏书将近 12 万册，其中"中文占百分之九十三，西文者占百分之五，日文者占百分之二"。❸ 西文图书多为有关国际和平、中美邦交、罗斯福总统之言论著述等。一年后，该馆藏书超过 16 万册，其中汉文图书 15 万 5209 册，西文图书 9098 册❹，汉文图书依然占绝对多数。这种文献建构合情合理，收藏汉文图书是罗斯福图书馆的基本职责，没有偏离。

四、国立图书馆的通用条款

除了第 1 条外，《草案》还有国立图书馆的通用条款，主要有以下几项。

1. 辅导事业条款

《草案》规定，罗斯福图书馆掌理"辅导西南各省图书文化事业之发展事宜"。在罗斯福图书馆筹备前，我国已经有 3 所国立图书馆，分别为国立北平图书馆、国立中央图书馆和国立西北图书馆。这 4 所国立图书馆，其基本职能都相同或类似，即掌理图书之"搜集编藏考订展览"。然

---

❶ 创设罗斯福图书馆之旨趣 [J]. 教育通讯，1946（4）：8.

❷ 罗斯福图书馆馆长严文郁在美行动 [J]. 辅导季刊，1947（4/5）：22.

❸ 矗立重庆市区的罗斯福图书馆 [N]. 益世报，1947-11-12（3）.

❹ 渝罗斯福图书馆 [N]. 中央日报，1948-11-09（4）.

而，在具体工作范围方面，却有明显的区别。国立北平图书馆掌理"图书馆事业之研究事宜"❶，国立中央图书馆掌理"全国图书馆事业之研究事宜"❷，国立西北图书馆掌理"西北各省图书文化事业之辅导"❸，罗斯福图书馆则强调"辅导西南各省图书文化事业之发展事宜"。换言之，这4所国立图书馆按照区域进行了职责定位：国立北平图书馆重视的是图书馆研究事宜，国立中央图书馆则注重全国图书馆事业的研究事宜，国立西北图书馆更多关注西北各省图书文化事业之辅导，而罗斯福图书馆承担的任务是辅导西南各省图书文化事业的发展。罗斯福图书馆辅导西南各省图书文化事业，完善了民国时期图书馆的横向区域辅导体系，国立图书馆的职能分工逐渐明晰，分区辅导方式日趋成熟。

2. 组织机构条款

《草案》第2条规定罗斯福图书馆设采访、编目、阅览、参考、推广辅导、总务6组，其中在推广与辅导合为一组，没有区分。严格意义上，推广工作为本馆内部事务，辅导工作为本馆与他馆关系。推广与辅导工作有时难免有重叠。其人事制度为"国立罗斯福图书馆设馆长一人，简任。秘书一人，组主任六人，编纂四人至六人，编辑六人至八人，均荐任。干事十一人至十三人，委任。"（第3条）罗斯福图书馆完全采用公务员任用方式，编纂等专业人员也是如此，均为委任，其他国立图书馆组织条例则为聘任。这是《草案》的显著特色之一，行政色彩非常浓厚。不仅如此，第3条还设置了秘书1人，为荐任，与组主任任用方式相同，提高了行政人员地位，也为其他国立图书馆组织条例所没有的条款。在各大国立图书馆组织条例中，《草案》的行政色彩最为明显。

分工方面，"馆长综理馆务，各组主任、编纂、编辑，承馆长之命，分掌各组事务；干事承各组主任及编纂之命，办理所任事务"（第4条）。吊诡的是，秘书竟然没有分工，不知其所任何事。本条中"各组主任、编纂、编辑，承馆长之命"的表述较为合适，是承"馆长"之命，而非"长官"，这是立法技术的进步。当然，《草案》也有劳动关系条款："国立罗

❶ 国立北平图书馆组织条例 [J]. 教育部公报，1946（6）：1.

❷ 国立中央图书馆组织条例 [J]. 教育部公报，1945（10）：27.

❸ 国立西北图书馆组织条例 [J]. 立法专刊，1946（24）：41.

斯福图书馆因事务上之需要，得酌用雇员十人至十二人"（第7条）。

3. 外联、年度工作报告条款

《草案》第8条为外联内容："国立罗斯福图书馆得聘请中外图书馆学及目录学专家为顾问或通讯员。前项顾问及通讯员均为无给职。"第9条为年度工作报告内容："国立罗斯福图书馆每届年度终了，应将全年工作概况及下年度工作计划，分别造具报告书及计划书，呈报教育部备案。"不过，该条规定中报告书和计划书的提交时间并不明确，这是一个缺憾。

4. 会计条款

《草案》第5条规定："国立罗斯福图书馆设会计室，置会计主任一人，佐理员一人，均委任。依主计法规之规定，办理岁计会计事宜。"会计条款单列从1940年《国立中央图书馆组织条例》开始，其第5条为："国立中央图书馆设会计员一人，依主计处组织法之规定，办理会计岁计事务。"1945年《国立中央图书馆组织条例》第5条延续了这一规定，并进一步发展："国立中央图书馆设会计室，置会计主任一人，荐任；佐理员二人，委任，依《国民政府主计处组织法》之规定，办理岁计会计统计事项。"其他国立图书馆组织条例大多沿袭了这一规定，如1946年《国立北平图书馆组织条例》第5条："国立北平图书馆置会计员一人，委任，依《国民政府主计处组织法》之规定，办理岁计会计统计事务。"1948年《国立兰州图书馆组织条例》第5条："国立兰州图书馆，设会计室，置会计主任及佐理员各一人，均委任，依法律之规定，办理岁计会计统计事务。"

上述国立图书馆组织条例中提及的《主计处组织法》由国民政府1930年11月公布。其全称为《国民政府主计处组织法》，主要内容有："国民政府设主计处，掌管全国岁计会计统计事务"（第1条）；主计处设岁计、会计、统计3局（第4条）；岁计局办理"筹划预算所需事实之调查""各机关概算预算及决算表册等格式之制定""预算内款项依法流用之登记"等事务（第6条）；会计局办理"各机关会计表册书据等格式之制定""各机关会计事务之指导监督""各机关会计报告之综核记载及总报告之汇编"等事务（第7条）；统计局办理"各机关统计图表格式之制定颁行及一切编制统计办法之统一""各机关编制统计范围之划定及统计工作之分配"等（第8条）；全国各机关主办岁计会计统计人员分为三等：会计长统计长，均简任；会计主任统计主任，均荐任；会计员统计员，均委任。前项主办人员及佐理人员，均由主计处按其事务需要设置任用（第12条）；第12条办理岁计会计统计人员，直接对主计处负责，并依法受所在机关长官指挥（第13条）等。❶此后，该法常有修改。1944年1月5日，《修正国民政府主计处组织法》公布。1944年组织法与1930年组织法比较，与国立图书馆组织条例密切关联者，为第15条。该条将全国各机关主办岁计会计统计人员分为四等：会计长统计长，均简任；会计处长统计处长简任或荐任；会计主任统计主任，荐任或委任；会计员统计员，均委任。前项主办人员及其佐理人员，均由主计处按其事务需要，分别设置。❷根据《主计处组织法》，国立图书馆会计主任及佐理人员必须设置，其任用权不在国立图书馆，而在主计处。这一规定意味着国立图书馆组织条例与其他法规的联系已经建立，不再是一部单行法，已经成为国民法治体系的重要构成部分。不过，《草案》第5条并不严谨，"依主计法规之规定"一款中"主计法规"一词，最好写成《国民政府主计处组织法》，不要引起歧义，和《国立中央图书馆组织条例》《国立北平图书馆组织条例》一样。

5. 人事条款

《草案》第6条规定："国立罗斯福图书馆置人事管理员一人，委任。依人事管理条例之规定，办理人事管理事务。"这是1942年以后公布的所有国立图书馆组织条例的通用条款。

第一部按照《人事管理条例》设置人事管理员的国立图书馆组织条例为1945年3月公布的《国立西北图书馆组织条例》，其第3条有设置"人事管理员一人"的规定，该款略显简单。人事管理首先单独成条的，是1945年10月公布的《国立中央图书馆组织条例》，其第6条规定："国立中央图书馆置人事管理员一人，佐理员一人，均委任，依人事管理条例之规定，办理人事管理事务。"该条完整地体现了当时法治体系的建设水平。1946年《国立北平图书馆组织条例》第6条规定："国立北平图书馆置人事管理员一人，委任，依人事管理条例之规定，办理人事管理事

❶ 国民政府主计处组织法 [J]. 司法公报，1930（100）：1-4.

❷ 修正国民政府主计处组织法 [J]. 行政院公报，1944（3）：14.

务。"1948 年 3 月《国立兰州图书馆组织条例》第 6 条为"国立兰州图书馆，置人事管理员一人，委任，依人事管理条例之规定，办理人事管理事务。"人事管理条款成为国立图书馆组织条例的通用条款。

《国立罗斯福图书馆组织条例草案》的立法技术已经较为成熟，然而最终没有能够为立法院通过。1947 年 3 月，筹备处秘书严文郁向朱家骅请示，罗斯福图书馆拟于 4 月正式成立，开放阅览。朱家骅表示，罗斯福图书馆的成立，须由立法院通过，非短期所能实现。不如先行开放，同时办理成立手续。该馆遂于 4 月底举行善本图书展览会，向国内外发表新闻，5 月 1 日正式开放。1948 年 5 月，《草案》由行政院院务会议通过。1948 年 6 月，《草案》由行政院咨立法院。1948 年 10 月，《草案》在立法院未获通过，退回理由未予说明。❶1949 年 6 月，严文郁前往联合国任职。不久，重庆解放。罗斯福图书馆始终没有建立起来。从 1947 年 5 月开始，到 1949 年年底，罗斯福图书馆根据《草案》的规定运行了 2 年有余。不过，因为《草案》没有被立法院通过，并不具有法律效力。然而，作为文化史材料，《国立罗斯福图书馆组织条例草案》折射了一个时代对罗斯福图书馆的认识，是民国时期重要的国立图书馆法规文献，不应被遗忘。

❶　严文郁 . 国立罗斯福图书馆筹备纪实 [J]. 传记文学，1970（4）：51.

第五章　公共图书馆的主要关联法规

近代中国公共图书馆法规并非孤立存在，与其他法规关系密切，尤其《国际交换出版品公约》、新书呈缴图书馆制、《捐资兴学褒奖条例》。《国际交换出版品公约》促进了我国与国际文化界的合作与交流，新书呈缴图书馆丰富了图书馆的馆藏，《捐资兴学褒奖条例》鼓励社会各界支持图书馆事业的发展。这些关联法规成为近代中国公共图书馆法规体系的构成部分，不可或缺。

第一节　《国际交换出版品公约》

一、《国际交换出版品公约》概述

《国际交换出版品公约》，也称布鲁塞尔公约，是近代国际间文化交流的内容之一，是增进各国互相了解的一种有效方式。《国际交换出版品公约》由《国际交换公牍科学文艺出版品公约》和《国际快捷交换官报与议院记录及文牍公约》两个文件构成。这两个公约均于 1886 年 3 月 15 日在比利时首都布鲁塞尔通过。公约发起国为美国、比利时、巴西等 8 国。第一次世界大战后，国际联盟（以下简称"国联"）正式成立，国联智育互助委员会向国际联盟行政院提出，建议各成员国均接受《国际交换出版品公约》，参加出版品国际交换活动。国联行政院经讨论后，认可这个建议。1922 年 11 月 20 日，行政院正式函告国际联盟各国，邀请没有加入公约的国家在《国际交换出版品公约》上签字加入，促进国际间的出版品交流。

在国联行政推动下，各成员国断断续续地签字加入，公约逐渐为其他各国接受。

《国际交换公牍科学文艺出版品公约》的主要内容为：①交换机构。缔约国应各在其国内设立交换局，以便行使职务（第1条）。"各交换局以官立资格为缔约国对于学界及文艺界与科学社团等之媒介从事接收转送各国出版品，惟似此办理须知各交换局之职务，仅限于将各种互换出版品自由转送，但关于此项转送不能有任何主动行为"（第7条）。②出版品类型。"缔约国所赞同交换之出版品如下：（一）公牍为立法或行政而由各国自行印行者（二）著作由各国政府命令发行或由政府出资者"（第2条）。③交换程序。"各国所设立之交换局，应将各出版品编印目录以便缔约国选择备用。该目录应每年修补完竣并依期送致各缔约国之交换局"（第3条）；"各出版品究须若干本方可敷互相求供之用，由各交换局彼此自行酌定"（第4条）；"所有交换事宜，应由各局直接办理，至各项出版品内容辑要以及一切行政文书请求书暨回执等应采用一律之格式"（第5条）。④费用问题。"关于往外运输，各缔约国对于运往地点之包装运输应付费用。惟由海道输运时，其运费特订办法，规定每国分担之数"（第6条）。⑤有效期。本约应该从速批准，并将批准书在布鲁塞尔互换。自批准文书交换之日起，以10年为期。倘有一国政府没有在6个月之前宣告废约，该约过此期限仍继续有效（第10条）。⑥加入程序。"未参与本约之各国，得请愿加入。此项加入，应用外交上手续通知比京政府，并由比政府转知其他各签约国"（第9条）；"本约应从速批准，并将批准书在比京互换。自批准文书交换之日起，订以十年为期。倘有一国政府不于六个月之前宣告废约，该协约过此期限仍继续有效"（第10条）等。❶

《国际快捷交换官报与议院记录及文牍公约》的主要条款为："除同日所订关于《国际交换公牍科学文艺交换品协约》中第二条所发生之义务应单独履行外，现各缔约国政府担任将其本国所公布之官报暨议院记录并文书等一出版时，迅即各检一份寄交各缔约国国会"（第1条）；"未参预本

---

❶ 国际交换公牍科学文艺出版品公约 [J]. 政府公报，1925（3485）：10–11.

约之各国得请愿加入。此项加入应用外交上手续通知比京政府，由比政府转知其他各签约国"（第2条）；本约应从速批准，并将批准书在比京互换。自批准书交换之日起，以十年为期。倘有一国政府没有在6个月之前宣告废约，过此期限仍继续有效（第3条）等。❶

出版品国际交换工作在推进时，不断地完善。1924年7月，智育互助委员会为商讨改进出版品国际交换的方法，专门召集专家会议，建议特别关注科学及文学出版品的交换事务。智育互助委员会商讨的结果，形成了专家草案。该草案于1924年11月10日由国联行政院函告各国，征询各成员国意见。

专家拟定的交换出版品公约草案5条及附增条文（第6条以后）主要有：第1条："凡缔约各国除与前订国际交换公牍科学文艺出版品公约内应尽之义务无关系外，议定将下列文件一俟出版，至少以一份迅行交换：（甲）凡属普通性质之全国出版图书总目；（乙）凡科学图书馆最近购入图书之各种报告或书目，以尽量能得者为限。"换言之，优先交换新出书目。第2条："缔约国允取种种认为适当之方法：（甲）务将按照第一条交换之各国书目，使关系各方面易于取阅；（乙）务将上述书目内所载之科学或文学出版品，经缔约各国提出交换之一切建议，保证予以善意考量。"第3条："缔约各国为便利交换一切最重要或最足以代表一国文化出版品起见，应将由赠送或他种方法收集之出版品可充国际交换之用者，编制目录，随时公布。此项目录应将各图书馆现存之一切重复书籍科研交换者，一并载明"。第4条："缔约各国按照1886年协约第7条规定允将科学或文学出版品，无论其是否由国家辅助出版，使各学术团体、各大学及科学机关用种种方法，鼓励增进其互相交换事宜。"第5条："缔约各国允公布各国办理交换事宜之周年报告。此项周年报告应送交治育互助委员会，由该委员会摘要公布，会同周年内所有国际交换事宜之总报告一并公布。"附增条文如第6条："本公约当听由各国签字后即行批准。其批准文件应从速交国际联合会秘书长处存案，由该处转知签订本公约各国。本公约一俟有两国批准文件交存后即发生效力。随后每国经国际联合会秘书长将该国批准

❶ 国际快捷交换官报与议院记录及文牍公约 [J]. 政府公报，1925（3485）：12.

文件存案，通知各国。一个月后，本公约即在该国发生效力。"等等。❶ 显然，专家草案注重简化交换程序、提高交换速度，以更好地推进出版品国际交换业务的展开。

中国是国联成员国。1922年11月，中华民国外交部收到加入公约的邀请函件后，随即与教育部商量，确定加入公约。按照公约批准程序，1925年12月初，外交部向上年上台的段祺瑞临时执政府提出申请，希望批准加入《国际交换出版品公约》。呈称："该两约之主旨，不外沟通文化，互审国情，立意至为美善。"❷ 该项提议随即通过。1925年12月22日，我国驻比利时公使王景歧正式通知比利时政府，申请加入国际出版品交换公约。1926年1月，比利时政府函复王景歧，报告中国加入国际公约已经转知其他签约各国。至此，我国加入出版品交换公约的法律程序完全结束，正式成为公约缔约国。

二、出版品国际交换机构

根据公约，出版品国际交换由官立机构主持，北洋政府为此设立了专门机构——出版品国际交换处（局），具体负责出版品的国际交换事务。出版品，无论是官报、议院记录、文牍、科学或文学的收集与整理，均与图书馆业务高度重合，各种书目的编制，尤其如此。正因为两者工作高度重合，很多国家的交换工作往往会依托指定图书馆进行，近代中国也不例外。民国时期，出版品国际交换处（局）先后依托北京大学图书馆、北京图书馆❸、北平北海图书馆❹、国立中央研究院图书馆、国立中央图书馆筹备处及国立中央图书馆等组织机构办理。

---

❶ 袁同礼.中国加入国际交换出版品协约之经过 [J].中华图书馆协会会报，1927（3）：16.

❷ 外交总长沈瑞麟呈临时执政请加入国际交换出版品公约两种并予公布文 [J].政府公报，1925（3485）：9.

❸ 北京图书馆为中基会独立办理。此前，教育部与中基会合办国立京师图书馆，但因教育部没有履行契约，中基会于是独立创办北京图书馆，1926年3月1日设立，1928年10月改名为北平北海图书馆。

❹ 1928年6月，国民政府二次北伐，占领北京，将北京改名为北平。根据要求，1928年10月，北京图书馆改名为北平北海图书馆。1929年6月，教育部与中基会订约，共建国立北平图书馆，将原北平图书馆合并于北平北海图书馆，改名为国立北平图书馆。

1. 出版品国际交换局

根据《国际交换出版品公约》的规定，缔约国必须设立一个官立机构，以负责交换事务。为此，1925 年 9 月 1 日，段祺瑞临时执政公布了《出版品国际交换局官制》，由交换局具体负责交换事务。《出版品国际交换局官制》主要条款有："出版品国际交换局直隶于教育部，掌国际交换出版品一切事务"（第 1 条）；"国际交换出版品一切事务，应依《国际交换公牍科学与文艺出版品协约》《国际迅速交换官报与议院记录文牍之公约》行之"（第 2 条）；交换局设局长 1 人，简任，综理本局事务，监督所属职员；佥事 1 人，荐任，根据局长命令，分理本局事务；主事 4 人，委任，负责具体事务（第 3–5 条）；交换局因缮写文件及襄理杂务，可适当使用雇员（第 6 条）；"本局办事细则由教育总长以部令定之"（第 7 条）。❶ 1928 年，南京国民政府形式上统一了全国，随即接管了出版品国际交换局，并将其名称修改为出版品国际交换处。这一名称伴随国民政府始终，一直到国民党政权在大陆崩溃为止。

按照布鲁塞尔公约的要求，各国交换局成立之后，应该迅速编制出版品目录，供出版品交换参考之用。不过，我国国内各机关出版品，向来散漫，出版后寄赠何种机关，都没有记录，难以查考。出版品国际交换局遂委托北京大学图书馆，请将该馆收藏的政府出版品，编制目录，以履行法定义务。1926 年 1 月，该项目录编成出版，是为《国立北京大学图书馆所藏政府出版品目录》，主要为中央政府各部文牍，兼及地方政府文牍，总共 55 页。尽管该《政府出版品目录》不是很全面，然而，较为重要的政府出版品已经相当完整。1926 年年初，北京政局变动，北京大学无法继续从事交换事宜，出版品国际交换局遂委托北京图书馆继续从事交换事务。出版品国际交换局因此从北京大学图书馆转移到北京图书馆。

出版品国际交换局成立之初，第一个重要举措为接受上海交涉使公署中的中美交换书报处。1907 年，中美两国开始接洽互换政府出版品。中国方面由苏松太道呈明两江总督，就上海洋务局内设立中美换书局，遴选委员专门负责交换事务。中华民国成立后，上海交涉使公署成立，继承了洋

---

❶ 出版品国际交换局官制 [J]. 政府公报，1925（3384）：3.

务局的事业，设立中美交换书报处，遴选专员负责清理交换书报。1925年11月，教育部与外交部交涉，提出将上海交涉使公署中美交换书报处与出版品国际交换局合并。11月26日外交部复函认可。至此，我国出版品国际交换业务完全统一，由国际交换局负责处理。

北京大学图书馆的出版品国际交换业务停止后，1926年3月，新的北京政府委托中基会独立创办的北京图书馆为接受机关，继续从事交换业务。凡以国际交换之名寄到的出版品，均由北京图书馆编目庋藏，公开阅览❶，并参照美国国会图书馆的做法，组织官书部，专门负责交换事务。不过，因受经费紧张等条件限制，国际交换局对于分寄国内外学术团体互相交换或寄赠的出版品等业务，差不多完全停顿下来。1927年8月，北京政府财政状况继续恶化，因经费没有着落，国际交换局的所有业务均告停止。国际交换事务，完全委托北京图书馆代为执行。1928年6月，国民政府军队进入北京，二次北伐结束。1928年8月24日，大学院指令北京图书馆组织出版品国际交换处，继续开展出版品国际交换业务。

2. 出版品国际交换处

接管北京后，南京国民政府对出版品国际交换事务进行大刀阔斧地改革。1928年9月4日，大学院指令中央研究院组织交换处，继续办理出版品国际交换事务。指令表示："国际出版品交换事宜，前因中央尚无适当藏书及管理此项事宜之所，当即暂交北平图书馆经管。现在中央研究院图书馆业已成立，所有国际出版品交换事宜，应即拨归管理。"❷根据指令，中央研究院在上海组织了出版品国际交换处。该处立刻通知各缔约国及国内各机关各团体查照执行。1928年11月，中央研究院接管了所有出版品国际交换业务。

为推动出版品国际交换有序发展，中央研究院特地制定了《国立中央研究院出版品国际交换处交换规则》。《国立中央研究院出版品国际交换处交换规则》主要内容有：①交换主体。"凡公私机关及个人有多量出版品

---

❶ 北京图书馆业务研究委员会.北京图书馆史资料汇编（1909—1949）[M].北京：书目文献出版社，1992：1143-1144.

❷ 国立中央研究院总办事处出版品国际交换处十七年度工作报告[R].国立中央研究院总报告，1928（1）：252.

赠送国外机关及个人或交换者，均可径寄本处代为分别登记转寄"（第 1
条）；"国内各机关之出版品愿赠送国外而不指定何机关或何人者，可各寄
若干份由本处斟酌支配寄送"（第 2 条）；"国外赠送国内各公私机关及个
人或交换之出版品寄至本处者，统由本处整理登记，然后分别邮寄"（第
3 条）。②邮寄费用。"国内寄件人欲委托本处寄递出版品至国外时，应将
寄至上海之运费或邮费付清，由上海寄往各国之费用归本处担负"（第 4
条）；"国外委托本处转寄之包件分寄国内时，所需之邮费运费等均本处
担负"（第 5 条）；"本处为国内外出版品转寄交换总机关，并非营业性质，
故除各机关及个人出版品赠送国外或交换者外，凡具有商业性质之书籍概
不转递"（第 14 条）。③免责条款。"本处邮寄各件皆不挂号。如挂号，须
预先备函通知，其挂号费应由收件人担负"（第 6 条）。"因未挂号而遗失
之物件，本处概不负责。但本处寄出邮件，无论大小多寡，概有详细登记
并交邮局盖印，以便查核"（第 7 条）；"国外寄来包件有时因地址不甚明
了或外国拼法错误，以致本处无从转递，故欢迎各方时常来函询问。如半
年内无来承领者，本处得自由处置，赠送国内图书馆或返还国外寄件人"
（第 15 条）。④寄件要点。"国内寄件人应先将下列各项预先函知本处：
甲、运输路由；乙、箱数；丙、包数；丁、寄件详细清单注明国外收件
人姓名住址，庶易点收登记，以便查考"（第 8 条）；"包件上人名地址最
好能用寄往国文字书写。如系寄致机关者，切勿用个人名义，以免争执"
（第 9 条）；"包件须包扎紧固。如有附图恐易损坏者，须加只厚纸板"
（第 10 条）；"包件内不得附有任何信件"（第 11 条）；"国内寄件者，须
得对方收据时，可于包件内附一张空白收据，以便国外收件者签字寄回。
如希望对方交换，亦可于此项收据或包封上印明"（第 12 条）等。❶出版
品国际交换处的办公地点设在上海亚尔培路 331 号国立中央研究院出版
品国际交换处。《国立中央研究院出版品国际交换处交换规则》推进了出
版品国际交换的法治化进程。

南京国民政府接管北京后，即规划将来由中央图书馆来处理出版品国

---

❶　国立中央研究院出版品国际交换处交换规则 [J]. 国立中央研究院总报告，1928
（1）：40–41.

际交换事务。1928 年 8 月，大学院就北京图书馆办理出版品交换事务表达了这一设想："交换事业本与图书馆事业相同，在中央图书馆未成立以前，上项事务由该图书馆继续办理，尚属可行。"❶ 按照这一设想，中央研究院处理出版品国际交换事务，也只是权宜之计，最终将由中央图书馆接手。1933 年，在朱家骅大力支持下，国立中央图书馆筹备工作正式启动。次年 6 月，中央研究院要求将交换事务交由中央图书馆筹备处。中央研究院在致教育部公文中称："以本院办理研究事业，时感经费支绌，对于上项（指出版品的国际交换）事宜不能充分发展，以致国际交换所得之官书，至今未能筹设适当庋藏暨公开阅览之所，殊为缺憾。"中央图书馆筹备工作已经走上正轨，规模初具，"实为办理此项事宜及庋藏国际官书最适当之所"❷，要求移交出版品国际交换业务。

经国民政府同意，中央图书馆筹备处接手出版品国际交换事务，并通告全国："本处奉令接办国立中央研究院之出版品国际交换事务。自本年七月一日起开始接受，业已竣事，于即日起正式办公，并更名为教育部出版品国际交换处，嗣后关于国际出版品交换事宜，请径向南京沙塘园七号本处接洽为荷。"❸

中央图书馆筹备处较为重视出版品国际交换工作。1934 年 7 月，国立中央图书馆筹备处制定了《教育部出版品国际交换处交换规则》，广为传布。《教育部出版品国际交换处交换规则》与 1928 年中央研究院制定的《国立中央研究院出版品国际交换处交换规则》大体上一致，但也有变化。最为显著的变化是，寄收件地址由上海变为南京国立中央图书馆筹备处。同时，国立中央图书馆筹备处公布了《交换印刷品手续》，主要内容有：委寄书件到国外者，"寄件人如欲将出版品寄至国外并欲其交换者，最好径与国外收件人函洽妥当，然后将书件送交本处转发""书件将封套装好，外贴坚韧之收件人详细地址单，字须清楚，套口勿封固，俾便本处附入编

---

❶ 大学院致北海图书馆指令第八〇三号 [J]. 中央时事周报，1935（15）：63.

❷ 教育部致国立中央图书馆筹备处训令等六五八九号 [J]. 中央时事周报，1935（15）：64.

❸ 山东省政府训令　教字第九五〇七号 [J]. 山东省政府公报，1934（311）：6.

号回卡""套内可自附回卡，以便国外收件人签字寄回""书件勿卷，包免致污损""开具收件人细单（姓名地址包数）并备函寄南京本处收""本处收转书件，以交换者为限"；收受国外寄赠书件者，"本处寄出书件均经编号，并附有回卡，收件人须签字寄回""本处邮寄多数书包时，邮局往往分几次送到，包件数目可查看本处包内回卡""收件人通讯处如有变更时，通知交换处及国外寄件人""来信查询，须附注收件人之英文姓名地址，俾易检查""收件人如接到国外寄件人通知信时，因尚须俟寄件人所在国之交换处编号登记装箱运出，故时间较久"等。❶ 在 1945 年《国立中央图书馆组织条例》公布前，出版品国际交换事务都是由国立中央图书馆筹备处或国立中央图书馆"兼办"。此后，出版品国际交换事务划入国立中央图书馆职责范围，是专任办理，不再兼办。

三、出版品国际交换成效

民国时期，因政权更迭、战争频仍等因素影响，中国出版品的国际交换工作也明显呈现出阶段性特征。第一个阶段为北京图书馆时期（1926 年 3 月—1928 年 9 月），第二个阶段为中央研究院时期（1928 年 9 月—1934 年 6 月），第三个阶段为中央图书馆时期（1934 年 7 月—1949 年）。1925 年 9 月—1926 年 1 月，北京大学图书馆编制了官报目录，为出版品的国际交换创造了条件，但没有资料显示展开了交换工作。按理说，中央图书馆在中央研究院的基础上可以将交换业务推向新的历史阶段。不过，该馆关于出版品国际交换工作，能找到的资料不多。加之中经中日战争（1937—1945 年）、内战（1946—1949 年）等，出版品国际交换工作受到严重影响，没有此前做得有声有色。

1. 北京图书馆时期

北京图书馆时期大致分为三个阶段。第一阶段从 1926 年 3 月至 1927 年 6 月，交换工作依托北京图书馆进行。在第一阶段，北伐战争如火如荼地进行。不过，出版品国际交换工作有条不紊地展开。交换局收到用于交

---

❶ 徐觉 . 教育部出版品国际交换处概况 [J]. 中央时事周报，1935（15）：60–61.

换的各国官书，均交付北京图书馆代为编目、庋藏、供众阅览。美国、捷克、乌拉圭、多米尼加共和国、哥斯达黎加、新南威尔斯、波兰等国的出版品先后寄到出版品国际交换局，计 2877 册，另有各种小册子 6800 本。❶各国寄到的出版品中，以美国为最多。北京图书馆按照《国际交换出版品公约》的要求，将收到的国际出版品进行分类、编目等，并按照专家草案第 5 条要求，提交年度工作报告给交换局，严格执行公约条款。

第二阶段从 1927 年 7 月至 1928 年 6 月，也就是 1927 年度，这是我国政治上南北两个政府严重对峙时期。尽管如此，中国的出版品国际交换业务依然按部就班地进行。这一阶段，先后寄到的书籍分别来自比利时、意大利、日本、瑞士等国。美国寄到的官刊书报依然独占鳌头，数量最多，同时又能按时寄到，没有拖延。这一切显示美国交换局工作效率非常之高。1927 年度，国际交换局交付北京图书馆的出版品，共 1514 册，小册子 4749 册。❷这一数量较第一阶段有所下降。然而，应该注意的是，这一阶段与我国交换的国家数量有所增加，尤其意大利、日本等国的加入，特别值得注意。中国出版品国际交换的覆盖面不断增加。

第三个阶段从 1928 年 7 月至 1929 年 6 月，即 1928 年度。这一阶段，二次北伐结束，北京政权更迭，北京图书馆改名为北平北海图书馆。虽然政局动荡不安，然而国际交换业务似乎没有受到影响，反而呈现快速增长势头。《北平北海图书馆第三年度报告》显示：1928 年度，"凡收到之书共七十一箱，经本馆着手清理转寄于国内学术团体者或发寄于中央研究院者，共一万一千七百九十五件。"❸出版品交换的数量成倍增长。这一成效，来之不易。1928 年 6 月初，张作霖退出北京，撤回关外。北京政府的行政机关大多停顿下来，静观其变。在这种肃杀氛围中，北平北海图书馆因有国际条约保护，出版品国际交换业务几乎没有受到冲击，井然有序地展开。南京国民政府接管北京后不久，1928 年 8 月，大学院指令北平北海

❶　北京图书馆 . 北京图书馆第二年度报告 [R]. 北京图书馆，1928：12.

❷　北京图书馆 . 北京图书馆第二年度报告 [R]. 北京图书馆，1928：14.

❸　北平北海图书馆 . 北平北海图书馆第三年度报告 [R]. 北平北海图书馆，1929：18–19.

图书馆继续办理出版品国际交换事务。这一指令时效短暂。1928年9月，大学院指令中央研究院图书馆接办出版品国际交换业务。北平北海图书馆随即将该项业务进行移交。不过，交接工作出现了偏差。根据布鲁塞尔公约，官立交换局地点变更时，要及时通知缔约各国，履行变更手续。大学院没有通过外交方式，及时告知缔约各国中国交换局地址变更情况，因此，各国出版品依然按照原有地址，源源不断地寄至北平北海图书馆。国民政府依法变更交换处地址后，中央研究院才从程序上完成了业务接管。1928年度，北平北海图书馆历经政权更迭，政局动荡，但国际交换业务却没有受到严重的影响，交换书籍的数量一路飙升。出版品国际交换业务移交中央研究院后，为充实馆藏，北平北海图书馆致函公约缔约国，索求书刊副本。这一请求先后得到了波兰、捷克、美国等国同意。各国出版品接踵而至，没有完全停止。北平北海图书馆的外文馆藏继续增加。

从1926年到1929年，这是我国出版品国际交换的初期阶段，交换业务先后依托北京图书馆及北平北海图书馆。此间，中央政权更迭三次，经费严重缺乏，交换局不能履行《国际交换出版品公约》的全部条款。交换业务以接受国外出版品为主，寄出出版品数量有限。根据张静庐编《中国现代出版史料》记载，1927—1929年，我国出版的新书总数分别为2035、2414、3175册。[1]而同一时期我国接受的国际出版品平均每年接近万件，蔚为大观。这种单向输入特征，减少了国际社会对中国的了解。

2. 中央研究院时期

中央研究院接手出版品国际交换事务从1928年9月开始，至1934年6月移交国立中央图书馆筹备处，大约6年时间。其中除1933年度情况不详外，其他5年都有相对精确的统计数据。这些统计数据对考察中央研究院出版品交际交换处的工作成效，颇有参考价值。详见表4-1。

---

❶ 张静庐. 中国现代出版史料（乙编）[M]. 北京：中华书局，1955：338.

表 4-1　1928—1932 年度中央研究院出版品国际交换处交换数据统计简表 ❶

	年度	1928 年度	1929 年度	1930 年度	1931 年度	1932 年度
国内	收入书报 箱数	无	21	8	7	14
	收入书报 包数	431	4873	5793	5517	5890
	收入书报 重量（磅）	1103	7539	10 725	9389	11 809
	寄出书报 箱数	20	34	50	49	57
	寄出书报 包数	2373	4380	4243	2220	3986
	寄出书报 重量（磅）	16 320	18 682	21 481	18 695	23 114
	邮运费 邮费（元）	232.395	540.470	536.960	246.455	420.975
	邮运费 运费（元）	411.500	138.970	244.980	7.400	30.000
	邮运费 总共（元）	643.895	679.440	781.940	253.855	450.975
国外	收入书报 箱数	83	117	117	118	134
	收入书报 包数	无	无	无	47	35
	收入书报 重量（磅）	15 315	20 346	22 154	28 633	29 824
	寄出书报 箱数	无	36	25	42	76
	寄出书报 包数	317	3129	3972	1765	406
	寄出书报 重量（磅）	968	9066	11 126	12 720	15 850
	邮运费 邮费（元）	71.840	389.335	1377.755	1053.055	633.910
	邮运费 运费（元）	37.270	639.630	619.200	657.080	1831.400
	邮运费 总共（元）	109.110	1028.965	1996.955	1710.135	2465.310

注：1. 1928 年度的统计时间从 1928 年 11 月起至 1929 年 6 月止；2. 1931 年度、1932 年度的国内运费由收件人偿付；3. 1932 年 "一·二八" 事变时期未能收寄书报，时间约 3 个月。

根据表 4-1，可以发现这样几个特点：①国际交换的出版品数量呈上升趋势。从国外寄入出版品的数量如此，从国内寄出的出版品数量，也是如此。这显示出版品国际交换的需求持续增长。②国外寄入的出版品数量明显多于国内寄出的数量。这是文化发展中国家出版品国际交换过程中的普遍现象。③ 1931 年度国内收入书报和寄出书报都有所波动。这是因为上海发生了 "一·二八" 事变，日军的侵略不仅极大地摧残了我国图书馆

❶　本表根据《总办事处出版品国际交换处二十一年度报告》（《国立中央研究院总报告》1932 年第 5 期，第 381 页）修改而成。

第五章　公共图书馆的主要关联法规

事业，而且严重影响了出版品国际交换工作的进行。

表4-1是1928年至1933年间中国出版品国际交换的基本数据。具体到某一年度，则各有特点。以1932年度（1932年7月—1933年6月）为例。一是本年度收到美国、德国、日本、比利时、法国等12个国家书报共计重27 324磅，美国最多，23 255磅，占比为85%，远超其他国家。德国、日本、比利时分列第2位、第3位、第4位，均超过600磅。二是我国寄往美国、德国、法国等41国书报共计15 850磅，美国最多，6260磅，占比近40%，德国、法国分列第2位、第3位，分别为2050磅、2040磅，各占13%左右。③国内各机关委寄各国书报共计11 803磅，占总数75%。数量从高到低分别为中央研究院、中国科学社、北平地质调查所、北平图书馆等12家机构，前4家分别为2136磅、3409磅、3189磅、999磅。④转运国内各地书报包括北平、广州等27个主要地区，共23 114磅，占收到总数85%。从高到低前4位为北平、广州、南京、上海，转运重量分别为4391磅、3637磅、2927磅、2048磅❶。

1932年度出版品国际交换数据显示：①美国、德国、法国等文教事业发达国家是国际交换的主要对象，美国无论在收入或寄出方面，都居于绝对主要地位。②北平、南京、上海、广州等大城市在国际交换中较为活跃。或许这些地区文教事业发达，留学归国人才较多，对国际出版品需求旺盛。与此相对，有的省份一年甚至都没有一件出版品进行国际交换。③中央研究院、中国科学社、北平地质调查所、北平图书馆等单位人才集中，学术研究活跃，科研实力雄厚，因此出版品交换一直较为活跃。这种现象不仅出现在1932年度，其他年度也是如此。换言之，我国东部沿海文教机构众多，文教事业发达，留学归国人才集中，学术研究气氛浓厚，对国际出版品需要旺盛，因此与美国、德国、法国等国的出版品交换活跃。

中央研究院时期，我国出版品国际交换发展势头良好，各项工作日益规范。出版品国际交换处不仅接受各缔约国出版品，而且履行公约要求，

---

❶ 以上数据均根据《总办事处出版品国际交换处二十一年度报告》（《国立中央研究院总报告》1932年第5期，第377-380页）统计而得。不过，该报告中的数据似有出入。如"收到国内各机关委寄各国书报计数"中，总重量为11 803磅，而12个单位加起来总和为13 945磅，误差不小。因没有确切档案核实，姑且引用。

寄出国内出版品，改变了单向接受模式，实现了出版品的双向交换。我国出版品国际交换事业如火如荼地进行。毫不夸张地说，中央研究院时期是我国出版品国际交换的黄金时期。然而，限于经费等因素影响，中央研究院并没有完全履行布鲁塞尔公约全部条款，如公开阅览等。

国立中央图书馆时期，并非乏善可陈。以 1946—1949 年时期为例。1945 年第二次世界大战全部结束后，代表各国政府办理出版品交换的机构，申请恢复交换关系，共计 63 个单位。其中正式参与布鲁塞尔交换公约者，有比利时、美国、中国等 26 国；非正式参与交换公约者，有墨西哥、苏联等 23 国；没有参与交换公约的国家，如英国等 14 国，经函请建立交换关系，以期打破国际文化壁垒。恢复交换后半年，到 1947 年时，出版品国际交换处共收到美国、澳大利亚等交换处图书 206 箱，59 包，除新近由美国运到 23 箱外，其余均按照各交换处之来文及包件上所列我国收件机关或收件人地址，运送或邮寄。截至 6 月底，整箱运送者 133 箱，启箱按件汇寄者 1601 包，需要整理汇寄件者 505 包。此外，巴西瑞士等交换处寄来我国的大批图书，在运送中。国内出版品征集与分送方面，收到依法检送图书 132 种，3288 册，合计 588 种，7175 册。依法检送的定期出版品 369 种，12 591 份。以上检送的出版品，政府机关占 239 个单位，教育文化学术团体 101 个单位。截至 6 月底，运往国外的出版品，计 30 箱（内有 8 箱正在向海关与中央银行洽运中），邮寄国外者，计 727 包。以国别计，运往美国 24 箱，运往英国 3 箱，澳大利亚 1 箱，苏联 2 箱❶。不过，第二次世界大战后的交换工作，一直受各种因素影响，不能正常展开。

四、影响出版品国际交换的因素

1. 战争因素

如果从 1925 年开始计，到 1949 年，近代中国出版品国际交换时间共 25 年，因战争影响而无法从事交换的时间即达 12 年以上。主要有 1926—1928 年间的北伐战争，1929—1930 年间的军阀混战；1931—1945 年间的抗日战争，1946—1949 年间的解放战争。战争间歇，也就是和平时间，非

---

❶ 中央图书馆半年来国际交换工作 [J]. 教育通讯，1947（2）：31–32.

第五章 公共图书馆的主要关联法规

常有限。战争对出版品国际交换影响最大，主要表现在三个方面。

一是切断了国际航运线路，无法进行国际交换。我国与美国、德国、法国、英国等国的运输，几乎全部通过海运进行。1937 年中日全面开战后，海上运输受到严重影响，无法正常展开，国际交换业务因此而停顿。1941 年 12 月，日本袭击美国珍珠港，太平洋战争爆发。日本全面封锁中国沿海，海上通道完全被隔断。出版品国际交换处只能通过西南昆明等地进行零星的交换活动。

二是干扰出版品的生产。出版品交换，前提是出版品生产。日军的大规模侵略，对出版品的生产过程造成影响。如作者流离失所、印刷设备遭到破坏、纸张供应紧张等。在这种种因素影响下，出版品数量急剧下降。以近代中国最大的出版商——商务印书馆为例。1936 年，该馆出版了新书 4938 册❶，然而 1941 年仅为 1891 册。❷实力雄厚的商务印书馆尚且如此，中华书局等其他出版企业也可想而知。出版品供应的大幅度下降，用于交换的数量自然大量减少。

三是直接摧毁出版品本身。1932 年在上海发生的"一·二八"事变中，商务印书馆总厂、印刷厂、编译所等均被摧毁。损失的不仅制成品、半成品，出版社保存的作者手稿也都烟消云散。1937 年淞沪会战后，日军占领上海，随即将世界书局仓库 500 万册书籍劫夺而去。❸这种损失比比皆是。1924 年江浙战争时，军队占据了上海交涉使公署，将美国赠送中国的出版品全部焚毁。战争是影响我国出版品国际交换的罪魁祸首。

2. 经费制约

出版品的国际交换，为一个国家的对外行为，属一种国际公益事业，对促进国内学术发展，具有重要意义。如果没有充足经费，势难取得显著成效。美国办理国际交换的费用，每年 6 万美元以上。然而，近代中国每年的出版品国际交换费用，却少之又少。按照实际情况，出版品国际交换，其费用分为国内部分和国外部分两块。国内部分费用除人工外，支出主要为运费和邮费两个部分。根据中央研究院出版品国际交换处统

❶ 张静庐. 中国现代出版史料（乙编）[M]. 北京：中华书局，1955：337.

❷ 郭太风. 王云五评传 [M]. 上海：上海书店出版社，1999：267.

❸ 上海世界书局图书被敌劫走五百万册 [J]. 中华图书馆协会会报，1939（4）：19.

计简表，1929—1932 年度的运邮费用分别为 1708.405 元、2678.895 元、1969.090 元、2916.276 元。平均起来，每年度超过 2000 元。这笔费用是多，还是少呢？出版品交换事务依托图书馆进行，可以看看图书馆的经费构成。根据美国经验，图书馆经费理想的分配标准为：图书馆职员薪俸（建筑总馆、司机等除外），最低 55%；图书、期刊及装订，25%；其他一切支出，20%。**❶** 根据专业机构中华图书馆协会的调查，1934 年，安徽省立图书馆职员薪俸为 53%，江西为 55%，浙江为 57%，陕西为 60%**❷**，与美国图书馆经费结构较为接近。如果以图书、期刊及装订费占 25% 为标准，根据中央图书馆的实际情况，1933 年 7 月—1937 年 6 月，每月经费为 4000 元**❸**，每年经费 48 000 元，图书、期刊及装订为 12 000 元。假设图书、期刊及装订均分费用，每项 4000 元，则国际交换运邮费占图书或期刊购置费用一半以上。这一比例不能说不高。也因为交换费用高昂，而我国文教经费又不充裕，所以出版品国际交换都没有全部展开。经费短缺，是导致出版品国际交换不甚活跃的根本原因。

3. 细节问题

出版品国际交换，技术难度不大，但过程漫长，环节众多，牵涉不同国家、寄件人、收件人、各国出版品国际交换处、运输公司等各个环节。每个环节都要严丝合缝，任何环节出现偏差，都会影响交换成效。为提高交换效率，我国出版品交换处采取了各种措施。中央研究院规定：凡寄出图书，均编定号数，分别登记，并自订《寄出书报登录卡》和《收入书报登录卡》**❹**，规范交换工作。这两张卡片上明确载明箱数、包数、重量、原记录号数、收受机关或个人姓名、地址等。运输的每个环节，都保留详细记录。国际交换处还在图书中附上回卡，夹在寄运书包内。这一做法的目的是便于收受机关或个人收到书籍后，即行签字寄回，以备查考。可谓法良意美。这一规定从 1929 年 5 月份起执行。就程序上说，该项设计科学

---

❶ 美国图协会所订公立图之标准 [J]. 中华图书馆协会会报，1934（4）：2.

❷ 美国图协会所订公立图之标准 [J]. 中华图书馆协会会报，1934（4）：4.

❸ 国立中央图书馆概况 [J]. 国立中央图书馆馆刊，1946（3）：49.

❹ 国立中央研究院总办事处出版品国际交换处十七年度工作报告 [J]. 国立中央研究院总报告，1928（1）：253.

合理，体贴人心。不过，实际运作过程中依然漏洞百出，状况不断。有的书包上所写外文姓名地址，有因时势变迁而名称变化者；有的地址已经迁移他处者，各种情形，不一而足。为减少错误，提高投送率，中央研究院经常发布《出版品国际交换处无法投递之书报总披露》，把交换过程中出现了问题——罗列清楚，公布于众。按照《出版品国际交换处无法投递之书报总披露（十九年六月底止）》，共有 113 件没有投递成功，其中邮退 46 件。邮退原因中，有的离校，有的查无此人，有的地址不详，有的移住他处等；函索回卡而没有答复的情形，有 32 件。❶ 根据《出版品国际交换处无法投递之书报总披露（民国十九年七月至二十年六月）》，1930 年 7 月至1931 年 6 月间，书刊无法投递者 119 件。❷ 其中函询回卡未复者，55 件；邮退 20 件，较之前一年度，大幅度减少。邮退原因中，有的离校，有的查无此人，被国立中央大学邮退者，4 件，等等。学校取消或离校者为 11 件，地址不完整或不清楚等均常有出现。各种无法投递的原因中，函询回卡未复这一类，较难处理。因为不知道对方有没有收到，所以无法修正投递过程，提高交换成效。不管怎么样，因细节问题而无法投递，这是较为普遍的现象，无法回避，不同程度地影响了交换成效。

除了战争、经费、技术细节等因素外，意外事故等都有可能影响出版品国际交换成效。1930 年，美国交换局委托美国大来公司邮船，运往中国书箱 8 件。不过，这些书件在美国出口时，因失火被焚，美国方面也无法补寄。❸ 影响出版品国际交换的因素不可避免，尽量减少人为问题、提高交换效率才是关键所在。

五、降低出版品国际交换费用的办法

在影响交换成效的各种因素中，图书馆方面能够设法解决的，唯有

---

❶ 出版品国际交换处无法投递之书报总披露（十九年六月底止）[J]. 国立中央研究院院务月报，1930（1）：1–11.

❷ 出版品国际交换处无法投递之书报总披露（民国十九年七月至二十年六月）[J]. 国立中央研究院院务月报，1931（8）：1–12.

❸ 国立中央研究院美国大批书箱在途焚毁[R].南京：国立中央研究院，1930（3）：421.

经费问题。战争、灾难等不可预知的事件不是交换处所能克服的。解决经费短缺的办法，要么增加经费，要么降低交换费用。民国时期，战乱频仍，经济发展迟滞，财政竭蹶，增加经费的可能性微乎其微。交换处的最佳选择，就是降低交换费用。为了缓解经费紧张问题，无论北京图书馆或中央研究院图书馆都采取了应对措施。总结起来，有这样几种节省经费的办法：

一是放弃部分国际交换业务。放弃部分交换业务是降低费用的首要选择。如只接受国际出版品，而不外寄，也不内寄，或转寄数量极少，这样完全实现节省费用的目的。北京图书馆采取的就是这种办法。中央研究院接办出版品国际交换业务后表示：北京图书馆从 1926 年 5 月接管交换事务后，"该馆即为之编目整理，供阅览。惟对于分寄国内外学术团体互相交换，或寄赠之出版品等职务，均以款绌，无由进行。"❶ "无由进行"这个说法不免夸大其词。中国科学社称："前隶北京教育部之出版品国际交换局，胜利以来，外国寄到各种出版物甚夥，向由该局分寄国内各学术机关收存，供阅览参考之用。"❷ 不过，国际交换局没有完全履行布鲁塞尔公约义务，这倒是千真万确。1934 年 6 月，中央研究院即将结束出版品国际交换事务时称："以本院办理研究事业，时感经费支绌，对于上项（指的是中外官书及科学文艺等刊物的交换赠送）事宜不能充分发展。以致国际交换所得之官书，至今未能筹设适当庋藏暨公开阅览之所，殊为缺憾。"❸ 其实，不只是没有公开阅览，为节省经费，中央研究院甚至停止与部分国家的出版品国际交换业务，英国就是其中一例。英国不是布鲁塞尔公约签字国。尽管如此，中英两国关系源远流长，展开了出版品交换活动。中国寄往英国的出版品数量很大，1930 年度达 548 包，计 613 磅，重量与寄往法国的差不多，包数则超过了法国。因经费紧张以及手续繁杂等种种因素，中央研究院决定从 1930 年 7 月 1 日起，对委转英国的刊物，概不收受带

❶　国立中央研究院总办事处出版品国际交换处十七年度工作报告 [J]. 国立中央研究院总报告，1928（1）：246.

❷　本社图书馆将得出版品国际交换局之外国书报 [J]. 科学，1928（6）：852.

❸　教育部致国立中央图书馆筹备处训令等六五八九号 [J]. 中央时事周报，1935（15）：64.

转。❶ 因为经费紧张，北海图书馆或中央研究院都选择放弃部分交换业务，实在迫不得已。

二是争取出版品国际交换出入口免税。出版品的进出口税收是在交换费用中占有一定比例。为了降低费用，出版品国际交换局采取措施。1926年 3 月，出版品国际交换局致函北京税务处，请求对于各国寄到该局的出版品及该局送往各国国际交换局的出版品应照欧美各国办法，依法免税，并请在天津海关指定专人负责此项出版品进口入口事务。4 月，北京税务处答复交换局：同意国际交换出版品出入口免税，但盘运等费用由交换局支付；出版品与寻常免税物品不同，运入内地时子口税等税一律免除；交换局运出的出版品如果用印刷品包裹形式，两头露封不闭紧固，免验放行；如果印刷品封藏于箱内，仍需要照章启验，以昭慎重。❷ 中央研究院接办国际交换事务后，如法炮制，申请免税，同样得到同意，不过地点改在江海关，也由江海关指定一人专门负责。没有材料显示进出口免税和子口税、常关税等全免可以节省多少费用，但可以肯定的是，免税政策无疑降低了交换处（局）的运营成本，有利于交换事业的进行。

三是其他降低费用的办法。其一，收件人承担部分费用。国际交换处对收转国外寄转国内机关或个人的交换刊物，其所需要的邮费和运费，向来由交换处负担，还特意订立了规则。但随着运邮费的增加，交换处经费日渐紧张。为了舒缓经费困难，交换处修改了规则，规定国外委转国内机关或个人的交换刊物，每次有大批成箱的，其所需运费，概由收件者担负。国内委转国外的交换刊物，运邮费仍然由交换处负担，经中央研究院院长同意，于 1931 年 7 月 1 日施行。其二，优化交换作业程序。中央研究院时期，国际交换处以前接受转寄国外委转的箱件，都交由上海转运公司代办，手续费用高且速度又慢。1930 年 12 月，国际交换处致函上海江海关办理国际出版品单位：凡关于国际交换出版品装箱运出国外，及国外运入各箱件，均由江海关运输处转。其一切手续费由该处代理，按期结

---

❶ 本院总办事处出版品国际交换处十九年度报告 [J]. 国立中央研究院总报告，1930（3）：424.

❷ 关于国际交换出版品出入口免税案 [J]. 国立中央研究院院务月报，1930（5）：54.

账。这一办法从 1930 年 1 月起实行。交换处的对外运费因此比 1929 年降低约 2 成❶，成效明显。其三，成箱集中寄运。国内委转国外的寄件，因邮费高，国际交换处从 1931 年 5 月起，采取集中寄运办法，可以逐批成箱的，尽量装箱委托海关代为寄运，较为节省。从 1932 年起，交换处规定了寄发时间表，按期寄运，以节省经费。中央研究院为此公布了《规定刊物装箱寄运各国时期表》，其中美国一个月寄一次，德、法、俄每两个月寄一次等。❷成箱集中寄运的反面，就是停止转寄零星出版品。事实上也确实如此。交换处表示："零星之件，必须邮寄者，为数亦甚多。本处以限于经费，不得已于本年（1931 年）五月起，再行通函各寄件者，停止寄递。"❸

出版品国际交换处采取各种措施降低交换经费，实属无奈之举。尽管某些交换业务受到影响，但交换更为集中，更为有效，更有针对性。从发展趋势看，出版品国际交换的成效并没有降低。我国与欧美大国的文化合作继续深入发展。

尽管交换业务存在着这样或那样问题，我国出版品国际交换仍然在艰难中前行，影响深远：其一，增强了我国文化界的法治意识。民国的法律含义是法治。不过，近代中国长期动荡不安，法治意识薄弱。加入布鲁塞尔公约后，中国必须按照公约履行义务，因此出版品国际交换的过程，也是法治观念的传播过程。中央研究院接管北海图书馆的国际交换业务时，以一纸命令行之。然而，根据公约规定，必须通过外交方式，履行法定程序后，才能实现业务交接。对参与交换的机构或个人来说，实现国际交换，必须依照程序，否则交换效率将会大为降低，甚至不能实现。所以，国际交换事业的发展过程，也是中国文化界法治意识的成长过程。

其二，充实了我国的文化收藏。近代中国图书馆现代化运动，起始于

❶ 本院总办事处出版品国际交换处十九年度报告 [J]. 国立中央研究院总报告，1930（3）：421.

❷ 本院总办事处出版品国际交换处二十年度报告 [J]. 国立中央研究院总报告，1931（4）：416.

❸ 本院总办事处出版品国际交换处二十年度报告 [J]. 国立中央研究院总报告，1931（4）：408.

20世纪初，不过，那时书刊收藏，以传统典籍和国文文献为主，外文书刊需求不旺。加之外文书刊一般较为昂贵，也无法广为购买，因而一般机构外国文献收藏不多。1925年，我国图书馆现代化运动进入高速发展阶段。恰恰此时，出版品国际交换公约成员国大为扩张。通过出版品的国际交换，输入我国的外文文献，总量超过了我国每年出版的新书种类，规模庞大，特别是对我国地质、地理、生物等科技发展，产生了深远影响，不可估量。出版品的国际交换，极大地充实了我国文化机构的文献收藏，完善了我国文教机构或个人的文献构成。

其三，促进了我国与国际文教界的沟通与交流。近代以来，我国逐渐开放，但与外部世界依然存在诸多隔阂。出版品的国际交换，增加了我国与外部世界，特别是欧美大国之间文化交流与合作渠道。这种文化合作与交流，在增进中外互相了解方面发挥了积极作用。1937年中日两国全面开战后，我国图书馆损失严重。欧美图书馆界对我国遭受的文化浩劫深表同情，积极支持我国图书馆事业的复兴。❶应该说，这一结果与此前中国与欧美大国之间多年积累下来的文化交流不无关系。毫不夸张地说，第二次世界大战结束后，中国成为联合国大国，在联合国教科文组织中发挥重要作用，也与之前包括出版品交换在内的国际合作不无关系。试想，如果没有深入的文化交流与合作，中国在战后如何能迅速融入国际社会呢？

关于国际交换公约及其影响的评价，仁者见仁，智者见智。1925年，外交部建议临时执政府加入布鲁塞尔公约，目的之一是通过国际交换，实现"沟通文化、互审国情"。现在看来，当年外交部的这个目标基本上实现了。

第二节　新书呈缴图书馆制

一、新书呈缴图书馆的法律依据

出版物呈缴制是现代国家常见法规之一，我国也不例外。出版物一般包括报纸、杂志、书籍及其他出版品四种类型。出版物的类型不同，呈缴

---

❶　各国复函 [J]. 中华图书馆协会会报，1938（1）：16-17.

的性质和方式也有很大差异。新书呈缴图书馆是出版物呈缴制的重要构成部分，对接受呈缴的图书馆来说，具有重要意义。

近代中国新书呈缴图书馆，其法律依据，主要有二：一是《出版法》；二是教育部等行政部门颁布的明令、条例或规程等。

一是《出版法》。1906年，即光绪三十二年，学部、巡警部、农工商联合署名，公布了《大清印刷物件专律》。《大清印刷物件专律》第二章"印刷人等"第9条规定："凡印刷人印刷各种印刷物件，即按件备两份，呈送印刷所在之巡警衙门。该巡警衙门即以一份存巡警衙门，一份申送京师印刷注册总局。凡违反本条者，所科罚锾不得过银五十元。监禁期不得过一个月，或罚锾监禁两科之。"❶根据该律，图书馆没有被列入接受出版物呈缴的法定机关。民国成立后，1914年，北京政府颁布了《出版法》。该法第4条规定："出版之文书图画应于发行或散布前禀报该管警察官署，并将出版物以一份送该官署，以一份经由该官署送内务部备案"，第9条："已经备案之出版于再版时，如有修改增减或添加注释插入图画者，应依第四条之规定，重行禀报备案。"❷图书馆依然没有享有接受呈缴的权利。1930年，南京国民政府公布了《出版法》，第15条为"为书籍或其他出版品之发行者，应于发行时以二份寄内政部；改订增删原有之出版品而为发行者亦同。前项出版品，其内容涉及党义或党务者，并应以一份寄送中央党部宣传部。"❸图书馆仍然没有被列入接受新书呈缴行列。

1937年7月，南京国民政府公布了《出版法》。该法第8条规定："出版品于发行时，应由发行人分别呈缴左列机关各一份：一、内政部；二、国民党中央宣传部；三、地方主管官署；四、国立图书馆及立法院图书馆。改订增删原有之出版品而为发行者亦同。"❹该《出版法》正式将图书馆列入接受新书呈缴的机关之中。根据1937年7月28日内政部公布的《修正出版法施行细则》第19条规定："《出版法》第八条第一项第四款所

---

❶　大清印刷物件专律 [J]. 北洋官报，1906（1104）：12.

❷　出版法 [J]. 政府公报，1914（929）：11–12.

❸　出版法 [J]. 行政院公报，1930（213）：7.

❹　出版法 [J]. 行政院公报，1937（30）：604.

称国立图书馆，以国立中央图书馆及国立北平图书馆为限。"❶ 国立中央图书馆和国立北平图书馆正式成为接受新书呈缴的法定国立图书馆。此后，该法虽经不断地修正，但国立图书馆接受新书呈缴的条款没有改变。

新书呈缴国立图书馆列入《出版法》，是我国图书馆界努力争取的结果。1916 年 2 月，京师图书馆呈文教育部："英法各国出版法中均规定全国出版图书报部立案者，应以一部交国立图书馆存贮。日本自明治八年设立帝国图书馆后，亦即沿用此制。现值本馆筹备进行之时，拟恳钧部援照各国成例，奏请于前岁所颁《出版法》内，酌增此项条文，以搜图书而彰文化"，❷ 请求全国出版图书在内务部立案者应以一部交京师图书馆庋藏。京师图书馆所请没有能够实现。

1929 年 10 月，国立北平图书馆委员会向教育部提出，转请内政部修订《著作权法实施细则》，增加新书寄存国立北平图书馆条款："（1916 年 3 月）前教育部陈明政府，凡新出版之图书，依据《出版法》报部立案者，应以一部呈缴国立图书馆庋藏，通令照办在案。惟行之未久，遂等具文。十六年十二月，前大学院曾颁《新出图书馆呈缴条例》，十七年六月重申前令。现在国立北平图书馆改组伊始，旧藏卷帙尚称富有，新刊图籍尚待收罗，自应接受此项呈缴图书，以供阅览而广文化。拟请通令全国出版机关以例照办，并请转咨内政部修订《著作权法实施细则》，凡新出版之图书，应以一部寄存本馆为必须条例。"❸《著作权法》与《出版法》是两种不同的规范对象，前者规范作者，后者规范出版单位，两者不是一回事。国立北平图书馆委员会尝试通过内政部修订《著作权法实施细则》，实现新书呈缴图书馆的目标。

1930 年《出版法》颁布后，图书馆没有列入接受呈缴机关行列，图书馆界对此忿忿不平。陈训慈表示：《出版法》的意义，消极方面在于取缔不良刊物，积极方面在于鼓励有益刊物，"使其公诸全国民众之批评，其

❶ 修正出版法施行细则 [J]. 湖北省政府公报，1937（338）：20.

❷ 李致忠 . 中国国家图书馆馆史资料长编 [M]. 北京：国家图书馆出版社，2009：155.

❸ 北京图书馆业务研究委员会 . 北京图书馆馆史资料汇编（1909—1949）[M]. 北京：书目文献出版社 1992：311.

善者即公之众用而不期以推广之于社会。……（新书呈缴图书馆）此在出版者所费有限，而在公家则一足为国家文化中心之圕可省无数之费用与购书之手续，且赖其流通众览而广其推销，洵为两利之事。"❶他提出《出版法》应规定出版者必须赠送国立北平图书馆一份，"更为扶翼省立及地方图书馆起见，亦可规定其更为多赠数馆，或必赠国立圕及所在省之省立圕，或所在市之图书馆"❷。越来越多的图书馆界精英呼吁新书呈缴图书馆，尤其国立图书馆。

1935年，国立中央图书馆主编的《学瓠》刊载了刘杰材所著《出版法之检讨及其修正之商榷》一文。刘体恤出版者，反对政出多门，提出出版者呈缴以三份为限：一份缴于各该地主管官署，以供地方审查；一份缴于内政部，以供中央审查；一份缴于国立中央图书馆，"盖国立中央图书馆为中央唯一之图书馆，负有集中全国文献之责，所有官书私著，均有搜集收藏之职务。而在出版界，谅亦踊跃输将乐于辅助。"❸刘杰材主张新书呈缴国立中央图书馆，反映了国立中央图书馆接收新书呈缴的期望。

1936年11月27日，修正《出版法》经立法院法制委员会审查报告通过，尚未由国民政府公布，《学瓠》即迫不及待，刊载了修正《出版法》全文。其第8条正式将国立图书馆列入接受呈缴机关行列。❹蒋复璁曾表示："行政院对《出版法》有意修改，我代表教部出席行政院修改《出版法》审查会，得到当时王教育部长的同意❺，向该审查会建议除教部为审查教科书关系，保留教科书须呈缴外，其余新书，教育部及地方教育机关不需送缴，但须送中央图书馆一份，列入《出版法》，中馆之征收新出书刊，其地位乃与欧美国立图书馆相等。如有不送，可函请内政部依法加以行政处分。图书馆乃成正式国家执法机构，在中国实是创举。"❻蒋复璁的说法或许有夸张成分，但图书馆界孜孜以求，希望图书馆列入接受新书呈缴行

❶ 陈训慈.出版法与图书馆[J].浙江省立图书馆月刊，1932（9）：1.

❷ 陈训慈.出版法与图书馆[J].浙江省立图书馆月刊，1932（9）：2.

❸ 刘杰材.出版法之检讨及其修正之商榷[J].中央时事周报，1935（12）：49.

❹ 编后[J].学瓠，1936（12）：36.

❺ 指时任教育部长王世杰。

❻ 蒋复璁.我与中国的图书馆事业[J].新时代，1985（3）：51.

列，这是毫无疑问的。

不过，1937年《出版法》公布前一天，卢沟桥事变发生，不久抗日战争全面展开，国立图书馆接受呈缴的权利因不具备实施条件而束之高阁。战争结束后，新书呈缴图书馆的法规得到了贯彻执行。虽然1937年《出版法》没有给国立图书馆文献增加带来实质益处，但毕竟把国立图书馆接受新书呈缴列入法律条文，这对图书馆界来说，是一种鼓励。

二是教育部等行政部门颁布的通令、条例或规程等。1906年《大清印刷物件专律》草拟时，学部参与其事，然而还没有意识到新书呈缴图书馆的价值，所以没有争取将新书呈缴图书馆列入该专律。中华民国建立后，国立图书馆观念有了发展，教育部一改此前消极态度，积极争取新书呈缴图书馆。1916年3月，教育部向政事堂提出："国立图书馆为一国图书渊府，网罗宜广，规制务宏，非并纳兼收，无以极坟典之大观，供士民之搜讨。今世欧美日本各国图书馆所藏卷帙，皆多至以亿万计。京师图书馆现藏旧籍尚称富有，自应益求美备，广事搜罗，以验社会与时进化之几，而彰一国文物声明之盛……请饬下内务部，以后全国出版图书，依据《出版法》报部立案者，均令以一部送京师图书馆庋藏，以重典策而光文治，似于教育政化裨益匪浅。"❶政事堂批复同意，要求内务部查照办理。内务部随即通令全国，要求发行人向京师图书馆呈缴新书。

获得政事堂批复同意后，教育部随即通令全国："凡国内出版书籍，均应依据《出版法》，报部立案。而立案之图书，均应以一部送京师图书馆庋藏，以重典策，而光文治。"4月，教育部饬知京师图书馆，称：内务部已经"通行京外，嗣后凡有文书图画依据《出版法》应行禀报者，饬由禀报人于按照《出版法》第四条❷应行禀送两份外，另行添送一份，以备图书馆庋藏之用。即由各该管官署随时转送京师图书馆，以重典册而供众

---

❶　教育部片奏内务部立案之出版图书请饬该部分送京师图书馆庋藏折 [J]. 政府公报，1916（66）：21.

❷　《出版法》第4条为："出版之文书图画，应于发行或散布前禀请该管警察官署，并将出版物以一份送该官署，以一份经由该官署送内务部备案。官署或国家他种机关及地方自治团体机关之出版，应送内务部备案，但其出版关于职权内之记载或报告者，不在此限。"见：出版法 [J]. 政府公报，1914（929）：11-12.

览"❶。至此，京师图书馆获得了接受新出图书呈缴的权利。

该项规定逐渐完善。1926 年，教育部训令："凡书店出版及私人著述图书，应以四部送各省教育厅署，由厅分配，以一部呈部，转发国立京师图书馆，一部径寄国立编译馆，二部分存各省立图书馆及各该地方图书馆。"❷接受图书呈缴的单位激增。

1927 年，南京国民政府成立。大学院随即于 12 月公布了《新出图书呈缴条例》4 条，要求出版者遵照执行。《新出图书呈缴条例》主要内容有："凡图书新出时，其出版者须自发行之日起两个月内，将该项图书三份呈送中华民国大学院。"（第 1 条）"凡图书改版时，须依前条例规定办理，但仅重印而未改版者不在此限"（第 2 条）"出版者如不遵缴所出图书时，大学院得禁止该图书之发行"（第 3 条）❸。大学院如何处理出版者呈缴的图书，《新出图书呈缴条例》没有明确规定。

1930 年 3 月，《新出图书呈缴规程》取代了《新出图书呈缴条例》，由教育部公布施行。《新出图书呈缴规程》共 6 条，主要有："凡图书新出时，其出版者，须自发行之日起，两个月内，将该项图书四份，呈送出版者所在地之省教育厅或特别市教育局"（第 1 条）"各省教育厅及各特别市教育局收到出版者所缴图书后，除留存一份外，应将其余三份转送教育部"（第 2 条）"凡呈缴之图书，经教育部核收后，发交教育部图书馆、中央教育馆、中央图书馆各一份，分别保存（中央教育馆及中央图书馆未成立前，暂由教育部图书馆代为保存）。并将书名、出版者姓名，及出版年月登载《教育部公报》"（第 3 条）❹。免缴条文和罚则条文与《新出图书呈缴条例》相同。图书馆接受新书呈缴以单行法规形式出现。姑且不论《新出图书呈缴规程》是否可行及执行情况，单就内容方面也引起非议。《中华图书馆协会会报》表示："此规程第三条所定保存办法，三份图书悉置

------

❶ 饬京师图书馆准内务部咨本部奏出版图书请饬分送该馆已刷印片奏分别咨饬遵照文 [J]. 教育公报，1916（5）：61–62.

❷ 教育部中国教育年鉴编审委员会 . 第一次中国教育年鉴·丙编 [M]. 上海：开明书店，1934：789.

❸ 新出图书呈缴条例 [J]. 国民政府公报，1927（18）：28.

❹ 新出图书呈缴规程 [J]. 教育部公报，1930（14）：21.

于中央一地，不但失均衡之意，事实上亦极不经济。"❶

鉴于《新出图书呈缴规程》没有将国立北平图书馆列入接受呈缴名单，国立北平图书馆委员会采取行动，于 1930 年 6 月致函教育部请修正《新出图书呈缴规程》，规定国立北平图书馆接受呈缴："大部本年三月二十八日公布《新出图书呈缴规程》第 3 条之规定：凡呈缴之图书，经教育部核收，发交教育部图书馆、中央教育馆、中央图书馆各一份，分别保存等语。仰见大部宣化敷文，旁搜博取之盛意，莫名钦佩。惟国立北平图书馆既为国立机关，又以历年经营，无论建筑或藏书或组织，事实上已为我国最大之图书馆。对于此项呈缴图书，未订接受明文，殊有向隅之感。佥议拟恳大部将该条例特予修正，或变通加入该馆，以期收罗宏富，俾供阅览"。❷然而，教育部以《新出图书呈缴规程》修正公布为期未久为由，不愿变更，但表示："国立北平图书馆系国立机关，如需征集新出图书，自可径函各书局暨其他出版机关征求，以供陈列"。❸

国立北平图书馆没有放弃争取呈缴的法定权利。1931 年 3 月，国立北平图书馆委员会又致函教育部，仍然请求将国立北平图书馆列入收受新出图书呈缴机关："伏思出版机关呈缴图书既有法令规定，自必依据法律规定办理。北平图书馆确系国立，但未经规定于《新出图书呈缴规程》之内，各出版机关自无呈缴之义务，北平图书馆即向征求，亦难必其呈缴。现在修正《新出图书呈缴规程》公布既已逾年，而该馆新屋即将落成，规模日臻宏远，除搜罗旧版图书盖求完备外，所有新出图书，自宜无所不备，方足以应学术界之要求。用敢仍申前请，将国立北平图书馆与中央图书馆一例规定于《新出图书呈缴规程》第三条之内，并恳于未经规定以前，特予通令全国出版机关，先行径行缴寄北平图书馆，或请将大部代为中央图书馆保存之一部，悉数先行拨借北平图书馆庋藏，以供众览而应需

---

❶　新出图书呈缴规程 [J]. 中华图书馆协会会报，1930（5）：37.

❷　北京图书馆业务研究委员会. 北京图书馆馆史资料汇编（1909—1949）[M]. 北京：书目文献出版社，1992：312–313.

❸　北京图书馆业务研究委员会. 北京图书馆馆史资料汇编（1909—1949）[M]. 北京：书目文献出版社，1992：313.

要。"❶教育部表示修法之议，碍难照办，但同意变通办法："惟拨借本部代管之中央图书馆一份，在中央图书馆未成立以前，尚属可行。除分别咨令青海省政府及各省市教育厅局，将呈缴新书检出一份，径寄北平图书馆，并饬本部图书馆，将暂代中央图书馆保管之呈缴新书整理检寄外，相应函复，即希查照为荷。"❷经过多次争取，国立北平图书馆的努力终于取得阶段性胜利，暂代中央图书馆保管呈缴的新书。不过，这不能使国立北平图书馆满意。1937年7月内政部公布的《修正出版法施行细则》将国立北平图书馆列入接受呈缴名单，与该馆坚持不懈的努力不无关系。

二、新书呈缴图书馆的执行情况

教育部较为重视新书呈缴图书馆，然而，实际呈缴情况并不理想。1916年3月，教育部为京师图书馆争取到接受新书呈缴的权利。1917年3月，教育部致函内政部，要求其重申呈缴规定，令各发行机构执行。函云："此项应转送图书馆之出版图书，迄未经各该管官署照送，相应咨请贵部再行申明前案，通行京内外，饬令遵照办理。"❸可见，一年之内，没有任何发行机构向京师图书馆呈缴新出图书。内务部重申前令，中华书局较早响应，请内务部咨教育部呈送《女学丛书》《新式学生字典》等七种转交图书馆庋藏。❹不过，按照命令呈缴者寥寥无几。新出图书呈缴图书馆的命令没有得到严格执行。

1927年12月，大学院公布了《新出图书呈缴条例》，要求出版者自公布之日起遵照执行。1928年1月，大学院又特地致函南京、上海、广州、杭州4市，内称："本院以图书出版于一国文化关系甚大，因订定《新出图书呈缴条例》四条，以资遵循而便考核，……惟恐各地图书出版人，容

---

❶ 北京图书馆业务研究委员会.北京图书馆馆史资料汇编（1909—1949）[M].北京：书目文献出版社，1992：314-315.

❷ 北京图书馆业务研究委员会.北京图书馆馆史资料汇编（1909—1949）[M].北京：书目文献出版社，1992：316.

❸ 咨内务部请申明前案通行京外饬将禀报立案之出版图书分送京师图书馆文[J].教育公报，1917（7）：58.

❹ 内务部咨教育部据中华书局呈送女学丛书新式学生字典等七种请转交图书馆庋藏文[J].政府公报，1917（623）：1-2.

有未及周知，或视同具文，延不遵办者。查南京上海广州杭州各市为人文渊薮，出版物亦较各地为特多，兹特检送条例二份，请转发公安局布告所属各书肆及创办人一体遵照，并分行各警察区署随时调查，协助进行。倘有故意违反条例，延未遵办者，即照条例规定，实行禁止发行，以示意制裁。"❶ 大学院试图以停止发行进行威慑，要求发行机构呈缴新书。然而，大学院的命令没有得到贯彻。1928 年 6 月，大学院扩大通令范围，令各省市教育行政长官暨各大学区校长，再次要求通饬所属各书店遵照图书呈缴条例办理："惟自颁布后，奉行者固有，而置若罔闻者尚多，似此情形，深恐各书店不明本院征集图书保存文献之本意，亟应重申前令，仰该校长厅长局长迅即通饬该地出版书店，遵照本院颁布条例办理，勿再延迟。"❷ 显然，呈缴情况并不乐观。

1933 年 7 月，教育部再次训令各省：《新出图书呈缴规程》颁布后，"各省市教育厅局就近督促各书店呈缴者只有上海一市，且甚延缓，往往有图书出版半年，然后呈送者，殊属不合。……令仰该厅饬令该省各书店将三年来出版而未呈缴之图书，一律补缴。若再任意延缓或竟不缴送，应由该厅分别查明呈报，以凭按照规程第五条❸ 之规定办理。"❹ 尽管教育部多次训令要求新书呈缴，或致函特别市、各省教育行政当局，或以禁止发行相威慑，或试图动用警察手段。然而，一纸命令不能解决问题，出版单位置若罔闻。

1936 年，国立中央图书馆编制了《1935 年国立中央图书馆藏呈缴书目录》。这是该馆在全面抗战前编制的一部呈缴书目录，可能也是我国抗战前编制的唯一一部呈缴图书馆的图书目录。该目录对评估新书呈缴情况具有一定的参考价值。

---

❶ 函各特别市市政府：请转饬公安局布告所属书肆及出版人一体遵照新出图书呈缴条例办理由 [J]. 大学院公报，1928（2）：28-29.

❷ 令各省市教育行政长官暨各大学区校长：为再令通饬所属各书店遵照图书呈缴条例办理由 [J]. 大学院公报，1928（8）：17-18.

❸ 第五条为："出版者如不遵缴所出图书时，教育部得禁止该图书之发行"。见：新出图书呈缴规程 [J]. 教育部公报，1930（14）：21.

❹ 湖南省教育厅训令 [J]. 湖南省政府公报，1933（159）：89.

根据该目录，国立中央图书馆 1935 年共接受呈缴新书 5262 册。❶ 而据时任商务印书馆总经理王云五的统计，1935 年全国新出图书共为 9223 册。❷ 王云五作为上海书业同业公会的领袖之一，以及当时最大的出版企业的总经理，他提供的数据一定程度上能够反映当时图书呈缴的显示状况。按照王云五提供的新书数量，可以估算，1935 年实际呈缴国立中央图书馆的比率只有 57%。

再看商务印书馆、中华书局、世界书局三大出版发行单位的呈缴情况。根据《二十四年各出版团体呈缴数量统计表》（团体单位计 150 个），这三大书局的呈缴数量分别为 871 册、492 册和 236 册。❸ 同样依据王云五的数据，这三大书局 1935 年出版新书数量，商务印书馆为 4293 册，中华书局为 1068 册，世界书局为 391 册。❹ 经过折算，这三大书局的呈缴率分别为 20%、45%、60%，平均呈缴比率为 42%。实力雄厚的图书出版机构呈缴情况尚且如此，中小出版社的呈缴情况更是不容乐观。

据国立中央图书馆 1947 年编印的《国立中央图书馆概况》记载，"（国立中央图书馆）自筹备处成立，即通函党政机关学会与世界各国学术团体征求出版品。并据教育部新书呈缴规程，函各出版界呈缴书籍。惟此系单行法规，与政府颁布之出版法迹近重复，收效不宏。" ❺ "收效不宏"是对国立中央图书馆新书实际呈缴情况的总体描述。

---

❶ 二十四年各出版团体呈缴数量统计表 [J]. 国立中央图书馆藏呈缴书目录，1935 （12）：357–360.

❷ 张静庐. 中国现代出版史料·乙编 [M]. 北京：中华书局，1955：337.

❸ 二十四年各出版团体呈缴数量统计表 [J]. 国立中央图书馆藏呈缴书目录，1935 （12）：357.

❹ 张静庐. 中国现代出版史料·乙编 [M]. 北京：中华书局，1955：337. 商务印书馆的 4293 册有疑义。1936 年 3 月 29 日，商务印书馆召开股东常会。会上，王云五表示："（1935 年）出版新书总数计一六八九种，四三〇四册"。（见王云五：《商务印书馆与新教育年谱》（《王云五文集·伍》），江西教育出版社 2008 年版，第 603–604 页）4304 册是王云五在股东大会上提出来的，真实性更强。不过，这两个数字误差为 11 册，误差率不到 1%，不影响数据分析。

❺ 国立中央图书馆概况 [J]. 国立中央图书馆馆刊，1947（3）：50.

三、新书呈缴图书馆的影响因素

新书呈缴国立图书馆的实际比率低，影响因素很多，主要有费用较高、法规漏洞、新书内容问题等。

一是呈缴费用较高。出版品发行人以盈利为目的。盈利的方式之一为降低成本。新书呈缴图书馆，对出版品发行人来说，无疑是一笔额外支出。如果这笔支出不能带来收益，又不受惩罚，发行人当然不愿新书呈缴图书馆。那么，新书呈缴图书馆的额外支出如何呢？以商务印书馆为例。1935 年，商务印书馆在图书馆专业期刊《中华图书馆协会会报》第 6 期上发布了"大学丛书"广告。每册图书平均价格为 1 元 9 角❶。假设该馆图书以平均每册 1 元计算，1935 年共出版 4293 册，仅呈缴 871 册。那么，该馆一年就可以减少支出 4293-871=3482 元❷。这仅为向一个图书馆呈缴一本书的代价，而不包括邮费、人工等各项支出。如果向多个图书馆呈缴，这一费用将成倍增加。作为出版商，这笔费用不能说忽略不计。相反，如果新书呈缴图书馆费用可以忽略不计，那么出版发行者也没有必要不向图书馆呈缴新书，毕竟违规不呈缴直接影响出版发行者的信誉，不利于市场的稳固与拓展。

近代以来，图书价格较贵，严文郁对此有过批评。他指出，一部初中国文读本参考书 6 册，每册 1 元 2 角。商务印书馆的图书尤贵，一本仅130 面的书，定价达 1 元 4 角。相对收入水平，图书太贵，不但学生买不起，一般职员也买不起。严文郁指斥出版商"唯利是求"。❸ 读者的抱怨，就是出版商的利益所在。如果新出图书不呈缴图书馆而又没有受到相应的处罚，出版发行者当然不会主动呈缴，毕竟这笔支出不是小数。国立图书馆不是没有注意到出版发行单位的这笔额外支出。国立中央图书馆筹备处主任蒋复璁提出，该处将编制呈缴目录，促进图书销售，以鼓励出版发行

---

❶ 这一数值根据该馆的广告价格计算而得。具体价格参见《中华图书馆协会会报》1935 年第 6 期，封底广告。

❷ 这一数字为图书价格，不包括邮费等其他费用。如果呈缴，那么必须邮寄到图书馆，则邮费等费用势必计算在内，呈缴费用又将增加。

❸ 严文郁 . 为提倡读书者进一言 [J]. 中华图书馆协会会报，1935（5）：1–2.

者积极呈缴新书。❶ 所有这些表明，经济利益在新书呈缴图书馆制中是出版发行者考量呈缴与否的重要因素。

二是呈缴条款存在漏洞。近代以来，我国法制建设刚刚展开，许多法规还不完善，法规条文存在诸多漏洞，这给出版品发行者可乘之机，规避新书呈缴。主要做法如下：

混淆"著作物的注册"与"出版品的呈缴"概念，以规避新书呈缴。1915 年《著作权法》第 1 条规定："著作物，依本法注册，专有重制之利益者，为著作权"❷，即著作人如要保护自己的著作权，须到内政部注册。1916 年公布的《著作权法注册程序及规费施行细则》则进一步明确了注册程序。该细则第 2 条规定："以著作物禀请注册者，应备样本二份，依后列程式，具禀陈送内政部。"❸ 也就是说，著作人注册时，须呈缴样本二份，这与出版法规定的发行人向内政部呈缴样本份数相同。由此，发行人常常有意无意地混淆著作物注册与新书呈缴的概念，以规避呈缴新书。❹

针对著作权法和出版法中有关新书呈缴的规定，内政部多次进行解释，区分两者之间的关系。1917 年 10 月，内政部通咨各省区："著作、出版两法，一基于权利之证明，一属于警察之作用。惟权利之证明本属于私法，故注册之请求与否，可听人民之自由。警察之作用必本于法规，而呈报为责任所归，应依明文所规定。"❺ 要求发行人切实呈缴。发行人对内政部尚且以著作物注册为辞，规避呈缴，对教育部规定的新书呈缴制，持何种态度也就可想而知了。

利用新出图书与复印旧书概念投机取巧，以规避呈缴。1914 年的《出版法》第 9 条规定："已经备案之出版，于再版时如有修改增减或添加注

---

❶ 河北省教育厅布告 [J]. 河北教育公报，1933（23）：5.

❷ 著作权法 [J]. 东方杂志，1915（12）：26.

❸ 著作权法注册程序及规费施行细则 [J]. 东方杂志，1916（4）：6.

❹ 著作物注册与新书呈缴的区别往往被忽视。1972 年黄渊泉撰写《我国出版品呈缴制度》时，也没有区分。参见黄渊泉：《我国出版品呈缴制度》[J]. 图书馆学刊（台湾大学版），1972（2）.

❺ 内务部通行各省督军，省长，热河，绥远，察哈尔各都统，川边镇守使，阿尔泰办事长官解释版权法与出版法之差异请转饬警察机关布告人民并依法切实办理文 [J]. 政府公报，1917（620）：21.

释、插入图画者，应依第四条之规定重行禀报备案。"1930 年《出版法》第 15 条规定："为书籍或其他出版品之发行者，应于发行时以二份寄内政部。"说明条款为"改订增删原有之出版品而为发行者亦同。"❶ 1937 年修正《出版法》第 8 条规定：出版品于发行时，应由发行人分别呈缴内政部、中央宣传部、地方主管官署、国立图书馆及立法院图书馆后，并特意明确："改订增删原有之出版品而为发行者亦同"❷。可见，《出版法》规定再版图书也须依法呈缴，而对于复印旧书即图书重印，却并没有做明确规定，留有漏洞，而出版发行机构目光锐利，利用此法律漏洞，混淆再版图书与重印图书的区别，以此规避呈缴。

虽然《出版法》不断修改，但对于新出图书与复印旧书进行严格区分并没有改变。尽管如此，出版界依然有人试图混淆两者之间的区别，拒绝呈缴。鉴于此种情形，1931 年，上海市社会局责令上海书业同业公会，要求发行人必须依法呈缴新书。上海书业同业公会随即辩称："会员中仅呈缴新出图书之一部分者多系复印旧籍，或将出版物重印汇成丛书。此项书籍虽属新出，而其内容不过为旧书之重印。就图书呈缴，系供审查之意义而论，似无呈缴之必要，且与《新出图书呈缴条例》第二条但书规定相符。其间有中止遵办或未曾遵办者，自与条例不合，当再通知所属会员，遵照办理。"出版物属于"复印"或"重印"，属法律问题，由审查机关鉴定确认，不是由发行者自说自话。1931 年 11 月，教育部在《教育部公报》上释法："该书业同业公会所请援用《条例》❸ 第二条之规定，将复印旧书及汇印旧出版物之丛书免于呈缴等请，谅系误引条文"❹，要求发行人依法呈缴新书。教育部释法成效如何，不得而知。

三是逃避图书审查。近代中国《出版法》对出版品的内容有明确限制。1914 年《出版法》第 11 条规定，出版品中包含"淆乱政体者""妨害治安者""破坏风俗者""煽动曲庇犯罪人、刑事被告人或陷害被告人者"等八类情形，不得出版。1930 年，《出版法》第 19 条规定：出版品不得登

❶ 出版法 [J]. 行政院公报，1930（213）：7.

❷ 出版法 [J]. 行政院公报，1937（30）：604.

❸ 指 1927 年大学院颁布的《新出图书呈缴条例》。

❹ 教育部指令：第四二三七号 [J]. 教育部公报，1931（44.45）：13.

载"意图破坏中国国民党或三民主义者""意图颠覆国民政府或损害中华民国利益者""意图破坏公共秩序者""妨害善良风俗者"等四款内容。第20条规定："出版品不得登载禁止公开诉讼事件之评论"。第21条规定："战时或遇有变乱及其他特殊必要时，得依国民政府命令之所定，禁止或限制出版品关于军事或外交事项之登载。"这些条款是确定出版品能否出版发行的标准，或者说是查禁出版品的法律依据。

近代以来，政府查禁违禁出版品的案例不绝于书。1916年5月，经通俗教育会告发，京师警察厅查禁《和尚现行记》等不良小说63种[1]；1920年2月，内政部通令各省，要求查禁过激主义印刷物83种[2]；1931年1月，河南省邮件检查员何恩霈查出发自上海的违禁书目二册，转呈行政院。国民政府随即令上海军警等机关，查禁上海华兴书局出版的书籍《家国与革命》等书11种，又通令查禁37种。[3]诸如此类。由于缺乏系统的呈缴书目供比对，这些被查禁的书籍是否呈缴国立图书馆无法知晓。《1935年国立中央图书馆藏呈缴书目录》列举了接受呈缴的新书总数为5262册。现代学者辑录了1927年8月—1937年6月期间国民党政府查禁书刊目录，其中1935年查禁的新书为75种。[4]对照呈缴目录与查禁目录，发现完全没有重合。这些禁书发行机构有光华书局、现代书局、开明书店等。根据这一比对结果，可以推测：在政局混乱的社会状况下，面对严格的图书审查，出版发行人鉴于出版品内容可能违法，为规避司法追究，一定会逃避呈缴新书。

四、新书呈缴图书馆的改善建议

为了改善新书呈缴图书馆状况，鼓励新书呈缴图书馆，图书馆界提出

---

❶ 中国第二历史档案馆.中华民国史档案资料汇编·第3辑·文化 [M].南京：江苏古籍出版社，1991：154–156.

❷ 中国第二历史档案馆.中华民国史档案资料汇编·第3辑·文化 [M].南京：江苏古籍出版社，1991：531.

❸ 中国第二历史档案馆.中华民国史档案资料汇编·第5辑·文化（一）[J].南京：江苏古籍出版社，1994：300–306.

❹ 张克明.第二次国内革命战争时期国民党政府查禁书刊编目（1927.8—1937.6）[J].出版史料，1984（3）143–147.

了众多建议，主要有：

一是简化呈缴程序。图书馆接受呈缴，一则要求出版者依法呈缴，二则要求出版者及时呈缴。依法呈缴，可保证图书馆的文献来源；及时呈缴，可加快图书的流通致用。然而，有的呈缴法规在规定呈缴程序时，过于复杂，不利于新出图书及时呈缴图书馆，其中以《新出图书呈缴规程》为最。1933年，蒋复璁呈文教育部，批评《新出图书呈缴规程》规定的呈缴程序："查据惯例，如出版书籍最多之上海各书局对于呈缴新出图书手续綦繁，即先由出版者送交书业公会，再由公会汇缴地方教育官署，复由地方教育官署转呈钧部，然后始得拨到馆。是故一书之呈缴有辗转费时至数月以上者。"他提出："恳转饬各呈缴图书机关，对于此后呈缴新出图书时，应直接寄送国立中央图书馆筹备处"❶，实现新出书籍先睹为快。教育部随即训令各省："嗣后除将应缴本部图书馆一份呈部外，其余两部仰分别径寄国立中央图书馆筹备处暨国立北平图书馆查收。"❷

国立中央图书馆变更呈缴程序的请求对图书流通来说，不能说不合理。图书馆接受呈缴与内政部接受呈缴，目的并不一样：前者是为了流通，后者是为了备案。流通强调的是时效，以让读者先睹为快；备案则注重合法，而不太在意时效。1937年修正《出版法》规定新出图书直接呈缴国立图书馆。这一规定无疑通过法律形式简化了新书的呈缴程序，与国立中央图书馆的建议完全吻合。

二是减少接受呈缴的行政机关数量。近代中国接受出版品呈缴的机关，呈现出不断增长的趋势。清末时，接受呈缴的机关是巡警衙门，再由该衙门转送京师印刷注册总局；1914年出版法沿袭了清末习惯，规定接受呈缴的机关是该管警察官署，再由该管警察官署送内务部备案。1916年，发行人的呈缴机关增加了京师图书馆。南京国民政府成立后，接受呈缴的机关数量飞速增加。1932年时，计达7个：根据1930年《出版法》规定为内政部和国民党中央党部宣传部2个；根据1930年《新出图书呈缴规程》为各省教育厅及各特别市教育局、教育部图书馆、中央教育馆、中央

---

❶　河北省教育厅布告 [J]. 河北教育公报，1933（23）：5.

❷　河北省教育厅布告 [J]. 河北教育公报，1933（23）：6.

图书馆 4 个，1932 年增加了国立编译局。1937 年《出版法》规定的接收呈缴的机关为内政部、中央宣传部、地方主管官署、国立图书馆及立法院图书馆。法律规定的接收呈缴的行政机关数量越来越多。

接受新书呈缴的机关，尤其行政机关数量增加，难免会引起出版品发行人的不满。抗战结束后，呼吁修改 1937 年《出版法》的声浪很高。袁同礼以国立北平图书馆馆长身份提出减少接受呈缴的行政机关数量。其理由主要有二：一则国立图书馆可以促进图书流通。袁同礼指出，出版品呈缴图书馆，用意原在"取之于民，用之于民"。美国的呈缴制度，以国会图书馆兼办图书登记事宜。登记以后，即以呈缴品存馆公开阅览，受惠者仍然是人民。德国呈缴制度，登记权不在图书馆。发行人呈缴二份，一份送登记机关，一份送国立图书馆。登记机关也设有公开阅览的图书馆。登记手续完毕，仍作为民众阅览之用。这也符合"取之于民，用之于民"的初旨。因此，他提出："我国国立图书馆，亦俱系为民服务，凡所呈缴，悉付众览，与其他行政机关之偏重审查性质者，用意不同，似应各别分送，以求普及。"二则国立图书馆可以发挥图书的教育价值。袁同礼表示："图书馆之设，非专为便利学人发展文化之需，兼负有为国家保存文物典章、辅导各种行政推行之义务。盖既经准许之出版品，自有保存之必要，以供机关团体或个人不时参考之需，因是出版品呈缴国立图书馆，比寄存于行政机关，效用为宏。"所以他提出：我国应"将接受呈缴之行政机关，予以减少，而增加接受呈缴之国立图书馆，以资符合，而便事实。"❶ 这一建议客观上是有利于维护出版品发行人的利益。

其实，出版界对多头呈缴早有抱怨。在 1928 年 5 月份召开的全国教育会议上，大会图书馆专家代表王云五提出："凡国内一切出版物之应经审定者，除关于乡土教材应并由各地方教育机关审定外，概由大学院主持之。出版物既经审定之后，即得通行全国，不再受其他地方机关之拘束。"❷ 该案由大会通过。王云五的提案虽然说的是出版物的审查权限问题，但就其提案精神来看，实是反对多头呈缴。

---

❶ 袁同礼. 出版法修正草案意见书 [J]. 报学杂志，1948（1）：9.

❷ 中华民国大学院. 全国教育会议报告·乙编 [M]. 上海：商务印书馆，1928：602.

三是为出版品发行人做图书广告。出版品发行人不愿意呈缴新出图书，无论相关部门如何督促或以处罚为威慑手段，都不能从根本上解决呈缴成效问题。鉴于发行人的商业性质，国立中央图书馆提出定期编写呈缴书目，公诸国人，以激励发行人呈缴新书。蒋复璁表示，欧美各国的呈缴制度，往往使接受呈缴的图书馆与出版品发行机构之间"互相为用"。既然双方均从呈缴中获益，自然会解决呈缴难题。该馆向教育部提出："在中央图书馆方面，固有享受出版书局呈缴新出书籍、杂志或报章一份乃至数份之特权，但同时欲负有一种有利于出版者之义务。如中央图书馆收到新缴图书后，每按呈期或按月编刊一种出版目录，宣示国内，故吾人一阅出版目录，即了然于某星期内或某月内，国内有若干新刊物之发刊，此不啻为出版界作总宣传。故彼出版界，每届某项新刊物之发行，莫不思利用此项费省效伟之宣传而乐于呈缴也。且国家对于调查全国出版界之统计时，亦多以中央图书馆所编刊之定期目录为标准。……本馆对于编刊定期出版目录一节，颇愿效行，冀副钧部宣传文化之至意。" ❶ 国立中央图书馆事实也确实按时公布了接收呈缴新书目录。

出版呈缴书目，是国立中央图书馆改进呈缴制的一种设想，具有建设意义。通过行政手段要求呈缴，或许不一定会被发行人接受。但如果能促进新书销售，变行政强制为市场诱惑，那显然是出版品发行人所乐见的。发行人与其花费巨大代价在报纸杂志上做广告，倒不如依法呈缴，既享遵纪守法美誉，又能打开销路，何乐而不为？所以，对接受呈缴的图书馆来说，只要编制的呈缴书目影响足够大，使发行人从中获益多于呈缴费用，自然会提升呈缴比率。

新书呈缴图书馆制是近代中国图书馆法规的重要组成部分。新书呈缴图书馆是实现文献保存、文化传承的有效手段，对图书馆事业，尤其国立图书馆的发展具有重要意义。新书呈缴图书馆，无论在呈缴理论、呈缴法规、影响呈缴因素，或完善呈缴等方面，都有借鉴价值。

---

❶ 河北省教育厅布告 [J]. 河北教育公报，1933（23）：5.

第三节 捐资兴"图"褒奖条例

一、捐资兴"图"制度的萌芽

《捐资兴学褒奖条例》是近代中国政府鼓励私人或私法人资助教育的法规之一，其中包括对捐资图书馆者进行褒奖。20世纪初，我国公共图书馆运动兴起之际，也是捐资兴"图"制度萌芽之时。这一时期，学部没有颁布专门褒奖捐资图书馆的法规，其萌芽主要表现在两个方面：

一是学部通过关联法规褒奖捐资兴"图"者。清末，学部较为重视图书馆的建设，多次催促各省设立图书馆。1907年，有杂志载："学部前曾行知各省迅速筹设图书馆，以裨教育而开民智。惟现在办有成效者，尚属寥寥，故拟于日内再行电催。"[1]1908年，《北洋官报》表示："学部总理大臣张中堂与荣尚书提议前曾咨饬各省筹设图书馆，现在各该省举办者甚属寥寥，拟咨催各省督抚务当速为筹设。至所需经费，饬由学务公所提款兴办，以冀有益教育。"[2]1909年，《北洋官报》又说："学部堂宪以前曾通咨各省设立图书馆，广备图书以为研究学问之助。兹查各省除鄂湘等省已设外，其余各省多未设立，拟备文兹催从速设立。"[3]

尽管学部三令五申，然而各省图书馆建设进展依然缓慢，原因之一为经费缺乏。面对学部催促和省财政拮据的现状，热心图书馆者挺身而出，资助图书馆建设。较早捐资图书馆者，为署吉林提学使吴鲁。为推进吉林图书馆的建设，吴鲁捐廉5000两，建筑图书馆。1908年，前吉林将军达桂奏请照捐学给奖，赏给吴鲁二品顶戴。[4]显然，褒奖捐学是制度设计，可以援引褒奖捐资兴"图"者。

---

❶ 学部催设图书馆 [J]. 直隶教育杂志，1907（6）：89.

❷ 咨催各省筹设图书馆 [J]. 北洋官报，1908（1706）：10.

❸ 学部催设图书馆 [J]. 北洋官报，1909（1989）：11.

❹ 直隶总督陈夔龙奏前署提学使卢靖捐建图书馆请奖折 [J]. 政治官报，1910（1054）：18.

吴鲁受到褒奖，激励了其他人员捐助图书馆。1908 年，署直隶提学使卢靖捐廉 5000 两，建筑图书馆，购置书籍器具等，促成了直隶图书馆限期完成。直隶总督陈夔龙上奏："卢靖本爱国之公忠，为树人之至计，当筹款维艰之际，首先报效实银五千两之多，成此美举，洵属热心学务……（1908 年）硃批吴鲁著赏给二品顶戴……卢靖捐廉建筑图书馆，事同一律，合无仰恳天恩俯准援案赏给二品顶戴，以昭激励。"❶ 陈夔龙褒奖卢靖的奏请获批。

1907 年，庞鸿书任贵州巡抚，重视图书馆建设，但因经费拮据，进展缓慢。该省举人乐嘉藻将历年收藏新旧图书计值银 1000 两，并捐款 3000 银，以助贵州省设立图书馆。1909 年年初，庞鸿书奏请褒奖："查捐例，由举人递捐主事需例银 2277 两。今该举人乐嘉藻概捐图书银两创设图书馆计至 4000 两之多，既可比附奖章所捐数目较捐例又几逾一倍，……其热心公益又能体念时艰，实未便没其报效之忱。合无仰恳天恩俯准将举人乐嘉藻奖给主事，归部选用，以示鼓励。"❷ 度支部的答复是："此次请奖主事实官，核与定章不符，未便照准，应令该抚转饬按照臣部报效学堂章程，另行请奖衔封。"❸ 度支部虽然拒绝了庞鸿书奖给乐嘉藻主事的建议，但表明可以按照报效学堂章程请奖。报效学堂章程内容是什么呢？ 1907 年，户部提出："嗣后凡报效学堂者，比照赈捐章程，均按五成实银核给衔封，所收银两不准挪作他用，各省一律均准照此办理，庶足以鼓向义之忱而收育才之用。"❹ 报效学堂者比照赈捐章程成为褒奖捐资图书馆者的关联制度。

1910 年，山东巡抚孙宝琦为湖南附生王英俌奏请褒奖：译学馆学生王英俌系湖南浏阳县附生，按照其父山东候补知府王扬芳遗命，将家藏书

❶　直隶总督陈夔龙奏前署提学使卢靖捐建图书馆请奖折 [J]. 政治官报，1910（1054）：18.

❷　贵州巡抚庞鸿书奏举人乐嘉藻捐助图书请奖主事片 [J]. 政治官报，1908（434）：15.

❸　度支部奏议覆黔抚奏举人乐嘉藻慨捐图书馆银两请奖片 [J]. 政治官报，1909（464）：14.

❹　度支部奏定报效学堂经费请奖章程折 [J]. 学部官报，1907（28）：48.

籍 164 种捐给山东图书馆，价值在千金以上；王扬芳任职文登县时，以本署办公之费提出制钱 2000 余串，作为小学堂经费。山东署提学使罗正钧请给予"急公兴学"字样，请准王英俦为其故父在本籍自行建坊。孙宝琦认为：王扬芳"素有廉吏之名，不惜巨资具热诚以兴学，复留遗命输书籍于公家，嘉惠士林，洵属深明大义。查定章捐助善举数逾千金者，准其建坊" ❶，请求批准，硃批允行。孙宝琦奏折中云"定章"，也是关联制度。

也有地方官员以奏请中央褒奖为由鼓励社会各界捐助图书馆。1908年，江西教育会附设图书馆，以便令人观览研究，并表示："捐助书籍值银二百两以上者，由院奖给匾额；值银千两以上者，由部给奖等情，希俟咨请学部核夺"。❷ 这是褒奖捐资兴"图"的重大变化，即根据捐资金额确定褒奖形式：200 两以上，由省最高行政人员奖给匾额；1000 两以上，报送学部核夺。褒奖的层次逐渐分明。

1910 年《图书馆通行章程》颁布，内含褒奖条款。其第 17 条规定："私家藏书繁富，欲自行筹款随在设立图书馆以惠士林者，听其设立。惟书籍目录、办理章程，应详细开载，呈由地方官报明学部立案。善本较多者，由学部查核，酌量奏请颁给御书匾额，或颁赏书籍，以示奖励。"我国首部由学部公布的公共图书馆法规即列入褒奖条款，显示学部极为重视捐资兴"图"。

《图书馆通行章程》确立的褒奖制度受到重视。1910 年，直隶为推进所属筹设图书馆，拟订了大概办法，其"奖励"部分内容为："照章私家藏书欲自行设立图书馆以惠士林者，呈由学部立案。善本较多者，并奏颁御书匾额或颁赏书籍以示奖励。其捐赠图书至千金以上者，并准详咨奏奖" ❸，并特别强调捐赠千金以上者"详咨奏奖"。奏奖成为褒奖条款以外最为重要的褒奖形式。

二是各图书馆制定规章，奖励捐资兴"图"者。福州图书馆较早做出了尝试。1904 年，《福州图书馆章程》公布，内含奖励性条款："凡捐赠图

---

❶ 山东巡抚孙宝琦奏湖南附生王英俦遵遗命捐书籍入图书馆请准建坊片 [J]. 政治官报，1910（1078）：11–12.

❷ 教育会附设图书馆 [J]. 北洋官报，1908（1804）：10.

❸ 各属筹设图书馆议案（第二号）[J]. 北洋官报，1910（2558）：8.

书者，当汇集登报志感，推为名誉赞成员"（第5条）。❶登报致谢成为鼓励捐赠的方式之一。

1907年公布的《湖南图书馆章程》设有"捐助章程"一章，主要条款有：接受捐赠的范围以及奖励方式，"凡同志捐助本馆图书、碑帖、字画、报纸、说部以及财产等项，……随时登报，以志钦感，惟淫秽悖逆之书概不收受"（第13条）；奏请褒奖捐助千金以上者，"如有急公好义之士，捐财产至千金以上者，随时详请抚宪照例奏奖，并推为名誉赞成员。另致送纵览券，可以随时入馆阅看图书，惟倒闭之账项，缪轕之业产，一概不收"（第16条）；一般奖励，"捐书估值至三百以上者，亦推为名誉赞成员，并致送纵览券"，不及此数者，也有适当奖励（第17条）❷；不管何人，只要捐赠图书，搬运费用，不拘多寡，都由图书馆提供（第18条）。《湖南图书馆章程》关于褒奖捐赠的规定，捐赠类型明确，褒奖方式多样，褒奖层次分明，标志着褒奖捐资兴"图"的立法建设已经进入相对成熟阶段。

1908年，《直隶图书馆暂定章程》公布，其捐赠条款有两条："捐赠图书至千金以上者，代请立案，详咨奏奖"（第5条）；"请取捐赠接取之图书，运费邮费由馆出"（第6条）。❸1909年公布的《河南图书馆章程》规定："捐赠图书至千金以上者，代请立案，详咨奏奖"（第5条）"请取捐赠借取之图书运费邮费，由本馆出"（第6条）。❹同年，《云南图书馆章程》公布，其捐赠条款主要有："如有热心公益，愿以家藏图书报纸捐赠馆中者，如系单行册本，于捐助以后，则当登报志谢。其愿借者，一律志谢"（第1章第5条）"如本省官绅士商等有肯将家藏图籍全数捐赠于图书馆者，其价值在千百金或数千金以上者，则当按其捐助银数，照捐款章程请奖"（第1章第6条）"如有急公好义之士，捐财产至千金以上者，应禀请学宪转详督宪照例奏奖，并送纵览券，可随时入馆阅看。惟倒闭之账

❶ 福州图书馆章程 [J]. 鹭江报，1904（79）：17.

❷ 湘抚咨送奏设图书馆暂定章程（续完）[J]. 学部官报，1907（12）：72.

❸ 直隶图书馆暂定章程（未完）[J]. 北洋官报，1908（1676）：13.

❹ 附拟办河南图书馆章程 [J]. 浙江教育官报，1909（11）：61.

项，辁轇之业产，一概不收"。❶

　　这些奖励捐赠的条款并非流于形式，而是付诸实施。以云南图书馆为例。该馆于 1910 年在《云南政治官报》等刊登《云南图书馆第二次谢启》，对捐赠者表示谢意。捐赠包括书籍、碑帖、地图、教育品模型等。❷ 同年，云南候补从九应增福仿造动植物标本 28 种，赠送云南图书馆。该馆按照章程，赠送永远入场券，并登报致谢。不过，云南省的奖励性措施不止于此。应增福向云南提学使提出"由司再给'工艺楷模'四字匾额，以示优异"❸，获得同意。

　　清末逐渐制度化的捐资兴学褒奖形式以历史惯性进入民国。1912 年，中华民国成立，因捐资兴学而申请褒奖者热情不减。同年 7 月，教育部通咨各省："人民捐赀兴学在前清时代本定有奖给官职及特准建坊之例。民国更新，旧章不尽适用。近来各省以捐赀兴学咨部核办者，或请开复原官，或请援例建坊，均经本部分别驳覆及暂准给予匾额在案。惟是表彰虽不容缓，而办法不宜两歧，此项褒奖章程本部方在拟订。一俟订妥，当即公布实行。其在章程未经公布之前各省遇有人民捐赀兴学之案，应由本省教育司先行记录。俟章程公布后，再行查案核办，以归划一。"❹ 图书馆也在捐赀兴学褒奖范围之内。公众的捐赀兴学热情推动了褒奖兴学的制度化进程。

　　纵观清末，尽管没有专门的褒奖捐资兴"图"制度，但关联制度和各图书馆的奖励机制，不同程度上促进了捐资兴"图"活动的展开。这些奖励制度主要有赈捐章程、公共图书馆法规等。褒奖金额也大致清晰：捐资千金以下者，各省褒奖；千金以上者，奏请中央褒奖。褒奖形式有匾额、衔封、书籍等。褒奖程序随捐赠金额而定，或提学使向抚宪提出，或各省抚宪奏请中央。包括图书馆在内的捐资兴学褒奖制度呼之欲出。

---

❶　本署司郭详定开办云南图书馆章程 [J]. 云南教育官报，1909（22）：18–20.

❷　云南图书馆第二次谢启 [J]. 云南政治官报，1910（649）：5.

❸　学宪叶批候选从九应增福禀续制各种教育用品送交图书馆查验恳准照案奖励由 [J]. 云南政治官报，1910（655）：2.

❹　教育部通咨各省都督凡人民捐赀兴学应由本省教育司先予纪录文 [J]. 政府公报，1912（80）：11.

二、捐资兴"图"制度的发展

为了鼓励和规范褒奖捐赀兴学，1913 年 7 月 26 日，教育部拟订的《捐赀兴学褒奖条例》经国务会议讨论后公布实施。其内容主要有：

图书馆属捐赀兴学褒奖对象。《捐赀兴学褒奖条例》第 1 条规定："人民以私财创立学校或捐入学校，准由地方长官开列事实，呈请褒奖。其以私财创办或捐助图书馆、博物馆、美术馆、宣讲所诸有关于教育事业者，准照前项办理。"❶捐资兴"图"者成为法定褒奖对象，不再需要引用关联制度进行褒奖。这是捐赀兴学褒奖法规的显著进步。不管捐赀兴学褒奖法规如何修改，图书馆始终是褒奖对象之一，没有变化。

明确了褒奖等差。褒奖等差分为 8 类："捐赀至一百元者，奖给银质三等褒章；捐赀至三百元者，奖给银质二等褒章；捐赀至五百元者，奖给银质一等褒章；捐赀至一千元者，奖给金质三等褒章；捐赀至三千元者，奖给金质二等褒章；捐赀至五千元者，奖给金质一等褒章；捐赀至一万元者，奖给匾额，并金质一等褒章"（第 2 条）。"捐赀逾一万元者，其应得褒奖随时由教育总长呈请大总统特定"（第 4 条）。褒章的模型及其佩戴仪式另以图说确定（第 6 条）。

规定了申请和确认程序。一是申请程序，"应给银质褒章者，由各省县行政长官呈请省行政长官授予；应给金质褒章者，由省行政长官呈请教育总长授予；应给匾额并金质褒章者，由教育总长呈请大总统授予。前项匾额由捐赀者自制"之（第 5 条）。二是确认程序。授予褒章，均应填写执照，附同褒章一并授予。其执照式另定（第 7 条）。

其他条款。主要有三：一是捐助形式，"以动产或不动产捐助者，准折合银元计算"（第 3 条）；二是适用时间，"捐赀在本条例公布前三年内者，亦适用之"（第 9 条）。也就是说，申请者在清末的捐资行为也可以进行褒奖。这是优良条款，民国时期褒奖清末的捐赀兴学，体现教育部的人文关怀；三是《条例》生效时间，"本条例自公布日施行"（第 8 条），即 1913 年 7 月 26 日。

---

❶ 捐赀兴学褒奖条例 [J]. 政府公报，1913（441）：8.

因时间仓促，《捐赀兴学褒奖条例》有不少疏漏之处。1914年，教育部进行了完善，要点有五："一、现行勋章令无金质之规定，部定奖章不应特异。二、团体捐赀兴学例应给奖，不能专限个人。三、华侨捐赀兴学应一律由部给奖，以示优异。四、遗命捐赀兴学或捐赀者未得褒奖而身故时应予特定奖法。五、捐赀请奖期限应改由民国元年起，以示限制"。❶

　　根据教育部的提议，1914年10月，大总统公布了《修正捐赀兴学褒奖条例》❷，修正要点为："华侨在国外以私财创立学校或捐入学校，培育本国子弟，准由各驻在领事开列事实表册，详请褒奖"（第1条第2项）。"华侨应得之褒奖，由各驻在领事报部核定授予"（第7条第2项）；银质、金质褒章全部改为银色、金色（涉及第2条、第7条）；"私人结合之团体，捐赀逾一千元者，分别奖给一、二、三等褒状；至一万元以上者，得奖给匾额"（第3条）；"遗嘱捐赀，或捐赀者未得褒奖而身故时，其款逾千元者，分别奖给一、二、三等褒状；至一万元以上者，得奖给匾额"（第4条）；捐赀请奖，自民国元年起适用之（第12条）。此外，其他变化还有：褒奖等差第8类从1万元以上提高到2万元以上，"捐赀至二万元以上者，其应得褒奖，由教育总长呈请大总统特定"（第5条）；申请程序变为"应给银色褒章者，由各道、县行政长官，详请省行政长官授予"。这一变化是当时行政区划名称变化的结果。经过修改，《条例》文本增至13条。

　　1918年，教育总长傅增湘呈请大总统，再次提议修改《捐赀兴学褒奖条例》，主要有："一、查内务部修正褒扬条例并施行细则之规定：凡因办理公益事业捐助财产满二千元以上者，内务部审核后，据其事实，呈请提给匾额，并声明创办教育实业亦属公益范围各等语，自宜修正捐赀条例，以归一律。二、私人、团体及遗嘱捐赀，按照原《条例》之规定，其数逾千元者，始分别给褒状。其捐款在一千元以下者，未免向隅，似应量予给奖。三、捐赀在二千元以上者，既呈请给予匾额，原《条例》第二条第七

　　❶ 教育部呈修正捐赀兴学褒奖条例期臻完备而便推行文并批令 [J]. 政府公报分类汇编·教育下，1915（14）：158.

　　❷ 补登教育部呈准修正捐赀兴学褒奖条例 [J]. 政府公报，1914（913）：26–27.

项之规定应即废止。"❶

按照傅增湘的提议，《捐赀兴学褒奖条例》修改后的条文为：原第2条第7项删除；第3条修改为"私人结合之团体，捐赀在一百元以上者，得比照第二条之规定，分别给予一等至六等褒状"；第4条修改为"遗嘱捐赀或捐赀者未得褒奖而身故时，其款逾百元以上者，分别奖给一等至六等褒状"；第5条修改为"按照第二第三第四各条捐赀在二千元以上者，除应得各本条所定褒奖外，并汇案呈明，给予敬教劝学匾额。凡给予金色三等以上褒章三等以上褒状者，均汇案呈明备案"；第6条修改为"捐赀至一万元以上者，除分别奖给褒章褒状匾额外，由教育总长呈明加给褒辞。捐赀至二万元以上者，其应得褒奖由教育总长呈请大总统特定"；第8条修改为"应给银色褒章及四等以下褒状者，由县行政长官教育厅长呈请省区行政长官授与应给金色褒章及三等以上褒状者，由省区行政长官咨请教育总长授予"。❷修改后的《捐赀兴学褒奖条例》共11条。

1925年，教育部又公布了《修正捐赀兴学褒奖条例》，修改要点有：增加了褒奖募捐者，"凡经募捐赀至五倍前条（即第2条六等等差）各数者，得比照前条分别给予褒章"（第3条）；褒奖累捐者，"凡已受有褒章者，如续行捐赀，得并计先后数目，按等或超等晋给褒章"（第4条）；增加了褒奖等差，"捐赀至二万元以上十万元未满者，除奖褒章褒状褒辞外，并于年终由教育总长汇案呈请明令嘉奖"（第9条第2项）"捐赀至十万元以上者，除奖给褒章褒章褒辞外，由教育总长专案呈请明令嘉奖"（第9条第3项）；新增褒章、褒状、匾额、褒辞公费，一等金色嘉祥章5元；二等金色嘉祥章4元；三等金色嘉祥章3元；一等银色嘉祥章4元；二等银色嘉祥章3元；三等银色嘉祥章2元，匾额和褒辞均为6元（第12条）❸。《修正捐赀兴学褒奖条例》达18条之多，空前绝后。

1929年1月，南京国民政府颁布了《捐资兴学褒奖条例》，共10条，

---

❶ 教育总长傅增湘呈大总统重行修正捐赀兴学褒奖条例呈候核示文（附件）[J]. 政府公报，1918（881）：11-12.

❷ 教育总长傅增湘呈大总统重行修正捐赀兴学褒奖条例呈候核示文（附件）[J]. 政府公报，1918（881）：11-12.

❸ 教育部修正捐赀兴学褒奖条例[J]. 政府公报，1925（3357）：8-9.

主要内容有：一是褒奖捐赀范围，"凡以私有财产创立或捐助学校、图书馆、博物馆、美术馆及其他教育机关者，得依本条例请给褒奖"（第 1 条）。"华侨在国外以私财创立或捐助学校及其他教育机关以培育本国子弟者，其请奖手续由各驻在领事馆开列事实表册，请教育部核办"（第 9 条）；二是褒奖等级，"凡捐资者，无论用个人名义或用私人团体名义，一律按照其捐资多寡依下列规定，分别授予各等褒状：捐资五百元以上者，授予五等奖状；捐资一千元以上者，授予四等奖状；捐予三千元以上者，授予三等奖状；捐资五千元以上者，授予二等奖状；捐资一万元以上者，授予一等奖状"（第 2 条）；三是等级外奖励，"捐资至三万元以上者，除授予一等奖状外，并于年终由教育部汇案，呈请国民政府明令嘉奖；捐资至十万元以上者，除授予一等奖状外，由教育部专案呈请国民政府明令嘉奖"（第 5 条）；四是特殊褒奖对象，"凡已受有奖状者，如续行捐资，得并计先后数目，按等或超等晋授奖状"（第 6 条）。"凡经募捐资至十倍第二条所列各数者，得比照该条分别授予奖状"（第 7 条）；五是申请褒奖的程序，"应授予四等以下奖状者，由大学区大学或省教育厅或特别市教育局开列事实表册，呈请省政府或特别市政府核明授予，仍于年终汇报教育部备案"（第 3 条）；"应授予三等以上奖状者，由大学区大学或省教育厅或特别市教育局开列事实表册，呈请教育部核明授予"（第 4 条）❶。显然，这次《捐赀兴学褒奖条例》是对 1925 年《修正捐赀兴学褒奖条例》的浓缩，捐资数量大幅提高，褒奖类型逐渐减少。

1944 年 2 月 10 日，国民政府颁布了《捐资兴学褒奖条例》，同时宣布 1929 年公布施行的《捐资兴学褒奖条例》、1934 年 7 月公布的《捐资兴学褒奖条例补充办法》同日废止。该条例要点有：捐资范围，"凡以私有财产捐助公立或已立案之学校、图书馆、博物馆、美术馆、体育场、民众教育馆或其他教育事业者，依本条例褒奖之"（第 1 条）；褒奖类别，从一千元到十万元，奖状分为七等。特别褒奖类别，"捐资在二十万元以上者，除授予一等奖状外，并另予奖励：一、捐资二十万元以上者，年终由教育部汇案呈请行政院转呈国民政府明令嘉奖；二、捐资一百万元以上者，由

---

❶ 捐资兴学褒奖条例 [J]. 国民政府公报，1929（80）：1–2.

教育部专案呈请行政院转呈国民政府明令嘉奖。侨民在国外捐资兴学者，其请奖事务，由教育部会同侨务委员会办理之"（第6条）申请褒奖程序，"捐资应授予四等以下奖状者，由各省市教育厅局开列事实表册及捐资证件，呈请省市政府核明授予，仍于年终汇报教育部备案；应授予三等以上奖状者，由各省市教育厅局，或受捐之国立学校、省私立专科以上学校，或其他国立教育机关，开列事实表册及捐资证件，呈请教育部核明授予。"（第3条）蒙藏、侨民的褒奖条款也都有完善。

1947年6月26日，国民政府公布了《捐资兴学褒奖条例》❶，对1944年公布施行的《捐资兴学褒奖条例》进行进一步完善如增加了褒奖对象，"外国人捐资兴学者，得依本条例给予褒奖"（第1条第2款）。又如褒奖捐资数量大增，以35万元为起点。这是当时严重通货膨胀的结果。

以上为教育部颁布的《捐资兴学褒奖条例》的演变过程。教育部颁布《捐资兴学褒奖条例》并不断地进行修正，一方面表明教育部重视褒奖捐资兴学，另一方面也是各级政府推动的结果。以南京国民政府为例。1927年4月成立后，迟迟没有公布《捐资兴学褒奖条例》，而各地捐资兴学热情不减。在这种情况下，1927年10月，湖南省政府公布了《湖南褒奖捐资兴学条例暂行条例》16条❷，以褒奖捐资兴学者。这是督促大学院早日公布捐资兴学褒奖条例。类似做法不止一件。江苏大学直接请大学院颁布捐资兴学褒奖条例。1928年3月，江苏大学校长张乃燕呈教育部：宝山县教育局前董事会董事严濂于1920年创设私立学校1所，开办至今8年，先后捐款约2438元。遵照前国民政府教育行政委员会议决捐款兴学褒奖规程第1-3各条规定，请求照章给予二等奖状。不知道该项规程是否公布？❸1928年初，张乃燕呈文大学院：如皋县教育局提请颁布捐资兴学褒奖条例；东台县教育局提议以私财创设学校，或对学校有特殊贡献者，授予名誉校长；川沙县教育局提议对从前热心兴学并赞助教育改善者，应分别奖励。因此，江苏大学请大学院颁布捐资兴学褒奖条例。❹张乃燕接二连三

---

❶ 捐资兴学褒奖条例 [J]. 国民政府公报，1947（2861）：1.

❷ 湖南褒奖捐资兴学条例暂行条例 [J]. 湖南教育，1928（1）：31-32.

❸ 为捐资兴学褒奖规程已否公布祈查案示遵由 [J]. 大学院公报，1928（5）：43-44.

❹ 江苏大学训令院字第四九五号 [J]. 江宁县教育行政月刊，1928（11）：2.

的呈文，实为催促大学院早日公布捐资兴学褒奖条例。

《捐资兴学褒奖条例》的完善，也与各级政府等推动有关。《捐资兴学褒奖条例》刚刚颁布，湖南教育厅即请释法。其缘由为：按照《捐资兴学褒奖条例》第 2 条，凡捐资者，无论用个人名义或私人团体名义，一律按照其捐资多寡，依《捐资兴学褒奖条例》规定，分别授予各等奖状等。湘乡现有以兄弟 2 人名义捐资兴学，与第 2 条所载情形不同。是否兄弟 2 人合给奖状一张，还是各奖状一张？如果属前一种情况，则应按照《捐资兴学褒奖条例》第 2 条第 1 项办理。如果属后一种情况，则按《湖南捐资兴学褒奖规程》第 2 条第 3 项办理。呈文表示："我国家族团体，为社会组织中坚，他如用夫妇名义、母子名义、叔侄名义，合捐之事，在所恒有。职厅以此类事实，如何奖励，尚无明文规定。又以计算标准，微有不同，奖励等级，亦因大异"❶，请求释法。后来，《捐资兴学褒奖条例》第 2 条的完善，与湖南省教育厅的请求不无关系。

1934 年，教育部蒙藏委员会呈文行政院，为青海敏珠尔呼图克图自筹经费扩充教育，请传令嘉奖，并转呈颁给匾额。行政院随即答复："蒙藏地方教育，具有特殊情形，关于捐资兴学事件，现行《捐资兴学褒奖条例》，尚难包刮，应由该会及教育部，就该条例，会同拟定补充条文呈核，以资依据。"该会与教育部会商认为："新、康、宁、青、甘等省居住回民甚众，失学者尤多，且各该省教育，亦均尚未普及。殊有加入补充办法内，优予褒奖，以资提倡之必要"。❷ 这就是《捐资兴学褒奖条例补充办法》的由来。毫不夸张地说，《捐资兴学褒奖条例》的完善，大多与地方政府推动有关。

1929 年 1 月《捐资兴学褒奖条例》颁布后，教育部表示，捐资兴学在 500 元以下者，其褒奖办法由各省地方最高教育行政机关自定单行规程。按照教育部的要求，各省陆续公布了单行规程。主要有：《上海特别市捐资兴学褒奖规程》8 条，其第 1 条规定："本规程遵照教育部捐资兴

---

❶ 教厅呈请教部解释《捐资兴学褒奖条例》[J]. 湖南教育，1929（11）：5.

❷ 咨各边省府及各蒙长公署　总字第八三号 [J]. 蒙藏月报，1934（4）：45.

学在五百元以下者之褒奖得酌量地方情形自定单行规程之部令规定之。"❶
《吉林省捐赀兴学褒奖规程》8条，第1条为："本规程依照教育部通令
凡捐赀由一百元至五百元者得依本条例请给褒奖。"❷《青岛特别市捐资兴
学褒奖条例补充办法》6条，其第1条为"除捐资在五百元以上者依照国
民政府《捐资兴学褒奖条例》办理外，凡以私有财产五百元以内捐助兴学
者概按本办法行之"❸。此外，中央大学区、北平大学区、浙江等省区都陆
续公布了补充规程。

　　各省县图书馆规章制度一般都有褒奖捐赠条款。1921年施行的《江苏
省立第一图书馆章程》第15条规定："藏书家如有以所刻书投赠或愿将所
藏书捐入本馆者，皆由馆填付证书，并于书目内登记赠书捐书人姓名，以
志高谊"。❹江西省图书馆特别重视褒奖捐赠人员，1922年专门制定了《捐
赠图书优待规则》3条，其第1条为：凡私人或团体以图书捐赠本馆者，
除给发收证外，酌予各种优待，"甲、标识捐赠者之姓名及捐赠年月于所
赠之图书目录内""乙、给予本馆优待证来馆阅览图书不另收费""丙、以
捐赠之姓名籍贯职业住址制成一览表，悬挂本馆，并刊登本省教育行政
月报表扬之""丁、捐赠图书值在百元以上者，除受甲乙丙各款优待外，
并遵照《捐赀兴学褒奖条例》呈请褒奖"。❺1932年公布的《云南省立昆
华图书馆章程》第7条规定："如有热心公益愿以家藏书画及图书报纸
板片捐赠本馆者，当于捐入后登报致谢，并注明某人捐赠字样，以志高
谊。"❻1918年，无锡县图书馆公布了《无锡县图书馆收集图书简章》，对捐
助者明确进行优待褒奖。❼

　　有的省份为了鼓励捐资兴"图"，还会采取其他措施褒奖捐资者。

---

❶　为奉市府令公布上海特别市捐资兴学褒奖规程令行知照由 [J]. 上海教育，1929
（6）：1–2.

❷　吉林省捐赀兴学褒奖规程 [J]. 吉林教育公报，1929（12）：1.

❸　青岛特别市捐资兴学褒奖条例补充办法 [J]. 青岛特别市政府市政公报，1929
（5）：1.

❹　江苏省立第一图书馆章程 [J]. 浙江公立图书馆年报，1922（7）：24.

❺　江西省立图书馆章程暨各种规则 [J]. 浙江公立图书馆年报，1923（8）：6–7.

❻　云南省立昆华图书馆章程 [J]. 云南教育行政周刊，1932（9）：22.

❼　无锡县图书馆收集图书简章 [J]. 无锡县教育会年刊，1918（1）：12–13.

1929 年 8 月—1932 年夏，王献唐任山东省立图书馆馆长期间，接受了大量捐赠。代表性捐赠有河南扶沟柳式古捐赠 68 箱古籍、徐筱舫与魏符村捐赠 22 箱古籍字画、德人茂福兰捐赠中德文书籍 4 箱。为了表达谢意，王献唐特向山东省教育厅提交报告，请对捐赠者予以褒奖。除向柳氏、徐筱舫与魏符村分别发放 1000 银元、750 银元补贴外，1933 年初，教育部向柳式古及德人茂福兰颁发了奖状。❶ 金钱褒奖也出现了。

三、褒奖捐资兴"图"的成效

根据捐资兴"图"褒奖法规，褒奖主要在三个层面展开：一是中央政府层面，即捐资达到法定数量时，由教育部或法定国家元首予以褒奖；二是省级政府层面，凡是捐资者，没有达到呈请中央政府褒奖数额时，省级行政单位予以褒奖；三是接受捐赠的图书馆层面。大多图书馆都有规章制度，褒奖捐资者。

捐资兴"图"褒奖法规成效明显。省级政府和各图书馆褒奖情况无法一一统计，中央政府则有相对完整的统计数据。根据《第一次中国教育年鉴》的统计，1910—1933 年间，捐资兴"图"褒奖情况见表 4-2。

表 4-2　捐资兴"图"褒奖简表（1910—1933）❷

姓名	籍贯	捐款数目（元）	资助对象	捐助时间	褒奖类型	备注
王宗祐	江苏溧阳	1000	甘肃公立图书馆	不详	金色三等奖章	
奚光旭	江苏江阴	50 000	苏州图书馆	不详	匾额褒奖	
奚黄氏	江苏江阴	不详	苏州图书馆	不详	金色一等褒章	遵夫遗嘱捐资
奚远志	江苏江阴	不详	苏州图书馆	不详	金色二等褒章	遵父遗嘱捐资
奚远鑫	江苏江阴	不详	苏州图书馆	不详	金色二等褒章	遵父遗嘱捐资
孙铭	安徽盱眙	50 000	天长公立图书馆	不详	金色一等褒章、匾额	

❶ 李勇慧.王献唐著述考 [M].济南：山东教育出版社，2014：327.

❷ 教育部中国教育年鉴编审委员会.第一次中国教育年鉴·戊编 [M].上海：开明书店，1934：292-358.

续表

姓名	籍贯	捐款数目（元）	资助对象	捐助时间	褒奖类型	备注
李毓麟	安徽天长	1000	天长公立图书馆	不详	金色三等褒章	
孙宪枞	安徽天长	1000	天长公立图书馆	不详	金色三等褒章	
郗采藻	山西平定	2880	创办图书社等	1912年以来	金色三等褒章、匾额	
山东省立第四中学校学生自治会	不详	1191	省立第四中学及该校图书馆	1919—1923年	三等褒状	
奚宁铭	江苏吴县	55 000	苏州图书馆	1921年	一等奖状	
张仲仁	江苏吴县	2690	苏州图书馆		四等奖状	
程恭○堂	江苏吴县	1000	苏州图书馆		四等奖状	
孙基柱	江苏丰县	2250	丰县通俗图书馆		四等奖状	
陆树冬	江苏铜山	1000	县公共图书馆		四等奖状	
戴居满	广东台山	5000	国立中山大学附中图书馆	1930年	二等奖状	
杨笃武	湖南新化	5000	县民众图书馆	1929年	二等奖状	
王贤宝	河北天津	60 000	市立图书馆	不详	一等奖状	以私宅一所值10万元售于该图书馆低收洋4万元，余作捐款
杨夷宝	河南宝川	5000	省立第五中学图书馆	不详	二等奖状	
卢光宗	福建尤溪	10 000	沙县公立图书馆		一等奖状	
茂福兰	德籍侨民	6000	山东省立图书馆	不详	二等奖状	
柳式古	河南扶沟	24 000	山东省立图书馆	不详	一等奖状	

说明：○部分字迹模糊，不能确认。

1948 年，《第二次中国教育年鉴》出版，统计了 1933—1944 年间捐资兴"图"褒奖情况，见表 4-3。

表 4-3　捐资兴"图"褒奖简表（1933—1947）❶

姓名	籍贯	捐资数额	捐助对象	褒奖时间
叶鸿英	福建	50 万元	图书馆及小学	1933 年 12 月
丁立方	浙江杭县	6 万元以上	省立图书馆	1935 年 1 月
刘敦复	湖南湘乡	6 万元	县图书馆	1944 年 3 月
董万川	云南大理	1850 万元	创办图书馆	1946 年 1 月
顾子刚		5000 万元	北平图书馆	1947 年 6 月

以上褒奖数据来源于《第一次中国教育年鉴》和《第二次中国教育年鉴》。教育年鉴为教育部编制，但其统计数据并不全面，遗漏不少。检索《中华图书馆协会会报》，发现《第二次中国教育年鉴》至少遗漏了 8 例褒奖名单：天津市民章瑞亭于 1942 年 12 月以自置旧版书籍 155 种，共 4839 册，捐赠天津市立图书馆，估计价值 6228 元，天津市立图书馆开具事实，呈请省政府咨教育部，按照《捐资兴学褒奖条例》的规定，给予二等奖励❷；1943 年，教育部褒奖捐资助学至少 7 人，分别为：刘尊三，湖北利川人，捐助该县一所乡中心学校图书基金 5000 元；谭家蔚等，贵州镇远人，捐助该省省立镇远师范学校图书计值 23 764 元；陈瑞卿，广东廉江人，捐助该县县立第二初级中学图书仪器费 10 000 元；余淑伟，广东梅县人，捐助该县松江初级中学图书馆建筑费 10 000 元；胡嵩，贵州三都人，捐助该县民众教育馆万有文库、四库珍本等 22 种，约值 30 余万元图书；李培天，云南宾川人，捐助该县县立中学图书仪器 39 200 元；连文三，福建大田人，捐助该县县立图书馆价值万元之房地。❸

《教育部公报》上也有零星记载。如 1944 年 8 月《褒奖捐资兴学人员一览表》中有：潘景耀，福建龙溪人，捐助该县镇中心国民学校图书楼一

────────────

❶　教育部教育年鉴编纂委员会. 第二次中国教育年鉴 [M]. 上海：商务印书馆，1948：1597–1605.

❷　捐书奖励 [J]. 中华图书馆协会会报，1933（1）：20.

❸　捐助图书人员由教育部褒奖 [J]. 中华图书馆协会会报，1943（2）：13.

座，值 52 000 元，申请二等奖状。❶ 又如 1945 年 11 月份《褒奖捐资兴学人员一览表》记载：马益寿，甘肃康乐人，修建学校、购置图书设备及校地，共值 2 163 150 元，申请一等奖状，由蒙藏委员会转呈国民政府明令嘉奖并题匾额。❷

根据《第二次中国教育年鉴》，捐资兴"图"受政府褒奖者仅 5 例，而仅根据《中华图书馆协会会报》和《教育部公报》两种刊物，即发现遗漏至少 10 例。可以推测，实际上遗漏的数目将会更多。以上数据只是受到教育部褒奖者，而不包括受到各省区或图书馆褒奖者。这类褒奖应该更多。这一现象显示图书馆事业的发展一直受到社会各界的关注，得到社会各界的默默支持。社会捐赠是图书馆事业发展的动力之一。

1948 年以后，褒奖捐资兴"图"的势头迅猛。以《总统府公报》为例，仅 1948 年公布的褒奖人员即有 4 件，分别为：内政、教育两部会呈，沈阳市市民李香斋捐赠沈阳师范学校及省立图书馆书籍，计值法币 5000余万元，与《捐资兴学褒奖条例》规定相符，呈请鉴核题颁匾额❸；内政、教育两部会呈，湖南湘潭县王志吾，捐助该县私立王氏礼泉小学图书馆基金法币 6000 万元，与《捐资兴学褒奖条例》规定相符，呈请鉴核题颁匾额❹；内政、教育两部会呈，浙江镇海县洪绍余，捐助该县私立尚志小学基金图书设备等费合计法币 2.436 亿元，与《捐资兴学褒奖条例》规定相符，呈请鉴核题颁匾额❺；教育、内政两部会呈，唐立源、麻淑卿、谢氏分祠、周季葆荷、严沈兰珍、王沈静儒、陆修祜、柯兴业、蒋陈寅、汪荫林等捐赠私立无锡国学专修学校图书设备费各在法币 5000 万元以上，与《捐资兴学褒奖条例》规定相符，呈请鉴核题颁匾额。❻ 这只是题颁匾额级褒奖，其他褒奖没有计算在内。抗日战争结束后，我国兴起了捐资兴"图"热潮。

---

❶ 褒奖捐资兴学人员一览表（三十三年八月）[J]. 教育部公报，1944（9）：56.

❷ 褒奖捐资兴学人员一览表 [J]. 教育部公报，1945（11）：17.

❸ 总统指令 第一〇六号 [J]. 总统府公报，1948（50）：1.

❹ 总统指令 第二五八号 [J]. 总统府公报，1948（101）：2.

❺ 总统指令 第二六二号 [J]. 总统府公报，1948（102）：2.

❻ 总统指令 第三九一号 [J]. 总统府公报，1948（160）：4.

当然，捐资兴"图"而不愿意申请褒奖者也大有人在，典型事例是上海东方图书馆。该图书馆由商务印书馆创办，1932 年"一·二八"事件之前，其馆藏甚至可比国立北平图书馆比肩。但在褒奖名单上，并没有看到有关东方图书馆的任何信息。国民党元老吴稚晖老也有大量捐书，同样不见记载。这样的例子不胜枚举。因资料分散，无法一一统计。

　　图书馆作为《捐资兴学褒奖条例》的对象之一，尽管没有像中小学那样，成为捐赠的主要对象，但也数量可观，极大地促进了我国图书馆实业的发展。捐资兴"图"成效之所以明显，原因之一为《捐资兴学褒奖条例》深入人心。以国立北平图书馆申请褒奖云南武定县那土司为例。1943 年，平馆访闻武定县那土司家藏有明清两代写本及课本罗文经典，并存有木板及汉文档册，数量虽然不是很多，但世所罕见，对西南民族语言文化历史制度之研究，有极大参考价值。该馆随即于 6 月委派编纂万斯年前往武定访购。万斯年抵达那土司家，当即会同正在该处作调查研究工作的中央研究院历史语言研究所助理研究员马学良研究审定，认为有重要价值，随即与那土司家商洽购买事宜。经过数月洽谈，那土司家要求平馆代为呈请教育部发给奖状或匾额，并要求平馆将来刊印该项经典文献时，于册中附书那土司姓名，赠送印本一部，才同意将其家藏文献一部分廉价出让，一部分作为捐赠归诸国有。经请示，教育部同意了那家土司条件。1944 年 6 月，教育部明令褒奖，颁发一等奖状。❶奇怪的是，该项褒奖没有出现在《教育部公报》中。另外，平馆的这次收购行为可能推动了《捐资兴学褒奖条例》的完善。1944 年 2 月公布实施的褒奖条例规定："应授予三等以上奖状者，由各省市教育厅局，或受捐之国立学校、省私立专科以上学校或其他国立教育机关开列事实表册及捐资证件，呈请教育部核明授予"❷，其"受捐之国立学校、省市立专科以上学校或其他国立教育机关"开列事实，呈请教育部核明授予，是以前褒奖条例所没有的条款。

　　《捐资兴学褒奖条例》是公共图书馆法规重要的关联法规，其褒奖教育慈善活动，极大地推动了近代中国图书馆事业的发展。《捐资兴学褒奖

---

　　❶　李致忠.中国国家图书馆资料长编（上）[M].北京：国家图书馆出版社，2009：334–335.

　　❷　捐资兴学褒奖条例 [J].国民政府公报，1944（渝字第 648 期）：1.

条例》与呈缴本制等强制性法律条文不同，属激励性立法，主旨在于引导社会关注教育，捐助教育事业，对塑造良好的社会风气具有深远影响。《捐资兴学褒奖条例》在一定程度上能够缓解政府的财政压力，促进社会各界支持政府的文化政策，对图书馆事业的发展是一种有益补充。实践证明：近代中国褒奖捐资兴"图"的成效极为明显。

第六章　结　语

　　近代中国公共图书馆法规条款不断完善。从《图书馆通行章程》到1947年《图书馆规程》，我国公立图书馆法规，在设立主体、命名规则、备案条款、年度工作报告条款等方面，不断完善。国立图书馆法规也是如此，从《国立北平图书馆组织大纲》到1946年《国立北平图书馆组织条例》，无论基本条款，或特色条款，均趋完善。私立图书馆的立案条款，同样经历了从粗糙到精致的立法过程。公共图书馆的关联法规，特别是捐资兴学褒奖条例，更是顺应形势，不断修改。近代中国公共图书馆法规的完善过程，一方面反映了我国图书馆事业发展迅速，图书馆立法技术逐渐成熟；另一方面也表明立法者制定图书馆法规时，限于时代局限，不能制出具有普适价值的图书馆法规。尽管如此，图书馆法规的制定者孜孜以求法规完善，推动图书馆事业进步之情，不言自明。当然，这种完善与各级政府和社会各界的推动也有极大关系。

　　近代中国公共图书馆法规体系逐渐明朗。这种明朗主要表现在两个方面：一是各类图书馆法规相互补充，相互完善：以公立图书馆法规为先导，以国立图书馆法规为中心，以私立图书馆法规为补充，加上出版品国际交换、新书呈缴图书馆、捐资兴"图"条例，公共图书馆法规覆盖面广泛，体系日趋完整；二是图书馆法规与其他法规相互作用，相互影响：就国立图书馆而言，国立图书馆职员的简任、荐任、委任等任用方式，按照《公务员任用法》办理；国立图书馆设置会计主任，与《国民政府主计处组织法》发生了联系；国立图书馆设置人事管理员条款，依据《人事管理条例》而设立；就公立图书馆而言，公立图书馆馆长及其他馆员，其任职服务俸给等项事务，适用于各教育机关的职员规定，与教育机关职员法规关系密切。近代中国公共图书馆法规逐渐成为国家法治现代化的重要构成部分。

近代中国公共图书馆法规专业特性日益增强。这种专业特性，主要表现在图书馆职员的任职资格，以图书馆专业为优先选项，以图书馆学识和经验为核心，不断强化图书馆的专业特性。图书馆专业特性增强，有利于为读者提供优质服务，增加图书馆界的凝聚力，形成图书馆界的独立意识，减少外行对图书馆发展的侵蚀，削弱政治对图书馆的影响，具有深远意义。纵观近代中国图书馆事业的发展历程，不难发现，图书馆作为文教事业的构成部分，无论在图书馆学研究，还在为读者提供阅览方面，进步非常迅速，在20世纪30年代，尤为显著。探讨其原因，与图书馆专业化程度的增强有着极为密切的关系。正是在图书馆专业人员的推动下，图书馆的社会价值得到充分彰显，图书馆界日益成为传承传统文化、沟通中外文化的重要桥梁。图书馆法规专业特性的增强，是促进图书馆专业发展的法规保障。

公共图书馆法规的演变，折射出近代中国的政治变迁。以公共图书馆的应设主体为例，清末以京师、省、府、厅、州、县各级政府为法定设立机关，民初则代之以省、县，南京国民政府时期为省、市、县。从1910年到1930年，我国行政区划经历了剧变：府、厅、州消失，省、县保持不变，新兴市兴起。这种变化不是简单地替换，而具有深刻的时代内涵。根据1921年北京政府公布的《市自治制》、1928年国民政府公布的《市组织法》等法令，市是具有自治性质的组织机构，与中央政府的派出机构省等，是截然相反的两种行政形态，是市民社会发展的结果，标志着多元化社会逐渐形成。从这个意义上说，市立图书馆的本质就是市民图书馆，为市民提供服务，是终极目标，而不是政府实现政策的工具。长期以来我国的专制制度终于生出民治之花。近代中国的政治变迁，在公共图书馆法规的演变上留下了深深印记。此外，捐资兴学褒奖条例中捐资数量变动等条款，也都是时代发展的缩影。

公共图书馆法规推动了近代中国图书馆事业的发展。清朝末年，我国仅有湖南、直隶、山东等十几所公共图书馆。中华民国建立后，图书馆数量迅速增加。根据教育部调查统计后公布的数据，1916年时，我国有图书馆及通俗图书馆总共 263 所。❶1930 年年底，各种类型的图书馆总数为 2935 所。❷1935 年年底，包括普通类图书馆、民众类图书馆总计 4041 所❸。根据中华图书馆协会的调查统计，1925 年全国图书馆总计 502 所❹，1928 年为 622 所❺，1930 年为 1282 所❻，1931 年为 1527 所❼。根据私人或社会机构的调查统计，1918 年，沈祖荣公布的《全国图书馆调查表》，介绍了 33 所图书馆概况。❽1936 年，上海申报年鉴社与浙江省立图书馆合作调查的图书馆数据公布，当时全国各种类型的图书馆总数为 5296 所。❾ 无论何种调查，均表明图书馆数量增加迅速。近代中国图书馆数量的迅速增加，是社会各界共同努力的结果，与公共图书馆法规的推动也密不可分。如果说，图书馆法规是近代中国图书馆平稳而有序发展的制度保证，应该没有太大问题。

❶ 图书馆 [J]. 教育公报，1916（10）：1–10.

❷ 教育部社会教育司 . 十九年度全国公私立图书馆一览表，1931.

❸ 全国图书馆统计 [J]. 中央日报，1936–07–27（4）.

❹ 全国图书馆调查表 [J]. 中华图书馆协会会报，1925（3）：7–19.

❺ 全国图书馆调查表 [J]. 中华图书馆协会会报，1928（2）：7–20.

❻ 全国图书馆调查表 [J]. 中华图书馆协会会报，1930（5）：5–34.

❼ 全国图书馆调查表 [J]. 中华图书馆协会会报，1931（3）：3–44.

❽ 沈绍期 . 中国全国图书馆调查表 [J]. 教育杂志，1918（8）：37–45.

❾ 陈训慈 . 中国之图书馆事业 [J]. 图书馆学季刊，1936（4）：672–673.

附 录

近代中国主要公共图书馆法规基本信息一览表

法规名称	制定机关	颁布时间	资料出处
图书馆通行章程	大清帝国学部	1910 年 1 月 29 日	《政治官报》1910 年第 813 号
图书馆规程	中华民国教育部	1915 年 10 月 23 日	《教育公报》1915 年第 8 期
通俗图书馆规程	中华民国教育部	1915 年 10 月 23 日	《教育公报》1915 年第 8 期
图书馆条例	中华民国大学院	1927 年 12 月 20 日	《大学院公报》1928 年第 1 期
图书馆规程	中华民国教育部	1930 年 5 月 10 日	《教育公报》1930 年第 20 期
修正图书馆规程	中华民国教育部	1939 年 7 月 22 日	《浙江省政府公报》1939 第 3179 期
图书馆规程	中华民国教育部	1947 年 4 月 1 日	《教育通讯》1948 年第 4 期
国立北平图书馆组织大纲	中华民国教育部	1929 年 5 月 18 日	《教育部公报》1929 年第 6 期
国立中央图书馆组织条例	中华民国国民政府	1940 年 10 月 16 日	《教育部公报》1940 年第 19、20 期合刊
国立西北图书馆组织条例	中华民国国民政府	1945 年 4 月 14 日	《行政院公报》1945 年第 5 期
国立罗斯福图书馆组织条例草案			《中央日报》1948 年 10 月 19 日
国际交换公牍科学文艺出版品公约	中华民国临时执政府	1926 年 1 月 28 日	《政府公报》1925 年第 3485 期
国际快捷交换官报与议院记录及文牍公约	中华民国临时执政府	1926 年 1 月 28 日	《政府公报》1925 年第 3485 期